Verwaltungsressourcen und Verwaltungsstrukturen

herausgegeben von:

Prof. Dr. Hermann Hill, Universität Speyer und
Prof. Dr. Dieter Engels,
Präsident des Bundesrechnungshofs Bonn

Band 23

Prof. Dr. Hermann Hill/Prof. Dr. Mario Martini/
Edgar Wagner (Hrsg.)

Facebook, Google & Co.

Chancen und Risiken

Nomos

Die Deutsche Bibliothek verzeichnet diese Publikation in der
Deutschen Nationalbibliografie; detaillierte bibliografische
Daten sind im Internet über http://dnb.ddb.de abrufbar.

ISBN 978-3-8487-0398-2

1. Auflage 2013
© Nomos Verlagsgesellschaft, Baden-Baden 2013. Printed in Germany. Alle Rechte, auch die des Nachdrucks von Auszügen, der fotomechanischen Wiedergabe und der Übersetzung, vorbehalten. Gedruckt auf alterungsbeständigem Papier.

Vorwort

Vom 26. bis 27. April 2012 fand die Tagung „Facebook, Google & Co - Chancen und Risiken an der Universität Speyer unter der wissenschaftlichen Leitung von Prof. Dr. Hermann Hill, Prof. Dr. Mario Martini und dem Landesbeauftragten für den Datenschutz und die Informationsfreiheit Rheinland Pfalz, Edgar Wagner, statt.

Der vorliegende Band enthält Vorträge aus dieser Tagung, zum Teil in überarbeiteter Form. Zusätzlich wurde der Beitrag von Silvio Horn aus einem themenverwandten Seminar an der Universität Speyer aus dem Sommersemester 2012 aufgenommen. Die Tagung fand große Resonanz, nicht nur bei Angehörigen aus der öffentlichen Verwaltung, sondern auch bei Teilnehmern aus dem bildungs- und gesellschaftspolitischen Bereich. Die Veranstalter haben deshalb verabredet, mit dieser Tagung eine neue Veranstaltungsreihe zur digitalen Lebenswelt zu starten.

Das 2. Speyerer Forum zur digitalen Lebenswelt findet am 11./12. April 2013 zum Thema „Transparenz-Kooperation-Partizipation" an der Universität Speyer statt.

Die Herausgeber danken Herrn Rechtsanwalt Damian Hötger und der wissenschaftlichen Mitarbeiterin Frau Afia Asafu-Adjei für die redaktionelle Bearbeitung des Bandes, sowie Frau Ceren Yazar für die Unterstützung bei der Durchführung der Tagung.

Speyer, im Januar 2013

Hermann Hill　　　　　Mario Martini　　　　　Edgar Wagner

Inhaltsverzeichnis

Einführung 9
Hermann Hill

Perspektiven eines europäischen Privacy-Rechts 11
Cornelia Rogall-Grothe

Privatheit und Öffentlichkeit – eine Positionsbestimmung
in der digitalen Welt 19
Heinrich A. Wolff

Soziale Netzwerke als gesellschaftliches Phänomen – eine
Bestandsaufnahme zum Nutzerverhalten und zu den Anbietern 33
Harald Zehe

Fan-Pages der öffentlichen Hand – Teil eines rechtskonformen,
sinnvollen E-Government? 59
Cornelia Weis

Die sozialen Netzwerke aus Sicht der betroffenen Akteure:
Die Perspektive der Nutzer 69
Ulrike von der Lühe

Die sozialen Netzwerke aus Sicht der betroffenen Akteure:
Die Perspektive der Wirtschaft. – Chancen und Risiken sozialer Medien
aus Unternehmenssicht 73
Erik S. Meyers

Die sozialen Netzwerke aus der Sicht der betroffenen Akteure:
Die Perspektiven von Eltern und Lehrern 75
Gabriele Lonz

"Wenn ich einmal soll scheiden...": Der digitale Nachlass und seine
unbewältigte rechtliche Abwicklung 77
Mario Martini

Die Kontrolle durch die Datenschutzbeauftragten –
Handlungsgrenzen und Handlungsmöglichkeiten, insbesondere im Lichte
des neuen EU-Rechts 127
Thilo Weichert

Selbstregulierung – das Selbstregulierungsabkommen für
soziale Netzwerke und generelle Überlegungen 135
Susanne Dehmel

Digitale Aufklärung – Medienkompetenz als Bildungsaufgabe 143
Edgar Wagner

Facebook - Gefahr oder Chance? 151
Silvio Horn

Autorenverzeichnis 177

Einführung

Hermann Hill

Der Zukunftsforscher Sven Gábor Jánszky beschreibt in seinem Buch „2020 – So leben wir in der Zukunft" eindrucksvoll den sozialen Druck, der schon auf dem Schulhof entsteht, sich in sozialen Netzwerken zu bewegen: Wer nicht teilnimmt, sei nicht sichtbar, habe keine Identität und sei kein Teil der Gesellschaft. Die sozialen Gräben verliefen entlang der Trennungslinien zwischen vernetzungskompetenten Menschen und jenen, die die Technik und Kulturtechnik der Vernetzung nicht erlernt hätten. Wer im Jahre 2020 die Spielarten der internetbasierten Kommunikationsdienste nicht beherrsche, der werde ein Leben führen, wie jene Zeitgenossen unserer Generation, die keine E-Mails benutzten: Sie könnten leben, seien aber abgeschnitten von wesentlichen gesellschaftlichen und privaten Kommunikationsprozessen. Oder wie das Mädchen auf dem Schulhof sage: Man könne nicht mit ihnen befreundet sein, selbst wenn man wollte.[1]

Ist also die Teilnahme an sozialen Netzwerken konstitutiv für das Leben in der Zukunft oder zumindest lebensnotwendig? Müssen einzelne Personen, aber auch Organisationen, wie Verwaltungen, dabei sein, um überhaupt wahrgenommen zu werden? Ein Vertreter einer Stadt sagte bei meiner Tagung im Oktober letzten Jahres in Speyer: „Die Teilnahme an sozialen Netzwerken ist Teil unserer Öffentlichkeitsarbeit" und begründete dies damit: „Wir gehen dahin, wo die Menschen sind". Aber nicht nur in der Kommunikation nach außen, sondern auch innerhalb von Verwaltungen gewinnen soziale Medien als Kommunikationsplattform an Boden. Sie werden Instrument des Wissensaustausches, der in Echtzeit erfolgt. E-Mail ist danach wohl eher etwas für „alte Leute", für „ewig Gestrige"?[2]

Nicht zu übersehen sind indessen die Gefahren, die mit diesen Kommunikationsformen verbunden sind. Nicht nur Datenschützer, auch viele Buchautoren beschwören sie eindringlich mit Titeln wie „Die Datenfresser", „Die Internetfalle", „Die Facebook-Falle", „Wa(h)re Freunde" oder „Gemeinsam einsam".[3] Bei allen

---

1 *Sven Gábor Jánszky*, 2020 – So leben wir in der Zukunft, 2009, S. 165 ff.
2 Vgl. Hill (Hrsg.), Informationelle Staatlichkeit, 2012 mit Beiträgen zur Nutzung von sozialen Medien innerhalb von Verwaltungen und nach außen.
3 *Constanze Kurz/Frank Rieger*, Die Datenfresser. Wie Internetfirmen und Staat sich unsere persönlichen Daten einverleiben und wie wir die Kontrolle darüber zurückerlangen, 2011; *Thomas R. Köhler*, Die Internetfalle. Google+, Facebook, Staatstrojaner – was Sie für Ihren sicheren Umgang im Netz wissen müssen, 2. Aufl. 2012; *Sascha Adamek*, Die

geht es um grundlegende Veränderungen unseres Lebens, um Kontrollverluste oder kurzgefasst, um das Ende der Privatheit.[4]

Manche halten das für übertrieben, wie etwa Jeff Jarvis, der in seinem neuesten Buch vom „German Paradox" spricht, wenn man sich auf der einen Seite über Google Street View beklage und auf der anderen Seite in die Sauna gehe oder sich auf andere Weise in privaten Talkshows „ausziehe".[5] Andere, wie etwa Christian Heller halten den Kampf für die Privatheit schon für verloren oder teilweise auch gar nicht für sinnvoll. In seinem Buch „Post-Privacy – Prima leben ohne Privatsphäre" untersucht er, welche Vorteile man aus einer Welt ohne Privatsphäre ziehen könne. So verweist er etwa darauf, wenn jedermann Daten sammeln und auswerten könne, stelle das traditionelle Deutungshoheiten in Frage. Zudem sei ein Blick von außen auf mich ein erweiterter Blick auf mich und eröffne neue Techniken des Selbst bis hin zur Selbstverdatung als Pfad zur Unsterblichkeit. Post-Privacy mache uns einander sichtbarer und ansprechbarer. Um einander zu finden, müsse man einander erkennbar werden. Transparenz schärfe den Blick dafür, was üblich sei und was ein Einzelfall, was funktioniere und was nicht und was es gemeinsam in welcher Reihenfolge anzugreifen gelte. Wo tausend Augen draufschauten statt nur zehn, würden Fehler eher entdeckt und behoben.[6]

Diese wenigen Schlaglichter zeigen die Aktualität, aber auch die Brisanz des Gegenstandes unserer Tagung, die auch in der großen Teilnehmerzahl zum Ausdruck kommt. Ich danke, auch im Namen meines Kollegen Univ.-Prof. Dr. Mario Martini, dem Landesbeauftragten für Datenschutz Rheinland-Pfalz Edgar Wagner als Mitveranstalter für die gute Zusammenarbeit bei der Vorbereitung und Durchführung der Tagung. Ich bedanke mich ebenfalls bei den vielen herausragenden Referenten, die zu uns nach Speyer gekommen sind und noch kommen werden und wünsche uns allen viele Anregungen, Denkanstöße, aber auch neue Erkenntnisse. Besonders darf ich Frau Staatssekretärin Cornelia Rogall-Grothe aus dem Bundesministerium des Innern begrüßen, die nun den Eröffnungsvortrag zum Thema „Perspektiven des europäischen Privacy-Rechts" halten wird.

---

facebook-Falle. Wie das soziale Netzwerk unser Leben verkauft, 2011; *Thomas Warnhoff*, Wa(h)re Freunde – wie sich unsere Beziehungen in sozialen Online-Netzwerken verändern, 2011; *Carsten Görig*, Gemeinsam einsam. Wie Facebook, Google & Co. unser Leben verändern, 2011.

4 Vgl. noch Hermann Hill/Utz Schliesky (Hrsg.), Die Vermessung des virtuellen Raums, 2012.
5 *Jeff Jarvis*, Public Parts. How Sharing in the Digital Age improves the way we work and live, 2011, S. 30 ff.
6 *Christian Heller*, Post-Privacy. Prima leben ohne Privatsphäre, 2011, S. 56, 71f., 131 ff.

Perspektiven eines europäischen Privacy-Rechts

Cornelia Rogall-Grothe

Die Diskussion um „Facebook, Google & Co." wird in der breiten Öffentlichkeit, aber auch in Fachkreisen, ganz überwiegend als eine Debatte über den Datenschutz wahrgenommen.

Chancen und Risiken sozialer Netzwerke sind jedoch nicht ausschließlich unter datenschutzrechtlichen Gesichtspunkten zu erörtern. Das Internet ist nicht nur eine datenschutzrechtliche, noch nicht einmal nur eine rechtliche, sondern auch und vor allem eine gesellschaftliche Herausforderung mit vielen unterschiedlichen Facetten.

Was bedeutet es dann aber, wenn diese unterschiedlichen Facetten in Deutschland und Europa vor allem unter dem Gesichtspunkt des Datenschutzes diskutiert werden, so wie das gegenwärtig der Fall ist? Liegt hierin nicht eine unzulässige Verkürzung der Diskussion? Oder umgekehrt formuliert: Wird hier das Datenschutzrecht nicht überschätzt, überstrapaziert und im Ergebnis auch überfordert?

Es handelt sich hierbei nicht nur um theoretische Fragen. Die Debatte um die Reform des europäischen Datenschutzrechts ist derzeit in vollem Gange. Die EU-Kommission hat am 25. Januar 2012 zwei neue Rechtsakte vorgeschlagen. Die Beratungen in der Ratsarbeitsgruppe haben bereits begonnen. Inhalt und Reichweite der europäischen Reform werden maßgeblich davon geprägt sein, was nach der Ansicht der Kommission, des Europäischen Parlaments und der Mitgliedstaaten dem Datenschutzrecht unterfällt – und was nicht.

Die Lebenswirklichkeit und Sachverhalte, an die wir die rechtlichen Maßstäbe des Datenschutzrechts anlegen, werden immer breiter und vielfältiger. Das Internet dringt in alle Lebensbereiche vor. Mit Hilfe internetbasierter Dienste bewegen wir uns durch den Straßenverkehr. Über das Internet regeln wir unsere Stromnetze, zum Beispiel beim Aufladen von Elektroautos, und sparen damit Energie. In der Landwirtschaft lassen sich dank GPS und Internet Felder punktgenau und umweltgerecht düngen. Und schließlich verlagert sich unsere gesamte Kommunikation zunehmend ins Internet. Überall geht es um Informationsaustausch. Ohne die Verarbeitung von Daten würden wir uns wirtschaftlich und sozial schnell ins Abseits stellen. Durch die Angewiesenheit auf den Informationsaustausch und internetbasierte Technologien werden Fragen des Verkehrs, des Umweltschutzes, der Gesundheitsvorsorge und der persönlichen Entfaltung zu Fragen, auf die das Datenschutzrecht gewollt oder ungewollt Antworten gibt. Aber kann es das eigentlich?

Zunächst ist klarzustellen: Es kann überhaupt kein Zweifel daran bestehen, dass „Facebook, Google & Co.", dass soziale Netzwerke und dass das Internet komplexe und teilweise völlig neue datenschutzrechtliche Fragen aufwerfen. Die Reform des Datenschutzrechts stellt eines der wichtigsten und zugleich herausforderndsten Themen der Informationsgesellschaft dar. Das geltende Datenschutzrecht stammt aus der Zeit vor dem Internet. Seine Verfasser gingen von gänzlich anderen Voraussetzungen aus, als wir sie heute haben. Die private Nutzung sozialer Netzwerke lässt sich grundrechtsdogmatisch schwer mit der staatlichen Volkszählung von einst vergleichen. Dasselbe gilt für andere Alltäglichkeiten des Internets, wie E-Mails, Twitter, Blogs und die zahlreichen mobilen Anwendungen, von denen wir mit unseren Smartphones Gebrauch machen.

Das Internet führt dazu, dass dem Datenschutzrecht im privaten Bereich bzw. dem Bereich der Wirtschaft eine viel stärkere Bedeutung zukommt als früher. Stand zunächst eher das Verhältnis zwischen Staat und Bürger im Mittelpunkt der datenschutzrechtlichen Regelungen, rückt mit dem Internet die Beziehung zwischen Bürgern bzw. zwischen Bürger und Wirtschaft in den Fokus.

Diese tatsächliche Entwicklung zwingt zu einer Neubeurteilung des Datenschutzrechts und zu einer stärkeren Trennung zwischen dem öffentlichen und nicht-öffentlichen Bereich. Im öffentlichen Bereich – im Verhältnis Staat-Bürger – hat sich die Systematik des Datenschutzrechts mit seinem Verbot mit Erlaubnisvorbehalt voll bewährt. Hieran sollten wir nicht rütteln. Im nicht-öffentlichen Bereich müssen wir uns jedoch ernsthaft fragen, ob wir nicht neue Wege finden müssen. Sollten wir nicht darüber nachdenken, wie wir dort stärker eingreifen und schützen können, wo größere Gefahren für die Persönlichkeitsrechte lauern als bei einer – bewusst etwas provokant gesprochen – eigentlich „belanglosen Datenverarbeitung"?

Ein modernes Datenschutzrecht darf sich den Möglichkeiten und Chancen des Internets nicht verschließen. Ebenso muss es auf die neuen Herausforderungen und Gefahren angemessen reagieren. Bei den anstehenden Reformen wird es daher auch und vor allem darum gehen, das Datenschutzrecht dem Internetzeitalter anzupassen. Mit der jetzigen Systematik droht die Kapitulation des Datenschutzrechts vor der Komplexität des Internets. Statt alles allumfassend präventiv zu regeln, sollten präventive und repressive Maßnahmen im privaten Datenschutzrecht nach Risiken gestaffelt werden.

Es besteht die Gefahr, dass wir es im Bemühen um einen guten Datenschutz übertreiben und dass wir das Datenschutzrecht mit Anforderungen überfrachten, die es nicht bewältigen kann. Wir sollten über neue „Perspektiven des europäischen Datenschutzrechts" oder gar die „Perspektiven eines europäischen Privacy-Rechts" nachdenken.

Der Begriff „Privacy" führt uns ebenso ins amerikanische Datenschutzrecht wie zu den Wurzeln des europäischen. Ein rechtsvergleichender Blick über den

Atlantik kann uns helfen, das eigene Datenschutzrecht besser zu verstehen. Wenn wir uns Gemeinsamkeiten und Unterschiede bewusst machen, schärft das den Blick für die notwendigen Schritte, die wir auf dem Weg zu einem guten europäischen Datenschutzrecht gehen müssen. Mir geht es nicht darum, das US-amerikanische Privacy-Recht als Vorbild zu nehmen. Das will ich ganz klar vorausschicken. Ein kleiner Rechtsvergleich schärft jedoch den Blick für Probleme und hilft bei der Suche nach eigenen Lösungen.

(The Right to) Privacy hat in den USA eine lange Tradition, die sich aus dem 4. Zusatzartikel der Verfassung ableitet. Bereits im Jahr 1890 definierten der spätere Richter *Louis Brandeis* gemeinsam mit dem Schriftsteller und Rechtsanwalt *Samuel D. Warren* das Recht auf Privacy als „*right to be let alone*" – also als das „Recht, in Ruhe gelassen zu werden".

Anfang der 1960er Jahre bestimmte das Recht auf Privacy dann die beginnende Debatte um das amerikanische Datenschutzrecht: Die Regierung unter Präsident John F. Kennedy hatte geplant, ein Nationales Datenzentrum zur Verbesserung des staatlichen Informationswesens einzurichten, in dem Daten aller US-Bürger registriert werden sollten. Der Kongress betrachtete dieses Vorhaben jedoch als einen Eingriff in das verfassungsrechtlich gewährleistete „*right to be let alone*" und ließ es deshalb scheitern. Forderungen nach einer gesetzlichen Grundlage für die Verarbeitung personenbezogener Daten wurden laut. Ergebnis war die Verabschiedung des sogenannten *Privacy Act* im Jahre 1974, der die amerikanischen Bundesbehörden zur Einhaltung datenschutzrechtlicher Prinzipien verpflichtete.[1]

Über die in den USA geführte Debatte wurde auch in Deutschland und Europa berichtet. Von einer unmittelbaren Übersetzung des Begriffs „Privacy" wurde aber in Deutschland bewusst abgesehen. Das „allgemeine Persönlichkeitsrecht" wurde als geeignetes deutsches Pendant zwar diskutiert, letztlich aber aus sprachlichen Gründen als zu sperrig abgelehnt. Stattdessen wurde in der Wissenschaft das Wort „Datenschutz" geschaffen, das inzwischen nicht nur in Deutschland, sondern in der Übersetzung auch international gebräuchlich ist.[2]

Schon damals wurde allerdings erkannt und kritisiert, dass der Begriff „Datenschutz" eher in die Irre führt: Das eigentliche Ziel des Datenschutzes ist es nicht, Daten zu schützen, sondern den Menschen zu schützen. Die Konvention 108 des Europarates, die gemeinhin als „Datenschutz-Konvention" bezeichnet wird, spricht in ihrem Titel nicht vom Datenschutz, sondern vom „Schutz des Menschen bei der automatischen Verarbeitung personenbezogener Daten". In

---

1   Im Zentrum des *Privacy Act* standen der Grundsatz der Erforderlichkeit, der Sicherheit und der Transparenz.
2   So werden z.B. im Englischen der Begriff «data protection», im Französischen «protection des données» und im Spanischen «protección de datos» verwendet.

Art. 1 der Konvention 108 ist die Rede von einem „Recht auf einen Persönlichkeitsbereich, (das) bei der automatischen Verarbeitung personenbezogener Daten geschützt (wird)", welches dann in Klammern als „Datenschutz" definiert wird.[3] Von hier aus wurde der Begriff in andere Staaten übernommen, die die Konvention 108 gezeichnet haben. Auch das Bundesverfassungsgericht spricht im Volkszählungsurteil von 1983 nicht etwa von einem „Recht auf Datenschutz", sondern vom „Recht auf informationelle Selbstbestimmung", das es wiederum aus dem allgemeinen Persönlichkeitsrecht gemäß Art. 2 Abs. 1 GG ableitet[4].

In der im Jahre 1990 in das einfache Recht aufgenommenen Formulierung zum Zweck und Anwendungsbereich des Bundesdatenschutzgesetzes (§ 1 BDSG) heißt es: „Zweck dieses Gesetzes ist es, den Einzelnen davor zu schützen, dass er durch den Umgang mit seinen personenbezogenen Daten *in seinem Persönlichkeitsrecht* beeinträchtigt wird". In Art. 1 Abs. 1 der Datenschutzrichtline 95/46/EG ist vom „Schutz der Privatsphäre natürlicher Personen bei der Verarbeitung personenbezogener Daten" die Rede.

Der Mensch, nicht seine Daten, steht somit im Mittelpunkt des Datenschutzrechts. Wie im amerikanischen Recht geht es auch bei uns um den Schutz der Persönlichkeitsrechte bzw. der Privatsphäre. Dies scheint im Rahmen der aktuellen Reformdebatte – wie übrigens auch schon im geltenden Recht – in Vergessenheit zu geraten.

Es wäre konsequent, wenn das Datenschutzrecht bei der Frage ansetzte, ob und inwieweit die Persönlichkeitsrechte beeinträchtigt sind. Das ist aber nicht der Fall. Sowohl das geltende Recht, als auch der von der Kommission vorgelegte Entwurf der Datenschutz-Grundverordnung[5] rücken stattdessen den Vorgang der Datenverarbeitung in den Mittelpunkt. Regelungsgegenstand ist das einzelne Datum, seine Erhebung, seine Speicherung, seine Übermittlung usw. Die zentrale Aussage lautet also: „Es gibt kein belangloses Datum. Jede Datenverarbeitung kann gefährlich sein. Deshalb ist jeder einzelne Schritt der Datenverarbeitung zu regeln. Und alles, was nicht geregelt und für zulässig erklärt wird, ist verboten". Bei diesem Konzept rückt die Frage, wie sich die konkrete Datenverarbeitung auf das Persönlichkeitsrecht des Betroffenen auswirkt, zunächst völlig aus dem

---

3   Das von den Mitgliedstaaten des Europarates im Jahr 1981 unterzeichnete „Übereinkommen zum Schutz des Menschen bei der automatischen Verarbeitung personenbezogener Daten" ist abrufbar unter http://conventions.coe.int/treaty/ger/treaties/html/108.htm.
4   BVerfGE 65, 1, 41 ff.
5   Der Vorschlag der Europäischen Kommission vom 25. Januar 2012 für eine „Verordnung des Europäischen Parlaments und des Rates zum Schutz natürlicher Personen bei der Verarbeitung personenbezogener Daten und zum freien Datenverkehr (Datenschutz-Grundverordnung)" ist unter http://eur-lex.europa.eu/LexUriServ/LexUriServ.do?uri= COM:2012:0011:FIN:DE:PDF abrufbar.

Blickfeld. Erst am Ende der Einzelfallprüfung – bei der Verhältnismäßigkeit – taucht sie wieder auf. Die Abbildung einer Häuserfassade bei Google Street View und die kommerzielle und massenhafte Profilbildung durch Datenhändler – regulatorisch stellen wir erst einmal alles auf eine Stufe.

Das bedeutet im Ergebnis nichts anderes, als dass der inhaltliche Gehalt des amerikanischen Privacy-Begriffs zwar Einzug in die Zielbestimmungen unserer Datenschutzgesetze gehalten hat – denn dort ist ja explizit vom Schutz des Persönlichkeitsrechts die Rede. Die darauf folgenden datenschutzrechtlichen Regelungen aber setzen diesen Gedankengang nicht fort, sondern betreiben „Daten-Schutz" im wörtlichen Sinne: Sie schützen unmittelbar das einzelne Datum, nicht den Menschen. Wenn man so will, verliert das Datenschutzrecht seine Zielbestimmung aus dem Auge.

Dies ist historisch zu erklären. Dem Datenschutzrecht lag ursprünglich der Gedanke zugrunde, dass *jede* Verarbeitung personenbezogener Daten eine Gefährdung des Persönlichkeitsrechts mit sich bringt. „Kein Datum ist belanglos". Dieser Gedanke zielt darauf, sich stets rechtfertigen zu müssen, wenn man ein Datum verarbeitet. Eine allumfassende Rechtfertigung für sein Handeln verlangen wir zu Recht vom Staat. Der Staat greift durch sein Handeln in Grundrechte ein und bedarf hierfür einer Rechtfertigung.

Anders verhält es sich im privaten Bereich. Privatpersonen sind Grundrechtsträger. Aus ihrer Sicht bedeutet Datenverarbeitung die Ausübung eines Freiheitsrechts – zum Beispiel der Meinungsfreiheit, der Pressefreiheit, der Wissenschaftsfreiheit oder der Berufsfreiheit –, die in den Grenzen der Grundrechte anderer zulässig sein muss.

Der herkömmliche Ansatz, das einzelne Datum zu schützen, ist somit im Privatbereich jedenfalls dann zunehmend problematisch, wenn der Schutzanspruch alle Lebensbereiche durchdringt und zur Bevormundung wird.

Bei der Frage nach der Zulässigkeit von Datenverarbeitungen rücken wir nach der Systematik des BDSG und des geltenden europäischen Rechts auch im privaten Bereich das einzelne Datum in den Mittelpunkt und gehen davon aus, dass

- erstens kein Datum unwichtig ist,
- zweitens möglichst wenig Daten verarbeitet werden sollen
- und man drittens Daten und ihre Verarbeitung jeweils getrennt in einzelnen Schritten bewerten und dabei Verantwortlichkeiten klar zuordnen kann.

Diese Prämissen bedürfen im Informationszeitalter im nicht-staatlichen Bereich einer Überprüfung. Das rasante Wachstum des Internets läuft dem Grundsatz der Datenvermeidung und Datensparsamkeit ersichtlich zuwider. Niemand will dieses Wachstum ernsthaft aufhalten. Energieeinsparungen, Elektromobilität, digitale Partizipation, Meinungsäußerungen, soziale Netzwerke und vieles mehr sind ohne die massenhafte Verarbeitung und Vernetzung von Daten nicht möglich. Durch den technischen Fortschritt werden die Daten insgesamt zunehmend personenbeziehbar. Hält man unter diesen Bedingungen jedes Datum für gleich wichtig und will jeden Schritt der Verarbeitung einzeln bewerten und regeln, stößt man spätestens bei der Rechtsumsetzung an Grenzen. Dies gilt erst recht im internationalen Kontext.

Wir müssen uns deshalb auf das Grundanliegen des Datenschutzrechts zurückbesinnen und uns vergegenwärtigen, dass es inhaltlich letztlich um ein „Privacy-Recht" gehen sollte: Anstatt das einzelne Datum in den Mittelpunkt der Betrachtung zu rücken, sollte der Schutz der Persönlichkeitsrechte unmittelbar im Zentrum der Regelungen stehen. Wir müssen über ein flexibles Regelungsmodell nachdenken, bei dem wir uns stärker auf die tatsächlichen Gefahren für die Persönlichkeitsrechte der Betroffen konzentrieren. Das Modell muss sich technischen Neuerungen schnell anpassen können. Bei Geschäftsmodellen oder Internetdiensten mit hohem Gefahrenpotential müssen schnell wirksame Schutzmechanismen greifen und strenge Regeln und Auflagen gelten. Im Allgemeinen wenig gefährliche Alltagsvorgänge sollten demgegenüber nicht unnötig einer „datenschutzrechtlichen Bürokratie" unterworfen werden. Die automatisierte Buchhaltung eines kleinen Unternehmens zum Beispiel sollte nicht den gleichen Regelungen unterliegen wie Profilbildungen in sozialen Netzwerken oder anhand von Suchmaschinendaten, für die wir strenge Regeln brauchen, weil hier Persönlichkeitsrechte viel mehr in Gefahr sind. Mit einer undifferenzierten Herangehensweise ist letztlich niemandem geholfen. Die gebotene Differenzierung scheint aber nahezu unmöglich, wenn man rechtstechnisch auf das einzelne Datum abstellt und dieses ungeachtet der Risiken, die mit seiner Verarbeitung verbunden sind, zu regulieren versucht. Das Anknüpfen an das einzelne Datum führt dazu, dass dem Betroffenen wahlweise zu viel Schutz aufgedrängt oder zu wenig Schutz geboten wird. Beides ist nicht zielführend.

Auch an anderer Stelle erscheint mir eine differenziertere Herangehensweise als in den von der Kommission vorlegten Vorschlägen für eine Datenschutz-Grundverordnung vorgesehen dringend erforderlich. Denken wir an private Homepages, Blogs und Redebeiträge in sozialen Netzwerken. Nach dem Kommissionsentwurf würden sie den gleichen Pflichten und Kontrollmechanismen unterstellt wie staatliche Behörden oder Großkonzerne. Dies ist – insbesondere mit Blick auf die Meinungs- und Pressefreiheit – nicht akzeptabel. Hier ist datenschutzrechtliche Zurückhaltung gefragt. Das gilt umso mehr, als es zum Schutz der Persönlichkeitsrechte respektive der Privatsphäre vor Verletzungen durch andere Privatpersonen bereits ein breites Instrumentarium gibt, das wir mit in den Blick nehmen und möglicherweise ausbauen müssen. Zu nennen sind hier, neben zivilrechtlichen Schadenersatz- und Unterlassungsansprüchen, die von der Rechtsprechung im Einzelnen sehr differenziert ausgeformten Regelungen des

Äußerungs- und Presserechts. Wenn wir die bestehenden Instrumente konsequent zum Schutz der Privatsphäre einsetzen und – soweit angesichts der Neuerungen des Informationszeitalters erforderlich – ergänzen, bedeutet dies keinen datenschutzrechtlichen Rückschritt, sondern ein Plus an Effektivität.

Privatheit und Öffentlichkeit – eine Positionsbestimmung in der digitalen Welt

Heinrich A. Wolff

I. Öffentlichkeit und Privatheit in der dem Grundgesetz zugrundeliegenden Form

Gegenstand des Vortrags ist das Verhältnis von Privatheit und Öffentlichkeit, vor allem aus verfassungsrechtlicher Sicht.

1. Begrifflichkeiten

Privat wird verstanden als der Bereich, in dem der einzelne Grundrechtsträger für sich ist und nicht der Beobachtung und dem Kontakt anderer Personen außer solchen, die er selbst zugelassen hat, ausgesetzt ist; Öffentlichkeit ist der Bereich, in dem er sich dem Kontakt Dritter grundsätzlich nicht entziehen kann. Ob der Bereich der Privatheit oder der Öffentlichkeit vorliegt, ist nicht von Natur aus gegeben, sondern hängt erstens von den tatsächlichen Verhältnissen, zweitens von dem kulturell gewachsenem Verständnis und drittens von der Entscheidung des konkret Betroffenen ab, wobei jeder dieser drei Faktoren je nach Einzelfall eine unterschiedliche Bedeutung erhalten kann.[1]

2. Der Öffentlichkeitsgrundsatz im Parlamentsrecht

Das Grundgesetz kennt die Öffentlichkeit zunächst ausdrücklich im Zusammenhang mit dem Parlamentsrecht. So wird explizit normiert, dass der Bundestag öffentlich verhandelt (Art. 42 Abs. 1 GG) und die Öffentlichkeit nur mit einer Zwei-Drittel-Mehrheit ausgeschlossen werden kann. Erleichterte Ausschlussmöglichkeiten bestehen für die Sitzungen des Untersuchungsausschusses (Art. 44 GG) und des Bundesrates (Art. 52 Abs. 3 GG).[2] Die Öffentlichkeit in

---

1 *Christoph Worms/Christoph Gusy*, Verfassung und Datenschutz, DuD 2012, 92, 93; *Sandra Seubert,* Der gesellschaftliche Wert des Privaten, DuD 2012, 100, 101.
2 Vgl. zu den Gründen dafür *Robbers*, in: Michael Sachs (Hg.), Grundgesetz, 9. Auflage 2011, Art. 52, Rn. 15.

diesem Bereich besitzt eine für die Demokratie zentrale Rolle. Die Debatte im Parlament muss öffentlich sein, weil auf diese Weise eine inhaltliche Rückkopplung vom Gesetzgeber zum Volk ermöglicht wird, das Volk das Parlament kontrollieren kann und die Chance der Minderheit erhöht wird, das nächste Mal Mehrheit zu werden.[3] Strukturell ähnlich gelagert ist der Öffentlichkeitsgrundsatz im Gerichtsverfahren. Er ist zwar nicht ausdrücklich in der Verfassung niedergelegt, und das BVerfG ist bei seiner Anerkennung als verfassungsrechtlicher Grundsatz zurückhaltend,[4] er ergibt sich aber aus Art. 6 EMRK und ist im GVG (§ 169 GVG) ausführlich ausgestaltet,[5] weshalb er zumindest einfachrechtlich als tragender Grundsatz gilt.[6] Er findet seinen Sinn in der Kontrolle der weitreichenden richterlichen Gewalt durch die Öffentlichkeit.[7]

3. Der grundrechtliche Schutz der Privatheit

a) Die Privatheit als das Für-sich-sein

Von dieser staatsorganisatorischen Funktion der Öffentlichkeit zu trennen, ist die Unterscheidung zwischen Privatheit und Öffentlichkeit, sofern es um den Einzelnen geht. Dieser Bereich wird von den Grundrechten erfasst. Diese Unterscheidung liegt den Grundrechten zugrunde, ohne selbst Gegenstand ihrer Regelungen zu sein.[8] Die Grundrechte schützen zunächst die Privatheit in ihrer räumlichen Sphäre. Art. 13 GG erklärt die Wohnung für unverletzlich und staatliche Maßnahmen greifen gerade dann in den Schutzbereich ein, wenn durch sie die Privatheit der Wohnung aufgehoben wird.[9] Die Privatheit wird weiter in besonderer Weise durch das allgemeine Persönlichkeitsrecht geschützt,[10] das zwar nicht ausdrücklich im Grundgesetz niedergelegt ist, aber aus Art. 2 Abs. 1 GG i. V. m. Art. 1 Abs. 1 GG hergeleitet wird, und das vor allem den Schutz der Privatsphäre, mitsamt der Bereiche der Selbstdarstellung, Selbstbestimmung, Ach-

---

3   BVerfGE 70, 324, 355; BVerfGE 80, 304, 329; BVerfGE 124, 104, 123 f.; Magiera, in: Sachs (Hg.), GG (Fn. 2), Art. 42, Rn. 1.
4   BVerfGE 103, 44 ff. (63 ff.); s. a.BVerfGE 89, 381 ff., 391; Grzeszick, in: Maunz/Dürig, GG. Art. 20 (Stand Nov. 2005), Rn. 140; großzügiger *Bröhmer,* Transparenz als Verfassungsprinzip, 2004, S. 264 ff.
5   *Zimmermann*, in: Münchener Kommentar zur Zivilprozessordnung, 3. Auflage, 2008, § 169 GVG Rn. 1.
6   *Schmidt-Aßmann*, in: Maunz/Dürig, GG. Art 19 Abs. 4 (Stand Feb. 2003), Rn. 264.
7   *Zimmermann*, a. a. O. (Fn. 5).
8   Vglb. bezogen auf die Privatsphäre, Pagenkopf, in: Sachs (Hg.), GG (Fn. 2), Art. 10 Rn. 6a.
9   BVerfGE 89, 1, 12 = NJW 1993, 2035; BVerfG (Kammer), NJW 2008, 2493.
10 BVerfGE 109, 279, 326.

tung des sozialen Geltungsanspruchs sowie den Schutz der Privatheit erfasst.[11] Einen besonderen Ausschnitt der Privatsphäre erfasst auch die Glaubens- und Gewissensfreiheit gemäß Art. 4 GG, die insoweit gegenüber dem allgemeinen Persönlichkeitsrecht spezieller ist.[12] Grundlage der Privatheit ist die Menschenwürde gemäß Art. 1 Abs. 1 GG, da in dieser die Anerkennung des Menschen als reflexives Wesen angelegt ist und diese Fähigkeit zur Selbstreflexion und zur Selbstgesetzgebung auch der Grund ist, den Wunsch des Einzelnen unter bestimmten Umständen für sich sein zu wollen und auch für sich selbst sein zu müssen, von Rechts wegen zu respektieren.

b) Die private Kommunikation

Die Grundrechte kennen die Privatheit aber nicht nur als Raum für ungestörtes, eigenen Regeln folgendes Handeln, sondern auch als einen Bereich der Kommunikation. Nicht jede Form von Kommunikation ist als privat einzustufen, vielmehr bedarf es eines zusätzlichen qualifizierenden Merkmals. Dieses ist gegeben, sofern es um die Kommunikation innerhalb der Familie (Art. 6 Abs. 1 GG)[13] oder zwischen sonstigen, besonders vertrauten Personen geht (allgemeines Persönlichkeitsrecht gem. Art. 2 Abs. 1 i. V. m. Art. 1 Abs. 1 GG).[14] Einen besonderen Schutz erhält jede Kommunikation gemäß Art. 10 GG, sofern sie unter Abwesenden erfolgt. Art. 10 GG schützt das Brief-, Post- und Fernmeldegeheimnis und nimmt somit gerade die besonderen Gefahren in den Blick, die darin liegen, dass die Betroffenen nicht alleine überblicken können, wie vertraulich die Äußerungen sind. Die Kommunikation unter Abwesenden muss aber geführt werden können, ohne den Argwohn oder die Befürchtung, sie werde heimlich von Dritten zur Kenntnis genommen.[15]

4. Der grundrechtliche Schutz des Zugangs zur Öffentlichkeit

a) Spezifisch geschützte Zugangsformen

Ist der Schutz der Privatheit durch die Grundrechte ausgeprägt, so gilt dies nicht in gleicher Weise für den Schutz der Öffentlichkeit. Diesen gibt es, wie darge-

---

11 *Höfling*, in: Sachs (Hg.), GG (Fn. 2), Art. 2, Rn. 59 ff.
12 *Jarass*, in: Jarass/Pieroth, Grundgesetz, 11. Auflage, 2011, Art. 4, Rn. 6a.
13 *Pieroth*, in: Jarass/Pieroth, Grundgesetz, 11. Auflage, 2011, Art. 6, Rn. 8; *von Coelln*, in: Sachs (Hg.), GG (Fn. 2), Art. 6, Rn. 22; BVerfGE 109, 279, 326.
14 BVerfGE 90, 255, 262 = NJW 1995, 1015 ff.; BVerfG (Kammer), NJW 2007, 1194.
15 BVerfGE 34, 238, 246 f.; *Pagenkopf*, in: Sachs (Hg.), GG (Fn. 2), Art. 10, Rn. 7.

legt, aus staatsorganisatorischen Gründen, nicht aber aus grundrechtlichen. Die Öffentlichkeit als solche wird durch die Grundrechte nicht geschützt. Geregelt sind aber spezielle Formen des Zugangs des Einzelnen zur Öffentlichkeit und in die Öffentlichkeit. So gibt Art. 5 Abs. 1 GG dem Einzelnen das Recht, sich aus allgemein zugänglichen Quellen zu informieren und garantiert daher jedem Einzelnen, die Vorteile der Öffentlichkeit wahrnehmen zu dürfen. Dieser Zugang zu den in der Öffentlichkeit vorhandenen Informationen schützt sowohl die Persönlichkeitsentfaltung des Einzelnen als auch das demokratische Prinzip.[16] Weiter hat jeder über die Meinungsfreiheit gemäß Art. 5 Abs. 1 GG das Recht, seine Meinung zu äußern und zu verbreiten.[17] Gerade durch den Zugang zur Öffentlichkeit kann die Meinungsfreiheit ihre Funktion entfalten. Die Einzelnen können sich zur Verbreitung der Meinung auch spezieller Verteiler bedienen, wie etwa der Pressefreiheit oder der Rundfunkfreiheit (Art. 5 GG). Schließlich können sie an Versammlungen gemäß Art. 8 GG teilnehmen, sollten sie religiösen Ursprungs sein gemäß Art. 4 Abs. 1 GG. Im Grenzbereich von Privatheit und Öffentlichkeit liegt die Vereinigungsfreiheit aus Art. 9 GG, da sie gestattet, selbst zu bestimmen, wie groß der Kreis der Vereinsmitglieder gefasst werden soll.

b) Öffentlichkeit als Voraussetzung für die Freiheitsrechte

Die Grundrechte sichern dem Individuum den Zugang zur Öffentlichkeit, nicht aber die Öffentlichkeit selbst. Die Öffentlichkeit besteht vor allem in zwei unterschiedlichen Formen. Sie existiert räumlich, vor allem bei im Gemeingebrauch befindlichen Sachen wie Straßen und Plätzen (öffentlicher Raum i. e. S.),[18] und bei öffentlichen Einrichtungen der Daseinsvorsorge, bei denen der Zulassungsakt nicht wirklich qualifizierend differenziert. Im Grundgesetz ist nicht vorgeschrieben, dass der Staat öffentliche Räume schaffen muss, die Verfassung setzt dieses Engagement vielmehr voraus. Man spricht davon, es sei eine Pflichtaufgabe des Staates.[19] Die räumliche Öffentlichkeit ist dabei nicht auf staatliche Flächen beschränkt. Jeder Verfügungsberechtigte hat auch als Privater die Möglichkeit, sei-

---

16 *Antoni*, in: Dieter Hömig (Hg.), Grundgesetz, 9. Auflage, 2010, Art. 5, Rn. 10.
17 *Jarass*, in: Jarass/Pieroth, Grundgesetz, 11. Auflage, 2011, Art. 5, Rn. 6.
18 Vgl. *Simon/Busse*, Bayerische Bauordnung, 107. Ergänzungslieferung 2012, Anm. zu § 99 BauO, Bauplanungsrecht, III. Planungsgrundsätze, 8. Öffentlicher Raum, Rn. 1.
19 *Herber*, Rechtsquellen und Strukturen des Straßenrechts, in: Kodal, Straßenrecht, 7. Auflage, 2010, Kapitel 2, Rn. 4.2.

ne Flächen der Öffentlichkeit zur Verfügung zu stellen,[20] verpflichtet ist er dazu ohne vorherige staatliche Verfügungsbeschränkung allerdings nicht.

Die zweite Form der Öffentlichkeit ist die kommunikative, bei der der freie Zugang zur Information und nicht der Kontakt zu einer Person im Zentrum steht. Auch hier kann der Staat nur die Bedingungen für die Entstehung bereitstellen, ohne die Öffentlichkeit selbst zu sichern. Ob es Zeitungen, Rundfunkveranstaltungen und Aushänge etc. gibt und inwieweit, hängt wesentlich vom Engagement der Bevölkerung ab und von wirtschaftlichen Teilnehmern und kann vom Staat nur beschränkt gesteuert werden. Man versucht diesem Phänomen gerecht zu werden, indem man den Grundrechten neben ihrer Abwehrfunktion auch eine institutionelle Garantie für die freie Presse und für den Rundfunk entnimmt. Danach ist der Staat verpflichtet, für Funktionsbedingungen zu sorgen, unter denen sich diese Freiheiten entwickeln können.[21]

5. Privatheit und Öffentlichkeit als Ausschnitt des Grundrechtsschutzes

Das Grundgesetz teilt die menschliche Freiheit dabei nicht in eine der Privatheit und in eine der Öffentlichkeit ein, vielmehr gibt es auch Rechte, die mit dieser Unterscheidung nichts zu tun haben, wie etwa die Rechte auf Leben, körperliche Unversehrtheit und körperliche Bewegungsfreiheit, die wirtschaftlichen Grundrechte wie insbesondere die Berufsfreiheit und teilweise die Eigentumsfreiheit sowie schließlich spezielle staatsgerichtete Rechte wie das Asylrecht, der Schutz vor Abschiebung und das Petitionsrecht (Art. 16, 16a, 17 GG). Schließlich gibt es Grundrechte, bei denen das geschützte Verhalten typischerweise auf eine Wirkung in die Öffentlichkeit hinein angelegt ist, ohne dies zwingend zu erfordern, wie insbesondere bei der Kunstfreiheit (Art. 5 Abs. 3 GG), man spricht hier vom Wirkbereich der Kunst.[22]

6. Unterschiedliche Schutzwirkungen

Wie der grundrechtliche Schutz wirkt, unterscheidet sich danach, ob es um eine Sphäre der Privatheit oder um die Teilnahme an der Öffentlichkeit geht. Bei der Privatheit steht es grundsätzlich dem Berechtigten oder den Berechtigten zu, zu

---

20 Relevant v. a. für den Anwendungsbereich des Straßenverkehrsrecht, vgl. *Zieresin*, in: Geigel, Haftpflichtprozess, 26. Auflage 2011, 27, Kapitel, Rn. 26.
21 Vgl. zur Presse *Bethge*, in: Sachs (Hg.), GG (Fn. 2), Art. 5, Rn. 72 und zum Rundfunk Rn. 96.
22 *Antoni*, in: Hömig (Hg.), GG (Fn. 16), 2010, Art. 5, Rn. 31.

bestimmen, wer Zugriff auf die Privatheit hat.[23] Zugriff meint die Kontaktaufnahme oder die Informationserhebung. Innerhalb der Wohnung bestimmt beispielsweise der Wohnungsinhaber, wer hineinkommt, innerhalb der Familie bestimmen die Familienmitglieder, wer am familiären Leben teilnimmt. Der Schutz der Privatheit besteht folglich in der Befugnis, den Zugriff Dritter grundsätzlich rechtlich abwehren zu dürfen. Der Schutz der Privatheit beschränkt sich aber nicht auf den Schutz der Vertraulichkeit. Innerhalb der Privatheit bestimmen die Berechtigten nicht nur den Zugriff von außen, sondern auch nach welchen Regeln sich das Verhalten innerhalb der Privatheit weitgehend abspielen soll. Ob Ehepaare sich duzen, sich siezen, nebeneinander laufen oder hintereinander, sich anschreien oder non-verbal verständigen, bestimmen diese autonom, man spricht von dem Recht das Zusammenleben nach familiärer Eigengesetzlichkeit zu bestimmen.[24]

Der grundrechtliche Schutz hinsichtlich der Öffentlichkeit betrifft demgegenüber den Zugang zur Öffentlichkeit.[25] Der Einzelne darf an einer Versammlung teilnehmen, darf die Straße nutzen[26] und darf Presseerzeugnisse drucken und lesen. Demgegenüber erhält er nicht die Rechte, die er in der Privatheit besitzt. Er kann andere nicht von der Öffentlichkeit ausschließen und er kann auch die Regeln, wie sich die anderen in der Öffentlichkeit verhalten sollen, nicht einseitig bestimmen. Die Beherrschbarkeit des Zugangs durch den Betroffenen ist gerade das zentrale Differenzierungskriterium für die Unterscheidung zwischen privat und öffentlich.[27] Das Rechtsfahrgebot auf öffentlichen Straßen gilt für alle Verkehrsteilnehmer, auch für diejenigen, die auf ihrem eigenen Grundstück grundsätzlich immer links fahren.

Wer sich in der Öffentlichkeit bewegt, kann nicht verlangen, dass dies von anderen nicht wahrgenommen wird.[28] Die Spuren, die er mit seiner Erscheinung setzt, sind der Wahrnehmung anderer zugänglich und er hat keinen Anspruch darauf, dass diese ihre Augen verschließen.[29] Ob die Spuren seiner Person in wieder auffindbarer Weise zugänglich und verwertbar sind, d. h., ob er erkannt wird oder nicht, hängt vom Wissensstand der anderen ab, auf den er selbst keinen Einfluss hat. Aus seiner Sicht beruht dies auf einem von ihm grundsätzlich nicht völlig beherrschbaren Zufall. Er muss jederzeit mit seiner Entdeckung rechnen und damit, dass man ihm folgt, bis seine Individualisierung möglich ist.

---

23 *Worms/Gusy* (Fn. 1), DuD 2012, 92, 94.
24 *von Coelln*, in: Sachs (Hg.), GG (Fn. 2), Art. 6 Rn. 22.
25 Richtig *Worms/Gusy* (Fn. 1), DuD 2012, 92, 95.
26 S. zum Recht auf Gemeingebraucht statt vieler: *v. Danwitz*, Straßenrecht, in: Schmidt-Aßmann/Schoch (Hg.), 14. Aufl. 2008, 7. Kapitel, Rn. 54.
27 *Worms/Gusy* (Fn. 1), DuD 2012, 92, 94.
28 Vgl. *Wolff*, Selbstbelastung und Verfahrenstrennung, 1996, S. 252, Rn. 800.
29 *Worms/Gusy* (Fn. 1), DuD 2012, 92, 94.

7. Privatheit und Öffentlichkeit – keine strengen Dichotomien

Bezogen auf die Schutzintensität der Vertraulichkeit gibt es dabei keine strenge Zweiteilung Privatheit und Öffentlichkeit im Sinne eines Entweder-oder bzw. eines Ganz-oder-gar-nicht.[30] Die Grenzen sind vielmehr fließend und es gibt ein Mehr oder Weniger an Privatheit wie auch ein Mehr oder Weniger an Öffentlichkeit. Ein Brief an den Lebenspartner ist privater als ein Rundbrief an Freunde, der wiederum privater ist als der Beitrag in der Vereinszeitung und der wiederum privater als ein Artikel in der Tageszeitung. Gleiche Stufen sind thematisch möglich, eine Kundgabe von persönlichen Phobien ist privater als die Kundgabe der eigenen Waschgewohnheiten, diese wiederum privater als die Kundgabe von Hobbys und diese wiederum geschützter als die Kundgabe des Arbeitsalltages.

8. Die Sphärentheorie als Schutzskala

Die Skala ganz privat und ganz öffentlich wird rechtlich über die sogenannte Sphärentheorie beim allgemeinen Persönlichkeitsrecht gefasst.[31] Mit dem Begriff der Sphären will man Schutzräume qualifizieren, die unterschiedliche Schutzintensitäten nach sich ziehen. Ursprünglich unterschied man zwischen Intimsphäre, Privatsphäre und Sozialsphäre. Diese Dreiteilung ist mittlerweile allerdings von der Rechtsprechung weiter konkretisiert worden, indem sie innerhalb der Intimsphäre einen absoluten Kern des Persönlichkeitsschutzes festgestellt hat, in den Eingriffe unter keinen Umständen zulässig sind.[32] Die Tagebuchaufzeichnungen gehören etwa zum Intimbereich aber nicht zwingend zum absoluten Kernbereich.[33] Weiter hat das Gericht auch die Sozialsphäre weiter untergliedert. Wer sein Haus verlässt, verlässt in gewisser Form die Privatsphäre, ist aber dennoch geschützter, wenn es um Privatverhalten und nicht um geschäftliches Verhalten geht.[34]

---

30 *Worms/Gusy* (Fn. 1), DuD 2012, 92, 93.
31 S. nur *Worms/Gusy* (Fn. 1), DuD 2012, 92, 93.
32 BVerfGE 109, 279, 313 ff., 319 ff. = NJW 2004, 999, 1002 f.; BVerfGE 113, 348, 390 f. = NJW 2005, 2603, 2611 f.
33 BVerfGE 80, 367, 378 = NJW 1990, 563.
34 Vgl. BVerfG, Kammer, Beschl. v. 25.01.2012 - 1 BvR 2499/09 u. a. einerseits und BVerfG, Beschl. v. 18.2.2010 - 1 BvR 2477/08, MMR 2010, 422 ff.

9. Geltung auch im Privatrechtsverkehr

Die Skala von Privatheit bis Öffentlichkeit besitzt sowohl im Verhältnis von Bürger und Staat als auch im Verhältnis von Privaten untereinander eine große Bedeutung. Das Handeln des Staates ist umso rechtfertigungsbedürftiger, je tiefer es in die Privatheit eindringt. In gleicher Weise bedarf ein Privater umso mehr an Gründen, je persönlicher eine Information ist, die er verbreiten möchte. Fotos eines Prominenten[35] aus seinem Privatleben dürfen nicht in gleicher Weise verbreitet werden wie berufliche Äußerungen eines Rechtsanwaltes.[36]

II. Die Schutzprinzipien der Kommunikation

1. Privatheit und Öffentlichkeit als Orientierung für die Schutzbedürftigkeit von Kommunikation

Der Grundrechtsschutz hängt folglich häufig davon ab, um welches Verhalten es geht. Das Thema der Tagung ist das Verhalten im Bereich der Kommunikation. Bezogen auf die Kommunikation unterscheidet sich die Privatheit von der Öffentlichkeit vor allem durch zwei Aspekte: Bei der Privatheit kann man sich den Kommunikationspartner in stärkerer Weise aussuchen als in der Öffentlichkeit und zweitens kann man in stärkerem Maße auf die Vertraulichkeit dessen hoffen, was man äußert. Dem geringeren Schutz an Vertraulichkeit und Steuerungsmöglichkeit in der Öffentlichkeit steht der Vorteil der deutlich höheren Streubreite und der Chance der größeren Wirkung in der Öffentlichkeit gegenüber. Schreibe ich ein Liebesgedicht an meine große Liebe per Brief, habe ich die Hoffnung, ihr Herz zu erobern, publiziere ich ihn in der Tageszeitung, habe ich die Chance, die Herzen vieler zu gewinnen, werde aber vermutlich das verlieren, um das es mir ursprünglich ging.

2. Art der Informationserhebung als weitere Weichenstellung

Die Skala Privatheit – Öffentlichkeit ist dabei nicht die einzige Unterscheidung, die die Schutzbedürftigkeit der Kommunikation ausmacht. Eine weitere zentrale Weichenstellung ist die Art und Weise der Beobachtung. Für die staatliche Beobachtung nimmt das Bundesverfassungsgericht eine diametrale Unterscheidung

---

35 BVerfG, Ut. v. 15. Dezember 1999, 1 BvR 653/96 , ZUM 2000, 149 ff.; BVerfG (Kammer), Beschl. v. 5. April 2000, 1 BvR 1213/97, ZUM-RD 2000, 320 f.
36 S. o. Fn. 34.

zwischen geheimen und öffentlichen Informationseingriffen vor. Das BVerfG hat bezogen auf geheime Informationseingriffe, unabhängig um welchen Sicherheitsbereich es ging (repressiv, präventiv polizeilich, präventiv nachrichtendienstlich) deutliche Veränderungen bewirkt.[37] So gibt es eine Reihe von Anforderungen, wie insbesondere Meldepflichten, strengste Bestimmtheitsgebote und den Schutz des absoluten Kernbereichs der Persönlichkeit, die nur bei geheimen und nicht bei offenen Informationseingriffen an die Eingriffsgrundlage gestellt werden.[38] Bei offenen Informationseingriffen gestattet das BVerfG die vollständige Durchsuchung einer Festplatte allein auf der Basis der allgemeinen Beschlagnahmenorm des § 94 StPO.[39]

Die Unterscheidung geheim – offen ist für alle Sphären gleichermaßen wichtig. Eine geheime Informationserhebung in der Sphäre der Wohnung wiegt viel schwerer als ein offener Eingriff in die Wohnung. Ein geheimer Eingriff auf offener Straße wiegt ebenfalls deutlich schwerer als eine offene Beobachtung. Daher ist die gesetzliche Regelung, dass bei Videoüberwachung auf Straßen und Plätzen ein Hinweis zu erfolgen hat (§ 6b Abs. 2 BDSG),[40] sachlich absolut richtig.

3. Informationelle Selbstbestimmung als drittes Schutzprinzip

Neben der Unterscheidung Privatheit – Öffentlichkeit und geheim – offen ist seit 1983 mit der Anerkennung des Rechts auf informationelle Selbstbestimmung durch das Bundesverfassungsgericht eine neue Unterscheidung hinzugekommen, die Frage der Fixierung und Verarbeitung von Informationen.[41] Wird die Kommunikation außerhalb des Gehirns fixiert und perpetuiert, ist dies zumindest dann rechtfertigungsbedürftig, wenn der Staat die Perpetuierung vornimmt. Auch hier gilt wieder wie bei der Skala Privatheit – Öffentlichkeit, dass es eine Skala und kein entweder-oder gibt.

Dabei hat zunächst die Art der Perpetuierung einen Einfluss auf die Rechtfertigungsbedürftigkeit. Je verarbeitungsfähiger, verknüpfungsfähiger und profilbil-

---

37 Vgl. zum sich daraus ergebenen System nur *Patrick Gasch*, Grenzen der Verwertbarkeit von Daten der elektronischen Mauerfassung zu präventiven und repressiven Zwecken, 2012, S. 94 ff.
38 BVerfGE 110, 33 ff.; BVerfGE 112, 304 ff.; BVerfGE 113, 348 ff.; BVerfGE 115, 320 ff.; BVerfGE 120, 378 ff.; BVerfGE 120, 274 ff.; BVerfGE 125, 260 ff.
39 BVerfGE 124, 43 ff.
40 S. dazu *Gola/Schomerus*, BDSG, 10. Aufl. 2010, § 6b, Rn. 24 f.
41 BVerfGE 65, 1 ff.; s. dazu nur Wolff, Selbstbelastung (Fn. 28), S. 244 ff.; Klaus Rogall, Informationseingriff und Gesetzesvorbehalt im Strafprozeß, 1992; Klaus Vogelgesang, Grundrecht auf informationelle Selbstbestimmung, 1987.

dungsgeeigneter die Perpetuierung ist, umso rechtfertigungsbedürftiger ist sie. Die Fixierung eines Kommunikationsgeschehens auf einer Steinplatte ist weniger rechtfertigungsbedürftig als auf einer manuellen Datei, die wiederum weniger rechtfertigungsbedürftig ist als in einer elektronischen Datei und diese wiederum weniger als in einer vernetzten Datei.[42] Der Rechtfertigungsbedarf von Eingriffen in die informationelle Selbstbestimmung hängt aber auch davon, ob es um Daten aus der Privatheit oder der Öffentlichkeit geht.[43] Das Recht auf informationelle Selbstbestimmung ist kein Recht, das parallel zur Unterscheidung von Privatheit und Öffentlichkeit verläuft und auch keine Unterkategorie derselben,[44] hängt mit diesem aber dennoch innerlich zusammen.

III. Die Unterscheidung Privatheit – Öffentlichkeit in der digitalen Welt

1. Kommunikation in der Öffentlichkeit unter dem Schutz der Privatheit

Der Grundrechtsschutz ist auf die überkommene Unterscheidung zwischen Privatheit und Öffentlichkeit in der realen Welt bezogen. In der virtuellen oder digitalen Welt, die auch real ist, aber dennoch von der hier bezeichneten realen Welt oder analogen Welt[45] unterscheidbar ist,[46] greifen andere Differenzierungen. Geht es um soziale Netzwerke und Kommunikationsplattformen oder um die Kommunikation im Netz außerhalb feststehender Zweierbeziehungen, liegen die Realitäten anders. Die erste erhebliche Unterscheidung ist, dass die Zurechenbarkeit einer Erscheinung zu einer Person deutlich schwerer fällt. Sowohl diejenigen, die Informationen einstellen, als auch diejenigen, die diese nutzen, besitzen rein tatsächlich eine deutlich höhere Chance auf Anonymität als in der realen Welt.[47] Diese Möglichkeit der Anonymität wird auch in vielfältiger Weise rein tatsächlich genutzt.[48] Es liegt weitgehend in der Hand dessen, der die Öffentlichkeit nutzt, zu bestimmen, ob er sich offenbaren will oder nicht. Er kann ganz anonym bleiben, kann einen Deck- oder Spitznamen nutzen, oder offen auftreten. Es wird die Möglichkeit geschaffen, in der Öffentlichkeit zu kommunizieren und

42 BVerfGE 115, 320, 348.
43 *Worms/Gusy* (Fn. 1), DuD 2012, 92, 94.
44 Wohl vglb. *Worms/Gusy* (Fn. 1), DuD 2012, 92, 94.
45 So der Begriff etwa bei *Worms/Gusy* (Fn. 1), DuD 2012, 92, 93.
46 S. dazu *Oliver M. Habel*, Eine Welt ist nicht genug – Virtuelle Welten im Rechtsleben, MMR 2008, 71; Stephan Rippert/ Katharina Weimer, Rechtsbeziehungen in der virtuellen Welt, ZUM 2007, 272 ff.
47 Das BVerfG geht von einem Recht auf Anonymität im Internet aus, vgl. BVerfGE 125, 260, 344; kritisch dazu Wolff, Vorratsdatenspeicherung – Der Gesetzgeber gefangen zwischen Europarecht und Verfassung?, NVwZ 2010, 751 ff.
48 *Worms/Gusy* (Fn. 1), DuD 2012, 92, 92 mit Nachweise auf zahlreiche Studien.

zugleich das Bestimmungsrecht der Privatheit mitzunehmen. Die Trennung Privatheit – Öffentlichkeit verschwimmt. Es kommt zu einer Mischform, die die bisher in der Wirklichkeit gewachsene Trennung relativiert und sie in das Verfügungsrecht des Einzelnen stellt.

2. Erleichterter Zugang zur kommunikativen Öffentlichkeit

Weiter wird die Schaffung von kommunikativer Öffentlichkeit für den Einzelnen deutlich erleichtert. Jeder kann durch die Nutzung des Netzes mit offenbar relativ geringem Aufwand sich in einer Weise an die Allgemeinheit richten, die früher nur mittels überregionaler Zeitungen und Rundfunks möglich war. Der Zugang zur kommunikativen Öffentlichkeit wird individualisiert. Die Chance kurz einmal weltweit wahrgenommen zu werden, ist offenbar sehr verlockend.

3. Verlust der Verfügbarkeit über die eigenen Spuren

Diesen Verschiebungen steht ein neuer Aspekt gegenüber. Der Preis für die Möglichkeit der Teilnahme an der kommunikativen Öffentlichkeit liegt in der Aufgabe der Verfügbarkeit über die Spuren und in dem Verlust der Flüchtigkeit dieser Spuren.[49] Die Spuren im Internet sind anders und deutlich intensiver als die Spuren der Nutzung oder des Verhaltens in der Öffentlichkeit in der realen Welt. Man spricht davon, das Internet vergesse nichts.[50] Wer bei Facebook postet, hinterlässt andere Spuren als derjenige, der seinen Freunden an der Bushaltestelle die gleiche Nachricht mitteilt. Rein tatsächlich wird der erleichterte Zugang zur kommunikativen Öffentlichkeit erkauft durch einen Verlust an der Verfügbarkeit des Privaten und somit durch eine Beschränkung der eigenen Freiheit.[51] Der Verlust der Verfügungsbefugnis über diese Spuren ist dabei gegenwärtig der Preis für die Teilnahme an der kommunikativen Öffentlichkeit. Wer Suchmaschinen nutzt, soziale Netzwerk in Anspruch nimmt und an Foren teilnimmt, muss sich rechtlich mehr oder weniger deutlich damit abfinden, dass diese Nutzungen von denjenigen, die die Einrichtung geschaffen haben, genutzt werden, um sie wirtschaftlich zu verwerten. Der rechtliche Grund für dieses Abfinden liegt darin, dass es in Maßen zulässig ist, für die kostenlose Nutzung be-

---

49 *Worms/Gusy* (Fn. 1), DuD 2012, 92, 98.
50 *Worms/Gusy* (Fn. 1), DuD 2012, 92, 93.
51 *Worms/Gusy* (Fn. 1), DuD 2012, 92, 97.

stimmter Dienste die Einwilligung der Verwertung der so gewonnen Nutzungsdaten vorweg zu verlangen.[52]

4. Staatlicher Steuerungsverlust

Eine weitere Besonderheit kommt hinzu. Die staatliche Steuerung - sowohl was die Bereitstellung der Bedingungen der Herstellung der Öffentlichkeit anbetrifft als auch was die Regeln des Verhaltens in der Öffentlichkeit anbetrifft - ist im Bereich der digitalen Welt deutlich geringer als in der realen.[53] Dies liegt an dem grenzüberschreitenden Charakter dieser Kommunikation, an der Bereitstellung der Infrastruktur der Kommunikation durch Private und nicht durch den Staat, an der fehlenden Gefährdungslage für Leib oder Leben und dem geringeren Bedürfnis nach staatlicher Koordination.

IV. Folgerungen

Die Folgerungen dieser Umstellung sind noch nicht klar. Folgende Eckdaten gelten:

- Es gibt keinen angemessenen Grundrechtsschutz für die Nutzung des Internets zwecks Meinungsäußerung. Es ist bis heute vollständig unklar, ob derjenige, der etwa ein Video oder einen Text einstellt, nun eigentlich von der Rundfunkfreiheit, von der Pressefreiheit oder von der Meinungsfreiheit bzw. Kunstfreiheit Gebrauch macht.[54]
- Die kommerzielle Verwertung der Spuren ist sachlich angemessen, wenn sie der Preis für die Inanspruchnahme von Einrichtungen sind, für die ansonsten der Betroffene bezahlen müsste. Schwierig wird es, wenn die Spuren verwertet werden, ohne dass dem Einzelnen wirklich freisteht, ob er das wahrgenommene Angebot nun in Anspruch nehmen will oder nicht.[55] Wer heute Bahn fahren will, hat es deutlich schwerer als früher, ohne das Internet an

---

52 *Wedde*, in: Däubler/Klebe/Wedde/Weichert, BDSG, 3. Aufl. 2010, § 28, Rn. 91 (bezogen auf die Werbung).
53 *Per Christiansen*, Selbstregulierung, regulatorischer Wettbewerb und staatliche Eingriffe im Internet, MMR 2000, 123, 123; s. a. Karl-Heinz Ladeur, Zur Kooperation von staatlicher Regulierung und Selbstregulierung des Internet, ZUM 1997, 372 ff.
54 S. dazu nur *Georgios Gounalakis*, Regulierung von Presse, Rundfunk und elektronischen Diensten in der künftigen Medienordnung, ZUM 2003, 180, 181 ff. bezogen auf die Presse; allgemein Bethge, in: Sachs (Hg.), GG (Fn. 2), Art. 5, Rn. 90b.
55 *Worms/Gusy* (Fn. 1), DuD 2012, 92, 97 f.

einen Fahrschein zu kommen, obwohl er dabei einen Anschluss nutzt, für den er selbst bezahlt hat. Die Spuren, die für dieses Verhalten gespeichert werden, sind daher andere als diejenigen, die derjenige hinterlässt, der die Vorteile von YouTube kostenfrei nutzen will.
- Durch den neuen Charakter dieser Spuren entsteht ein neuer Regelungsbedarf, der gegenwärtig zu Recht mit der Frage des Anspruchs auf Vergessen, der Verbesserung der Löschungsansprüche oder wenigstens der Realisierung von Löschungsansprüchen diskutiert wird.[56]
- Die Erweiterung der Privatheit in die Öffentlichkeit hinein durch die Möglichkeit der Anonymität ist so lange kein Problem, so lange Waffengleichheit unter den Betroffenen besteht. Wenn dagegen Äußerungen über konkrete Personen anonym abgegeben werden und dadurch die Möglichkeit der Reaktion erschwert wird, bedarf es einer staatlichen Regelung. Werden etwa Lehrer auf Plattformen anonym und für alle einsichtbar schlecht bewertet, ohne dass sie sich angemessen wehren können, werden für denjenigen, der die Daten einstellt, die Vorteile von Privatheit und Öffentlichkeit kombiniert, und für denjenigen, der betroffen ist, die Nachteile addiert.[57]
- Der vierte Punkt ist die fehlende Informiertheit und die fehlende Gefährdungsprognose in der digitalen Welt.[58] Wer in der realen Welt in ein Bordell oder in eine Show von Catchern geht, kennt das Risiko entdeckt zu werden, wer entsprechende Seiten im Internet abruft, meint unentdeckt zu sein, hinterlässt aber Spuren in einem Ausmaß, die im ersten Fall nur durch den Einsatz einer Videokamera in vergleichbarer Weise hervorrufbar wären, auch wenn die Spuren nicht von jedermann nutzbar sind.

Wie der Staat auf die Neuerung längerfristig reagiert, ist noch offen. Er reagiert gegenwärtig, wie etwa mit dem Gesetzentwurf zur Einschränkung der Verwendungsmöglichkeiten von Informationen über Bewerber aus sozialen Netzwerken durch den Arbeitgeber.[59] Auch das Einschreiten der Aufsichtsbehörden gegen unzureichende Löschvorgänge von Betreibern sozialer Netzwerke weist in die gleiche Richtung.[60] Es gilt hier im Besonderen, was für die Europäische Union

---

56 *Worms/Gusy* (Fn. 1), DuD 2012, 92, 95.
57 BGH, NJW 2009, 2888, 2891 ff.; zu Recht kritisch dazu *Anna-Bettina Kaiser*, NVwZ 2009, 1474 ff.; ausführlich dazu auch *Wolff*, Beschränkte Internettauglichkeit des BDSG, in: Hermann Hill/ Utz Schliesky (Hg.), Die Vermessung des virtuellen Raums, 2012, 193 ff.
58 *Worms/Gusy* (Fn. 1), DuD 2012, 92, 99.
59 BT-Drs. 17/4230, S. 6; vgl. § 32 Abs. 6 S. 2 RegE.
60 *Konrad Lischka*, Weitergabe von Nutzerdaten, Datenschützer droht Facebook-Partnern mit Strafe, spiegel online 19.08.2011, http://www.spiegel.de/netzwelt/netzpolitik/ 0,1518, 781231,00.html

schon Allgemeingut ist: Die Richtung der Reise ist klar, das Ziel dagegen nur vage.

V. Schluss

Die Unterscheidung Privatheit – Öffentlichkeit ist eine Unterscheidung, die in der realen Welt entstanden ist und auf die die subjektiven Rechte des Einzelnen sachgerecht zugeschnitten sind. Die digitale Welt verändert die tatsächlichen Bedingungen, unter denen die Unterscheidung entstanden ist und wird daher dazu führen, dass die Folgerungen, die an diese Unterscheidung geknüpft werden, anzupassen sind.

Soziale Netzwerke als gesellschaftliches Phänomen – eine Bestandsaufnahme zum Nutzerverhalten und zu den Anbietern[1]

Harald Zehe

I. Vorgehensweise

Dem Thema würde ich nur scheinbar gerecht, wollte ich Zahlen und Fakten aus neuen und neuesten Erhebungen zur Nutzung Sozialer Netzwerke[2] allgemein, zum Nutzerverhalten von Jugendlichen, Männern, Frauen, Senioren usw. zusammentragen und mit passenden Tabellen und Charts weiteren Informationsgewinn vorgeben. Gleichermaßen wäre es vermessen, die existierenden Sozialen Netzwerke auch nur annähernd vollständig darstellen zu wollen.

Beide Vorgehensweisen lieferten zwar eine Zahlen- und Datenflut und in beiden Fällen wäre doch nur eine scheinbare Momentaufnahme möglich. Enorme Zuwachszahlen bei der Nutzung lassen ebenso wenig Dauerhaftigkeit einer Aussage zu wie die steigende Anzahl Sozialer Netzwerke, von denen aber gleichzeitig eine Anzahl wieder vom Markt verschwindet.

Ich will im Folgenden zunächst einige Anmerkungen zur Nutzerseite geben, besonders zu den Erwartungen der Nutzer, und dann zu einer Erklärung der unglaublichen Faszination der Sozialen Netzwerke und des enormen Nutzungsgrades beitragen (nachfolgend unter II.). Dabei beschränke ich mich auf ausgewählte Fakten zur Nutzung und wenige Zahlen zum Angebot. Den an weiterführenden Daten zu Nutzern und zum Nutzungsverhalten Interessierten verweise ich auf die Erkenntnisse entsprechender Erhebungen.[3]

---

1   Der Vortragsstil wurde weitgehend beibehalten; Anmerkungen wurden ergänzt.
2   Ich verwende neben der amerikanischen Bezeichnung „Social Networks" gleichbedeutend die übliche deutsche Bezeichnung „Soziale Netzwerke", bekenne aber zugleich, dass mich diese Übersetzung des amerikanischen „social" etwas ratlos zurücklässt. Näher lägen die Bedeutungen „gesellig" oder auch noch „gesellschaftlich", die „social" eben auch hat. Die Übertragung mit „sozial" beutet m.E. hochstaplerisch die im Deutschen positive Konnotation dieses Begriffes aus. Peter Glaser hat das im Feuilleton der Berliner Zeitung so ausgedrückt: „ Bei Facebook scheint der Inhalt von ‚Inhalten' aber keinen zu interessieren. Es geht offenbar darum, sich die Teilnehmer mit möglichst geringem Arbeitsaufwand vom Hals zu halten. Sie sollen brav miteinander spielen und den Reklamerand lesen, sonst fliegen sie raus. Das ist das Gegenteil von sozial."
3   Hier nenne ich insbesondere die seit 1964 durchgeführte Langzeitstudie Massenkommunikation von ARD und ZDF, die Studien von EU Kids Online oder die von Nielsen Rese-

Allein in Deutschland sollen ca. 2.000 Online-Singlebörsen auf Nutzerinnen und Nutzer warten.[4] Neben dieser speziellen Ausrichtung dürfen noch zahllose andere Soziale Netzwerke vermutet werden. Blickt man über den deutschen Tellerrand, erklärt sich die Unmöglichkeit, eine überschaubare Bestandsaufnahme der Social Networks aufzuzeigen, von selbst.

Ich versuche demgegenüber, das eigentlich Neue an den Sozialen Netzwerken aufzuzeigen, also das, was sie abhebt von bisherigen Social Networks und von anderen Phänomenen breiter gemeinsamer Nutzung, die in der Rücksicht lediglich als mehr oder weniger folgenlose Hypes zu verstehen sind; dabei beschreibe ich Möglichkeiten, Soziale Netzwerke nach ihrer Art, Zielgruppe oder ihrer wirtschaftlichen und nutzerbezogenen Bedeutung aufzugliedern und zu beschreiben (unten unter III.).

Wenn ich sodann die breite und nachhaltige und nach wie vor wachsende Nutzung mit den bisherigen und den potentiellen weiteren Entwicklungen der Sozialen Netzwerke zusammenführe, lässt sich eine durchaus denkbare, nicht ausschließlich positive Entwicklung beschreiben (unten unter IV.).

Was also fasziniert an Social Networks, welche Funktion erfüllen sie für die Nutzer, wie hängen sie mit der realen Welt zusammen, wer sind die Anbieter und was wollen sie von den Nutzern?

II. Was bringt es, was habe ich davon: Über das Nutzerverhalten bei Sozialen Netzwerken

1. Riesiges Angebot des Internets – starke Nutzung Sozialer Netzwerke

Die Menge und die Vielfalt des Angebotes an Information und Unterhaltung im Internet sind unüberschaubar und nehmen noch täglich zu. Ein Anhaltspunkt dafür sind Anzahl und Zuwachs der Top Level Domains (TLD) wie etwa *.de* oder *.com*. Nach Angaben von DENIC, der zentralen Registrierungsstelle für Websites unter der TLD *.de,* überschritt die Zahl der *.de*-Domains am 18. April 2012 die 15-Millionen-Schwelle;[5] im April 2012 waren weltweit mehr als 100 Millio-

---

arch publizierten Daten und nicht zuletzt verweise ich auf die JIM-, KIM- und FIM-Studien des Medienpädagogischen Forschungsverbundes mpfs, einer Kooperation meines Hauses, also der rheinland-pfälzischen Landesmedienanstalt, mit der baden-württembergischen Schwesteranstalt LFK; dort werden diese Studien unter weiterer Mitwirkung des SWR erstellt. Weiterführende Angaben zu den Studien und Institutionen vgl. das Literatur- und Linkverzeichnis.

4 *BITKOM*, Presseinfo Online-Kontakte.
5 *DENIC eG*, Pressemitteilung vom 18. März 2012.

nen .*com*-Domains registriert.⁶ Und dabei handelt es sich nur um die größten TLD; andere wie .*net*, .*info* und die länderspezifischen TLD kommen hinzu.

Jede dieser registrierten Domains vermittelt den Zugang zu teils nur wenigen, teilweise aber zu einer enormen Zahl von Einzelseiten. Es erscheint nicht sonderlich riskant, wenn man einmal vermutet, dass deren Summe sicherlich die Milliardengrenze schon geknackt hat.

Betrachtet man die Nutzungszahlen für Deutschland,⁷ so finden sich Soziale Netzwerke und deren Umfeld unter den meistgenutzten Seiten ganz oben. „Google.de", „facebook.com", „google.com" sowie „youtube.com" belegen in dieser Reihung die ersten vier Positionen der Top 500. Platz 12 geht an „xing.com" und auf dem 18. Rang finden wir „twitter.com".

Neben diesem Ranking nach Zugriffen sprechen auch die Mitgliederzahlen eine deutliche Sprache. Gerade von Facebook werden derzeit, bedingt durch den bevorstehenden Börsengang, laufend neue Zahlen gemeldet. Danach zählt Facebook (Stand 24. April 2012) weltweit 901 Mio. aktive Nutzer, davon rund 23 Mio. in Deutschland.⁸ Diese Nutzer generieren täglich rund 3,2 Mrd. „Gefällt mir" und Kommentare, sie laden täglich 300 Mio. Fotos ins Netzwerk und zwischen den Nutzern wurden 125 Mrd. Freundschaften vereinbart.

Die Zahl deutscher Nutzer weist schon darauf hin, dass viele Internetnutzer auch Nutzer der Sozialen Netzwerke sind. Immerhin 75% der Gesamtbevölkerung nutzen zwischenzeitlich das Internet,⁹ 55% aller Deutschen nutzen Soziale Netzwerke, bei den 14- bis 29-Jährigen sind es 91%.¹⁰ Die Nutzung Sozialer Netzwerke umfasst mittlerweile 22,6% der gesamten Online-Zeit.¹¹

2. Integration unterschiedlicher Dienste

Soziale Netzwerke gibt es, darauf weist Hinchcliffe zu Recht hin, genau genommen schon seit der ersten Vernetzung von Computern.¹² Was aber ist so faszinierend an heutigen Sozialen Netzwerken, was haben Facebook und Co., was andere nicht haben, dass sich die Nutzung so auf diese Angebote fokussiert?

Fragt man nach positiven Faktoren der Sozialen Netzwerke, so werden die üblicherweise diskutierten Aspekte angeführt: Jeder kann mit jedem kommunizie-

---

6   *DENIC eG*, Domainzahlenvergleich international.
7   Vgl. http://www.alexa.com/topsites/countries/DE.
8   Vgl. dazu und zu den folgenden Daten allfacebook.de, „Neue Zahlen zum Börsengang…".
9   *BITKOM*, Presseinfo Mediennutzung.
10 *BITKOM*, ebd.
11 *BITKOM*, Presseinfo Onlinezeit.
12 Vgl. *Hinchcliffe*, „When online communities go to work."

ren; das Ganze geht schnell und direkt vor sich. Da jeder die gleichen geringen Voraussetzungen erfüllen muss, nämlich die Anmeldung beim Netzwerk, besteht eine gemeinsame neutrale, für alle gleich gehaltene Kommunikationsplattform. Der Einstieg ist noch dazu recht niedrigschwellig gehalten. Und nach diesem Einstieg ins Netzwerk sind der eigenen Kreativität kaum Grenzen gesetzt. Der Austausch jeglicher Art von Information ist möglich, etwa schriftlich, bildlich oder mittels Video. Gemeinsamkeit kann durch „Gefällt mir"-Äußerungen, positive Kommentare oder durch Freundschaftsanfragen und deren Annahme oder auch Ablehnung zum Ausdruck gebracht werden.

Dem könnte man entgegenhalten, dass diese Kommunikationsakte bereits seit langem durch bewährte Dienste wie Mail, Instant Messenger, Chats oder Twitter durchgeführt werden können. Das Argument greift aber nur teilweise. Soziale Netzwerke wie Facebook bieten diese bislang einzeln genutzten Dienste integriert an; man muss nicht je nach Kommunikationsart zwischen diesen Diensten wechseln, sondern bleibt im Netzwerk.[13]

3. Erlebnis von Gemeinschaft

Aber diese Zusammenfassung verschiedener Kommunikationsmöglichkeiten in einem Angebot ist es nicht allein, was den unglaublichen Erfolg der Sozialen Netzwerke erklären könnte. Es geht zwar auch, aber bei weitem nicht allein darum, Kommunikation zu vereinfachen, sie effizienter zu gestalten und dabei auch noch die Bequemlichkeit zu steigern. Soziale Netzwerke verbinden mit dem Kommunikationsakt das Gefühl, Gemeinsamkeit zu erleben, und das völlig unabhängig vom eigenen Standort. Damit stehen die Netzwerke im Gegensatz zu Isolationstendenzen, die viele Menschen aus mancherlei Gründen mehr oder weniger stark verspüren: Rückgang traditioneller Familienstrukturen, zunehmende Mobilität, übersteigerte Individualisierung.

Aufgrund dieser zu Vereinzelung führenden Tendenzen ist beispielsweise die Anbahnung von Bekanntschaften und Freundschaften bis hin zur Partnerwahl nicht mehr ganz so einfach und direkt möglich, wie das wohl einmal gewesen sein mag. Niedrigschwellige, für alle Beteiligten vergleichbare Kommunikationsmöglichkeiten und die zunächst jedenfalls weitgehend anonym durchführbare Kontaktaufnahme einerseits und Standortunabhängigkeit andererseits ermöglichen es nun nicht nur, alte Freundschaften komfortabel über das Internet zu pflegen und neue zu knüpfen; beides wird gerade von Senioren überdurchschnittlich

---

13 Vgl. dazu beispielsweise Rosenbach, „Das Netz im Netz", S. 140: „Eigentlich muss man den Planeten Facebook gar nicht mehr verlassen."

genutzt.[14] Speziell ausgerichtete Soziale Netzwerke bieten darüber hinaus gezielt die Gelegenheit, reale Bekanntschaften virtuell anzubahnen, insbesondere solche mit erotischen Absichten. Deutsche und aus Deutschland zugängliche Online-Dating- und Singlebörsen verzeichneten allein im Dezember 2009 mehr als 7,5 Millionen Besucher.[15]

4. Identitätsbildung

Solche Bekanntschaftsbörsen weisen auf einen wichtigen Aspekt hin, der m.E. einer der stärksten Anreize für die Nutzung der Sozialen Netzwerke ist: das Bedürfnis nach Herausbildung und ständigen Evaluierung der eigenen Identität.

Identitätsbildung geschieht durch Interaktion. Cooley, Bateson und Goffmann können als Beispiele der soziologischen Forschung auf diesem Feld angeführt werden. Charles Horton Cooley hat bereits 1902 das Konzept „The Looking Glass Self" entwickelt; danach ist das Bild eines Menschen von sich selbst ein Spiegelbild dessen, wie er von den anderen gesehen und bewertet wird.[16] Bateson hat festgestellt, dass einem Menschen individuell zugeschriebene Eigenschaften (wie etwa geizig, bösartig, zurückhaltend etc.) eigentlich nicht diesen Menschen an sich beschreiben, sondern sein Verhältnis („Transaktionen") zu seiner Umgebung.[17] Er führt aus: „Das Charakteristische eines Menschen, was es auch sein mag, ist nicht etwas an ihm, sondern eher ein Charakteristikum dessen, was zwischen ihm und etwas (oder jemand) anderem vorgeht."[18] Der von Bateson beeinflusste Goffman ist der Meinung, wir alle spielten Theater,[19] und unterscheidet zwischen persönlicher und sozialer Identität. Erstere ist die Beschreibung der individuellen Eigenschaften und Merkmale einer Person, während soziale Identität jemanden aufgrund seiner Zugehörigkeit zu sozialen Gruppen, Kulturen usw. darstellt.[20]

Die Soziologie weiß also seit langem, dass Menschen andere Menschen brauchen, mit ihnen in Kommunikation treten müssen, um ihre je eigene Identität zu entwickeln und immer wieder zu prüfen. Die Soziologie weiß auch, dass wir nur mit und unter Freunden glücklich sein können.[21]

---

14 *BITKOM*, Presseinfo Online-Kontakte.
15 *BITKOM*, ebd.
16 Vgl. *Lenz*, Erving Goffmann. Werk und Rezeption. S. 43.
17 *Bateson*, Ökologie des Geistes, S. 385.
18 *Bateson*, ebd.
19 So der deutschsprachige Titel einer seiner zentralen Schriften.
20 Vgl. *Lenz*, ebd.
21 Vgl. *Christakis*, „Unser Glück hängt von den Freunden ab."

5. Vernetzung im realen Leben

Kommunikation, Interaktion, Freundschaften bedingen das Zusammenspiel mit anderen Menschen. „Niemand ist eine Insel, ist ganz für sich allein" (John Donne). Mit anderen Worten: Jeder ist Teil eines größeren Ganzen, ist vernetzt.

Wichtigkeit und Wirksamkeit solcher Netze aus persönlichen Beziehungen zwischen Menschen waren immer wieder Gegenstand wissenschaftlicher Betrachtung. Stanley Milgram hat zusammen mit Jeffrey Travers im Jahre 1969 experimentell die Vernetzung („interconnectedness") in großen Gesellschaften untersucht. Aufgrund ihrer Daten haben sie die Hypothese aufgestellt, dass jeder Mensch mit jedem anderen Menschen durchschnittlich nur über etwas mehr als fünf Zwischenstufen verbunden ist:[22] Bekannt ist diese Hypothese unter der Bezeichnung Phänomen der Kleinen Welt (small world phenomenon).[23] Die Entfernung zwischen den sozialen Akteuren wurde mit dem Begriff der „six degrees of separation" bezeichnet.

1973 hat Mark Granovetter für berufliche und geschäftliche Beziehungen auf die hohe Bedeutung eher lockerer, weicher Beziehungen hingewiesen, die zwischen Akteuren bestehen, die ihrerseits mit anderen Akteuren wiederum stark verbunden sind.[24]

Beide Erkenntnisse wurden in den letzten Jahren nachdrücklich bestätigt:

- Wissenschaftler einer Universität und von der Microsoft-Forschung haben mit den Möglichkeiten der modernen Technik die Kommunikation unter Teilnehmern des Microsoft Messengers ausgewertet.[25] Lescovec und Horvitz analysierten dazu 30 Mrd. Botschaften, die im Juni 2006 zwischen 240 Mio. Menschen ausgetauscht worden waren.[26] Die Forscher nehmen in ihren Ergebnissen direkt Bezug auf Travers und Milgram, bestätigen letztlich deren Experiment, auch wenn sie aufgrund ihrer enormen Datenlage die durchschnittliche Kettenlänge für die Übermittlung von Botschaften etwas genauer festlegen konnten und leicht anhoben auf 6,6 Messenger-Nutzer.[27]

---

22 *Travers/Milgram*, An experimental study…", S. 431.
23 Den Begriff hatte *Milgram* bereits zwei Jahre zuvor geprägt (Milgram, „The Small World Problem"); daher wird zumeist nur sein Name im Zusammenhang mit der Hypothese genannt.
24 Vgl. *Granovetter*, „The Strength of Weak Ties."
25 Vgl. *heise online*, „Microsoft-Wissenschaftler bestätigen die These von der kleinen Welt".
26 *Leskovec/Horvetz*, Planetary Scale, S. 1 des Abdrucks.
27 Dies., a.a.O., S. 8 d. Abdr. (Ziff. 7.1).

- Die Deutsche Bundesbank hat den Wert beruflicher Beziehungen erforschen lassen und herausgefunden, dass der berufliche Erfolg auch für Banker von deren sozialer Vernetzung abhängt.[28]

6. Vernetzung über Soziale Netzwerke

Zwar waren die Klassiker der Soziologie noch der Meinung, dass erfolgreiche Interaktion nur in Form der face to face-Kommunikation stattfinden könne und auch nach Christakis „beeinflussen uns Freunde, die wir regelmäßig sehen, am stärksten".[29]

Offenbar gelingt es den heutigen Sozialen Netzwerken, diese Interaktion (zunächst) loszulösen von der persönlichen Begegnung und zumindest teilweise auf die Kommunikation über das Internet zu übertragen oder die persönliche Begegnung sogar vollständig zu ersetzen.

Wir finden einige teils lange bekannte Sachverhalte aus der Vernetzung in der realen Welt nun wieder in den Social Networks. Das schließt sogar spezielle Erscheinungen ein wie etwa Vorlieben und Abneigungen für bestimmte Vornamen. Gerade an diesem Beispiel lässt sich die Fortsetzung der realen Welt in den Sozialen Netzwerken demonstrieren:

Eine Masterarbeit an der Universität Oldenburg aus dem Jahr 2009 beruhte auf einer Studie über den Einfluss von Vornamen auf die Entwicklungschancen von Kindern in der Grundschule.[30] Danach waren insbesondere *Kevin* und *Chantal* solche Vornamen, aufgrund derer die Kinder von ihren Lehrern als weniger intelligent, weniger fleißig und ohnehin einer unteren sozialen Schicht zugehörig einsortiert wurden. Ihre Chancen waren also von vorneherein gemindert.

Im Jahr 2011 wurde ein Forschungsprojekt an der Humboldt-Universität in Berlin durchgeführt, das den Einfluss der Vornamen auf die Chancen in Online-Dating-Börsen untersuchte.[31] Dabei wurde auf die Namensliste der Oldenburger Studie zurückgegriffen. Die Auswertung von Daten einer Online-Plattform bestätigte die verminderten Chancen der schon in Oldenburg als negativ stigmatisierten Vornamen; sie hatten signifikant weniger Chancen bei der Partnersuche.[32] Negativ besetzte Vornamen führen zur Zurückweisung durch andere; diese Zurückweisung führt zu verminderten Chancen im Leben und einem geringeren Selbstwertgefühl.

---

28 *Berger* u.a., „Does It Pay to Have Friends?". Das Handelsblatt hat über die Studie unter der leicht polemischen Schlagzeile „Kapitale Kumpels" berichtet.
29 *Christakis*, a.a.O., S. 31.
30 Vgl. *idw*-Pressemitteilung, „Ungleiche Bildungschancen ..."
31 Vgl. *Neberich*, „Rejected Kevin!" S. 2 d. Ausdrucks.
32 *Neberich*, ebd.

Die Forscher sehen das Bild im Internet in klarem Zusammenhang mit der realen Welt, als deren Fortsetzung: „Interpersonal neglect on the online-dating site, thus, could be unterstood as mirroring a life history of interpersonal neglect in the real world".[33]

In einem Zwischenfazit sollte man hinsichtlich der Attraktivität der Sozialen Netzwerke festhalten können: Die Erwartungen der Nutzer an die schnelle, einfache und direkte Kommunikation mit anderen Menschen werden offenbar eingelöst. Gemeinschaft und Freundschaft können erlebt und gepflegt werden. Sogar die Partnersuche kann gelingen.[34] In Zusammensicht mit der Standortunabhängigkeit, der jederzeitigen Verfügbarkeit sowie der niedrigen Eintrittshürde und der für alle gleichen technischen Voraussetzungen sind die Sozialen Netzwerke offensichtlich ideale Plattformen für soziale Interaktion.

Die Kombination dieser Faktoren sieht auch Hinchcliffe[35] als das effektiv und wirklich neue an den heutigen Sozialen Netzwerken insbesondere dann, wenn es um die Kommunikation zwischen Unternehmen und einer Vielzahl von Menschen geht.

7. Der Zusatznutzen Sozialer Netzwerke für junge Menschen

Der weit über den Nutzungsgraden des Bevölkerungsdurchschnitts liegende Zuspruch der jüngeren Generation zu den Sozialen Netzwerken bedarf einer gesonderten Betrachtung. Zur Erinnerung: Während sich die Nutzung Sozialer Netzwerke bei der Gesamtbevölkerung auf 55 % beläuft, sind es bei den 14- bis 29-Jährigen 91%.[36] Die unter 20-Jährigen sind sogar zu 63 % ganztags in ihrem Sozialen Netzwerk online.[37] Mit einer wegen des jugendlichen Alters angeblich vorhandenen größeren Technikaffinität allein gelingt keine plausible Erklärung.

Zwei Aspekte sind nach meinem Dafürhalten ausschlaggebend für diese hohe, als Vollversorgung anzusehende Nutzung Sozialer Netzwerke bei den unter 30-Jährigen:

- Einmal besteht insbesondere bei Jugendlichen ein gesteigerter Bedarf an sozialer Interaktion auf ihrem Weg der erstmaligen Persönlichkeitsbildung. Soziale Netzwerke sind das ideale Spielfeld für das Identitätsmanagement:

---

33 *Neberich*, a.a.O., S. 3.
34 Auch kritische Stimmen zur Erfolgsaussicht der elektronisch gestützten Partnersuche können die Attraktivität der Online-Single-Börsen offenbar nicht beeinträchtigen, vgl. *Pennekamp*, „Ins Netz gegangen".
35 *Hinchcliffe*, ebd.
36 *BITKOM*, Presseinfo Mediennutzung.
37 Vgl. *Koob u.a.*, „Mediennutzung U20: Anders und ähnlich." S. 31.

Sie bieten Gelegenheit, sich zu präsentieren, die eigene Wirkung auf andere zu erkunden, sich möglicherweise zu ändern und anzupassen, sich zu entwickeln und Erfahrungen zu sammeln. Die Jugendlichen suchen die eigene Identität.[38] Und die Sozialen Netzwerke helfen ihnen dabei. Niedrigschwelligkeit, Spielmöglichkeiten usw. sind zudem auch hier fördernde Faktoren.

- Und zum weiteren – hier mag Technikaffinität wegen der größeren Offenheit für neue Medien, neue Kommunikationsmöglichkeiten und neue Techniken eine Rolle spielen[39] – kann die junge Nutzergeneration praktisch ihr ganzes soziales Leben über ein Social Network organisieren und sie tut dies auch in hohem Umfang. Soziale Netzwerke sind fest etablierte Kommunikationsinstrumente. Die Älteren haben zwischenzeitlich erkannt, dass das Mobiltelefon für Jugendliche praktisch einen Körperbestandteil ausmacht. Das war aber wohl nur der Einstieg. Es ist durchaus naheliegend, schon die unter 30-Jährigen als Internetgeneration zu bezeichnen. Spätestens für die unter 20-Jährigen kann man annehmen, dass sie von diesem Medium besonders geprägt wurden und gerade wegen der weitgehenden Erfassung dieser Alterskohorte durch Soziale Netzwerke ihr Medien- und Kommunikationsverhalten letztlich komplett anders sein wird als das vorausgehender Altersgruppen.[40]

Der Weg dahin ist vorgezeichnet. Unter den verfügbaren Sozialen Netzwerken ist Facebook zwischenzeitlich die dominierende Plattform für Jugendliche.[41] Noch 2010 konnte schülerVZ mit 53 % die Spitzenposition halten. Facebook hatte lediglich einen Anteil von 37 %. Nun hat sich das Bild umgekehrt. Facebook liegt im Jahr 2011 mit einem Anteil von 72 % unangefochten an der Spitze. schülerVZ hat dramatisch verloren und kommt nur noch auf einen Marktanteil von 29 %. Generell kann gesagt werden, dass schülerVZ in den jüngeren Altersgruppen (12- bis 16-Jährige) noch auf Marktanteile von über 40 % kommt. Das reicht bestenfalls noch zum Gleichstand mit Facebook, wohl auch wegen paralleler Nutzung bei den 14- bis 16-Jährigen. Unter den älteren Jugendlichen hat schülerVZ nur noch geringe Bedeutung.

Mit zunehmendem Alter steigt die Anzahl der Online-Kontakte bzw. Online-Freunde. Während die jüngeren Jugendlichen im Schnitt 134 „Freunde" aufweisen, steigt diese Zahl bei den 14- bis 15-Jährigen schon auf 201 und bei den 16-

---

38 *Kimmel/Tatsch*, a.a.O., S. 69f.; Schmidt, „Neue Medien ...", S. 36.
39 Vgl. *Kimmel/Tatsch*, „Wer bin ich?", S. 67.
40 Vgl. *Brosius*, „Mediennutzung U20: Eher anders als ähnlich." S. 33, 35.
41 Siehe dazu und zu den ff. Daten *JIM*-Studie 2011, S. 48.

bis 17-Jährigen auf 249. Im Schnitt haben jugendliche Nutzer von Sozialen Netzwerken 206 „Freunde".[42]

96 % der Jugendlichen geben zudem an, dass sie ihre Online-Kontakte auch persönlich kennen. „Sehen wir uns nachher in Facebook?" war eine selbst erlebte Verabschiedung Jugendlicher am Bahnhof nach deren gemeinsamer Heimfahrt vom vormittäglichen Schulunterricht; während der Fahrt wurde noch live kommuniziert, allerdings dabei auch das Mobiltelefon ständig im Auge behalten, SMS oder Mails versandt und zudem das eine oder andere Telefonat geführt. Nach der Trennung am Bahnhof wurde zu Hause eben in die Facebook-Welt gewechselt und die Verbindung dort weitergeführt. Soziale Netzwerke ermöglichen die Pflege aller bestehenden Sozialkontakte, die Übersicht darüber und zudem die Anbahnung neuer Freundschaften; sie sind Orte des Beziehungsmanagements der jungen Menschen.[43]

Die Technik der Netzwerke lässt es zu, Informationen aller Art jederzeit und direkt an alle diejenigen weiterzugeben, die man erreichen will. Die Netzwerke gestatten praktisch gleichzeitiges Erleben. Und dieses gemeinsam Erlebte, ebenso wie die verbreiteten Informationen, können zu unmittelbaren Rückflüssen anderer Informationen und Bewertungen führen. Die Vielzahl der Kontakte erlaubt eine Vielfalt von Informationen und Gemeinsamkeiten. Und mit der Technik der Sozialen Netzwerke ist die Verarbeitung und Verwaltung all dieser Informationen leicht möglich. Soziale Netzwerke sind also auch ein Ort des Informationsmanagements.[44]

Identitätsmanagement, Beziehungsmanagement und Informationsmanagement zusammengesehen: Hier finden wir den Unterschied zu älteren Altersgruppen und zugleich auch die Erklärung der enormen, nahezu vollständigen Nutzung durch die gesamte junge Generation. Soziale Netzwerke sind für sie nicht länger etwas Gesondertes, Abgetrenntes. Die Netzwerke im Allgemeinen und Facebook speziell sind für junge Menschen keine vom realen Leben separierte virtuelle Welt, sondern die selbstverständliche Fortsetzung des realen Lebens, nur in einem anderen Zimmer der Wohnung. Sie liefern genau für die besonderen Ansprüche der jüngeren Generation eine moderne und umfassende Lösung. Diese Erwartung wird auch deswegen erfüllt, weil der Mobilisierungsgrad, also die Mitgliedschaft in einem Sozialen Netzwerk, genauer: im selben Netzwerk, in der jüngeren Generation enorm hoch ist.

---

42 *JIM*-Studie 2011, S. 49.
43 *Kimmel/Tatsch*, a.a.O., S. 75; Schmidt, ebd.
44 Ebd.

III. Die Anbieter von Sozialen Netzwerken

Auf der Anbieterseite wäre eine vollständige Darstellung des Bestandes nicht denkbar. Schon die Ermittlung einer annähernd genauen Zahl existierender Social Networks kann bestenfalls mit einer hohen Unschärfe versucht werden. Die bereits erwähnte Zahl von Online-Singlebörsen ist Indiz dafür. Viele Angebote sind nur in einzelnen Ländern oder Regionen relevant; auch das fördert kaum einen brauchbaren Überblick. Zudem kommen nicht nur täglich neue Angebote hinzu. Es verschwindet auch eine Anzahl wieder vom Markt.
Heute existiert eine unübersichtliche Zahl verschiedenster Arten von Sozialen Netzwerken, von denen aber zumindest einige bereits wichtige Wirtschaftsunternehmen mit hohem Marktwert und relevanten Umsätzen sowie Gewinnen darstellen.

1. Typisierungen von Sozialen Netzwerken

Die Vielzahl von Angeboten bei den Sozialen Netzwerken hat bereits zu unterschiedlichen Ansätzen geführt, wie diese Netzwerke, wenn schon nicht umfassend dargestellt, so doch wenigstens typisiert und „geordnet" werden könnten. Dabei wird regelmäßig auf einen Zweck des Social Networks oder seiner Nutzung abgestellt.
Eine auch optisch reizvolle Überblicksdarstellung, die zudem einige der bekanntesten Sozialen Netzwerke zuordnet, ist das „Conversation Prism".[45] Dieses 2008 erstmals vorgestellt Ordnungsprinzip geht aus vom Kommunikationsakteur und zeigte je nach Kommunikationszweck oder -richtung das entsprechende Netzwerk; auf diese Weise konnten gleichzeitig gut 300 Netzwerke eingeordnet werden. Aufgrund seiner Herkunft war das Prisma allerdings stark auf den amerikanischen Anbietermarkt ausgerichtet und stellt die dort wesentlichen Sozialen Netzwerke dar. Zwischenzeitlich wurde das Prisma auch für andere Länder erstellt; für Deutschland sind ebenfalls solche Darstellungen zu finden. In den verschiedenen Versionen der Prismen spiegelt sich die Veränderung der Netzwerke-Landschaft; Änderungen insbesondere durch Hinzutritt beliebter Netzwerke führen zu ständigen Überarbeitungen der Prismen.[46]
Andere Typisierungen beruhen auf der Zielrichtung der Netzwerke, etwa business-orientierte oder kostenfreie, auf den Nutzer und seine Wünsche ausgerichtete Netzwerke.[47] Die Darstellung orientiert sich damit an der Begründung für

---

45   *Solis/JESS3*, „The Conversation Prism."
46   Vgl. *ethority*, Social Media Prisma für Deutschland Version 4.0.
47   Vgl. *Hinchcliffe*, „When online communities go to work."

die Nutzung. Schließlich findet man auch eine Typisierung in sieben Kategorien, die nach der inhaltlichen Ausrichtung der Social Networks gebildet wurden (Soziale Beziehungen, Beruflich/Geschäftlich, Bildung, Hobbies etc.).[48]

Nicht unerwähnt bleiben sollte eine – zwar nicht besonders ernst gemeinte, aber treffende – Kategorisierung der wichtigsten Sozialen Netzwerke durch eine Beschreibung der in ihnen jeweils verfolgten Ziele bzw. Tätigkeiten anhand des Essens von Donuts.[49] Für Twitter findet man beispielsweise das mitteilsame „I'm eating a #donut", für YouTube das darstellende „Here I am eating a donut" und für das beruflich orientierte LinkedIn heißt es anpreisend: „My skills include donut eating".

2. Wirtschaftliche Bedeutung der Sozialen Netzwerke

Die enormen Nutzerzahlen und die bereits mehr als beachtlichen Umsätze und Gewinne einiger der Anbieter von Sozialen Netzwerken lassen es nicht mehr zu, von einem kurzfristigen Phänomen auszugehen. Auch wenn sicherlich sogar größere Netzwerke noch kommen und gehen, hier sei an die Veränderungen bei den schülerVZ- und studiVZ-Netzwerken erinnert, wenn Netze verkauft und gekauft werden, so werden Soziale Netzwerke uns für die nächsten Jahre begleiten und einen wichtigen Platz im Leben vieler Menschen einnehmen. Das steht im Gegensatz zu dem Hype, wie er beispielsweise dem Phänomen Second Life letztlich zu attestieren ist.[50]

Nicht nur der Börsengang von Facebook, auch einige größere Unternehmenskäufe waren in den vergangenen Wochen Gegenstand medialer Berichterstattung und entsprechender Interpretationsversuche der Journalisten.[51] Hier hatte Facebook für 760 Mio. € das Unternehmen Instagram gekauft. Mit der kostenlosen Software dieses Unternehmens können Nutzer Bilder bearbeiten, verwalten und in Soziale Netzwerke hochladen. Und nur wenige Tage später: „Facebook geht schon wieder auf Einkaufstour".[52] Nun hatte Facebook das Unternehmen Tagtile erworben, das virtuelle Rabattmarken anbietet. Die Kaufsumme blieb allerdings unbekannt. So sensationell die Berichterstattung auch sein mochte, etwas Neues waren solche großen Deals nicht. Schon Ende der 90er Jahre kaufte Yahoo das

---

48 *White*, „Seven Major Social Network Categories."
49 Rhew, „Social Media and Donuts."
50 In der „Blütezeit" des Second Life konnte man den Eindruck gewinnen, dass praktisch jedes Unternehmen und jede Institution dort vertreten und die Mehrheit der Menschen dort aktiv sein müsse. Nach jüngeren Angaben soll die virtuelle Welt insgesamt 28 Mio. registrierte Nutzer aufweisen, vgl. de.wikipedia.org, „Second Life".
51 Vgl. „Milliardenübernahme von Facebook gibt Rätsel auf", *Handelsblatt* vom 11.4.2012
52 *Hofer*, Handelsblatt vom 16.4.2012, S. 27.

Soziale Netzwerk Geocities für 3,6 Mrd. $, Google ließ sich YouTube 2006 etwa 1,7 Mrd. $ kosten.[53]

Milliardenübernahmen, aber auch der Umstand, dass das beruflich orientierte LinkedIn auf der 2012er Forbes-Liste der 25 am schnellsten wachsenden amerikanische Tech Companies[54] noch vor Apple die Spitzenposition einnimmt, zeigt, dass die Sozialen Netzwerke auch wirtschaftlich eine große Bedeutung erlangt haben und eine relevante Größe darstellen.

Da die Großen zumeist bereits börsennotiert sind oder kurz davorstehen, hat auch die Finanzbranche die Netzwerke für sich entdeckt und ihnen erste Produkte gewidmet. Die Deutsche Bank hat einen offiziellen Social Media Performance-Index[55] entwickelt und im Februar 2012 erste börsennotierte Derivate auf diesen Index begeben.[56]

In diesem Index sind bis zu 20 der größten börsennotierten Unternehmen aus dem Bereich der Sozialen Netzwerke und deren Umfeld erfasst. Grundbedingung neben dem Börsenlisting ist für die Aufnahme in den Index, dass das Unternehmen eine Marktkapitalisierung von mindestens 100 Mio. € aufweist.

Neben den beiden beruflich/geschäftlich ausgerichteten LinkedIn und Xing sind im Index derzeit Netzwerke wie Angie's List oder Zynga vertreten. Ersteres ist beispielsweise ein Netzwerk zum Austausch von Bewertungen zu Dachdeckern, Klempnern, Zahnärzten und anderen Dienstleistern mit mehr als 1 Mio. zahlenden Mitgliedern zu Ende 2011.[57] Und Zynga ist ein großer Anbieter von Online-Spielen mit immerhin 820 Mio. € Umsatz im Jahr 2011. Selbstverständlich ist auch Google im Index. Nach dem Börsengang dürfte auch Facebook in den Index aufgenommen werden.

Relevant für den Index sind also die „Riesen" mit internationaler Bedeutung und hohen Marktanteilen. Und mit dem zugehörigen Index-Zertifikat können Anleger an der Kursentwicklung des Index und damit an der Entwicklung der dort vertretenen Unternehmen teilnehmen.

Die vorstehende wirtschaftlich orientierte Betrachtung macht die Bedeutung der Sozialen Netzwerke im Markt deutlich. Das soll durch eine knappe Betrachtung wichtiger Einzelvertreter noch stärker veranschaulicht werden.

---

53   Vgl. die Übersicht bei *Schmidt* in Focus 16/2012, S. 186.
54   *The Forbes Fast Tech* 25.
55   *Social Media Performance-Index* ISIN DE000SLA0WC3; WKN SLA0WC.
56   *Social Media Performance Index*-Zertifikat (Deutsche Bank) WKN DE9S0M
57   Vgl. *Angie's List Inc.*, Bericht über 2011.

3. Facebook, Inc.

„Facebook ermöglicht es dir, mit den Menschen in deinem Leben in Verbindung zu treten und Inhalte mit diesen zu teilen."[58]

Das Unternehmen wurde am 4. Februar 2004 gegründet. Weltweit werden derzeit 901 Mio. Nutzer verzeichnet. Der Umsatz des Unternehmens betrug 2011 ca. 3,7 Mrd. US$ (2010: 1,974 Mrd. US$); der Gewinn belief sich auf ca. 1 Mrd. US$ (2010: 606 Mio. US$).[59]

Facebook bietet ein umfassendes Social Network, in das ständig neue Möglichkeiten und Dienste eingebaut werden; die Übernahme des Foto-App-Unternehmens Instagram sowie von Tagtile, einem Anbieter virtueller Rabattmarken, sind die bekanntesten Unternehmenszukäufe in dieser Hinsicht.

4. Google+

„Google+ gestaltet die Interaktion mit Personen im Web ähnlich wie im richtigen Leben. [...] Mit Google+ gibt es viele spannende, neue Möglichkeiten, Inhalte mit anderen zu teilen. Aber das ist erst der Anfang!"[60]

Google+ wurde erst im Juni 2011 gegründet. Bereits Ende Februar 2012 wurden 100 Mio. aktive Nutzer gemeldet.[61] Mitte April sollen es dann 170 Mio. gewesen sein.

Google+ ist Bestandteil des Google-Geflechtes. Dieser Gesamtkonzern erreichte 2011 einen Umsatz von 37,9 Mrd. US$ (2010: 29,3 Mrd. US$). Das Ergebnis nach Steuern belief sich auf 9,737 Mrd. US$ (2010: 8,5 Mrd. US$).[62]

Der Google-Konzern hat bereits zahlreiche bedeutende Unternehmen (z.B. YouTube, Picasa) und eigene Aktivitäten (z.B. Suchmaschine Google selbst, Google Mail, Google Maps usw.) in seinem Portfolio, die in Google+ integriert werden können und auch integriert werden sollen.

5. XING

XING ist ein sog. Online-Karrierenetzwerk, das mit Amiando zudem eine Eventplattform aufweist. Über Xing ist u.a. sog. E-Recruiting möglich, also die netz-

---

58 http://www.facebook.com
59 Vgl. allfacebook.de, „Neue Zahlen zum Börsengang..."
60 http://www.google.com/intl/de/+/learnmore/
61 Vgl. futurezone.at vom 7.3.2012.
62 www.finanzen.net/bilanz_guv/Google

gestützte Mitarbeitersuche für Unternehmen. XING ist ein Angebot der börsennotierten Hamburger Xing AG.

XING hatte nach eigenen Angaben zu Ende Dezember 2011 784.000 (zahlende) Premium-Mitglieder (2009: 687.000). Dazu kommen 11,71 Mio. nichtzahlende Nutzer (2009: 8,8 Mio.). Auf die DACH-Region (Deutschland, Österreich, Schweiz) entfallen allein 5,3 Mio. Nutzer. 2011 erzielte das Unternehmen einen Umsatz von 66,2 Mio. € mit 9,4 Mio. Jahresüberschuss (2009: 45,12 Mio. € Umsatz, 11,8 Mio. Jahresergebnis vor Steuern und Abschreibungen).[63]

Zum direkten Vergleich: Der weltweit agierende Konkurrent LinkedIn Inc. hat im Februar 2012 über 150 Mio. Mitglieder und erzielte 2011 einen Umsatz von 376 Mio.€ (522 Mio. US$); das Netto-Ergebnis betrug 8,6 Mio. €.[64]

Diese kurzen Übersichten über nur einige wenige der bekannten und größeren Firmen zeigen deutlich, dass es sich zumindest bei diesen um etablierte Unternehmen der Branche mit sehr beachtlichen Umsatzzahlen handelt. Und gleichzeitig existieren neben anderen starken Firmen noch zahlreiche weitere Unternehmen, die ebenfalls auf eine starke Marktstellung hoffen dürfen bzw. darauf hinarbeiten.

Dabei wird es zu Firmenübernahmen kommen, Betriebseinstellungen und Insolvenzen sind ebenso denkbar wie Neugründungen, die mit guten Geschäftsmodellen schnell wachsen können; Facebook ist ein Beispiel hierfür.

Die größeren und teilweise schon jetzt sehr kapitalstarken Unternehmen werden dabei stets im Vorteil sein; sie können sich auch teure Firmenübernahmen leisten und so Konkurrenten notfalls einfach vom Markt wegkaufen.

IV. Die weitere Entwicklung der Sozialen Netzwerke und der Geschäftsmodelle der Anbieter

Einerseits können wir sehr spezialisierte Anbieter beobachten, die sich ihr Betätigungsfeld entwickelt haben. Die beruflich/geschäftlich orientierten Netzwerke XING und LinkedIn zählen dazu. Mit zunehmender Etablierung runden die Firmen gleichzeitig ihre Angebote ab, indem sie neben der ständigen Verbesserung und Erhöhung des Komforts für die Nutzer auch ergänzende Bereiche angliedern; die Eventplattform Amiando bei XING ist hier ein Beispiel. Dennoch bleiben es spezialisierte Angebote, die ihren Platz wohl behaupten werden.

Anders sieht es m.E. bei den „Universalanbietern" aus. Wenn es sich um Soziale Netzwerke handelt, die ganz oder weitgehend kostenfrei sind und allgemein der Kommunikation dienen wollen, wie Facebook oder Google+, dann wird es

---

63 Alle Angaben zu 2011 unter www.xing.de; für 2009 vgl. Geld&Brief 2-2010, 13.
64 Vgl. dazu http://de.press.linkedin.com/about sowie Handelsblatt, Internet Hype, S. 44.

für diese Angebote darauf ankommen, mit Zusatzfeatures, gelungenem Marketing und sonstigen Aktivitäten möglichst hohe Nutzerzahlen zu generieren. Kleinere, insbesondere nur national ausgerichtete Anbieter werden dabei das Nachsehen haben.

Dabei sind bei Facebook einerseits und Google+ andererseits unterschiedliche Strategien zu beobachten, deren Ausgangspunkt in der verschiedenartigen Struktur der Angebote liegt.

Facebook kann man als ein einzelnes Angebot ansehen, das seine Fähigkeiten und Möglichkeiten ständig erweitert und verfeinert. Die Betätigungsmöglichkeiten für Nutzer im Netzwerk werden immer umfassender. Was dem Angebot fehlt, wird einfach zugekauft. Das geht schneller als eine eigene Entwicklung; gleichzeitig schluckt Facebook einen kleineren Konkurrenten oder ein Unternehmen, aus dem noch ein Konkurrenzangebot entstehen könnte.

Bei den Firmenübernahmen von Facebook ist gerade der Kauf von Instagram ein Beispiel für dieses Vorgehen. Facebook hatte noch kein komfortables Feature für die Bearbeitung, Verwaltung und den Austausch von Fotos, verglichen mit Flickr bei Yahoo oder Picasa bei Google. Erst der Kauf von Instagram glich diesen Nachholbedarf und damit letztlich auch Nachteil für die Nutzer aus. Es war also nicht so, dass Facebook lediglich eine Menge Geld unterzubringen hatte; es ist vielmehr ein sehr strategisch angelegter Kauf, der das eigene Portfolio an einer wichtigen Stelle komplettiert und das Gesamtangebot weiter abrundet. Facebook entwickelt sich also von innen nach außen, das Angebot verbreitert sich.

Beim Firmengeflecht von Google ist es nun etwas anders gelegen. Google hat eine Menge an Angeboten, die teilweise schon längere Zeit am Markt sind. Jeder kennt die Suchmaschine, Google Mail oder Google Maps usw. Diese Angebote arbeiten je einzeln für sich. Jedes der Angebote erfreut sich zahlreicher Nutzer. Was liegt nun näher, als diese Inselangebote miteinander zu verbinden? Und genau das geschieht auch.

Beide Unternehmen strengen sich darüber hinaus sehr an, möglichst viel über ihre Nutzer zu erfahren; und beide geben sich Mühe, die Nutzer innerhalb ihres Angebotes zu halten. Gerade hier setzen auch viele Befürchtungen des Datenschutzes an:

Bei einem Kauf bzw. Verkauf des Unternehmens: Was geschieht eigentlich mit den vorhandenen Nutzerdaten? Ein Beispiel ist das Soziale Netzwerk wkw („wer-kennt-wen"). Das im Jahr 2006 von Studenten an der Universität Koblenz-Landau, am Campus Koblenz, gegründete Netzwerk[65] erfreut sich großer Beliebtheit und hat nach eigenen Angaben derzeit 9,5 Mio. Mitglieder. Im Februar 2008 erwarb die RTL interactive GmbH 49% des Unternehmens, ein Jahr

---

65 Vgl. zu den Angaben www.wer-kennt-wen.de.

später die restlichen 51%. Auch wenn es in diesem Fall – nicht zuletzt durch die klaren deutschen Regelungen zum Datenschutz – keine erkennbaren Probleme gab: die Nutzer wurden jedenfalls nicht gefragt, inwiefern sie mit ihren Daten übergehen und nun von den neuen Eignern mit Werbung bespielt werden möchten.[66] Spätestens dann, wenn ausländische Angebote oder Firmen mit im Spiel sind, stellen sich Fragen: Wem gehören die Daten? Ist der Erwerber an die bisherigen Datenschutzvereinbarungen gebunden? Fühlt er sich wenigstens daran gebunden? Oder was gilt dann? Gibt es eine (freiwillige) Information der Nutzer?

Verstärkte Datensammlung bei den angemeldeten Nutzern: Hier tut sich Facebook hervor. Das Unternehmen hat beispielsweise einen „Freundefinder" in sein Angebot integriert. Zunächst werden neue Facebook-Mitglieder jeweils dazu gebracht, die bei ihnen vorhandenen Kontaktdaten (Mailadressen, Namen) an das Netzwerk weiterzugeben, also ihr Adressbuch dort „abzuliefern". Facebook sucht dann diejenigen heraus, die noch nicht Facebook-Mitglieder sind, und schickt ihnen Kontaktanfragen. Eine Einwilligung dazu wurde nicht eingeholt. Dieser „Freundefinder" wurde vom Landgericht Berlin als rechtswidrig eingestuft; daneben hat das Gericht auch einige Allgemeine Geschäftsbedingungen des Netzwerks für rechtswidrig erklärt, zumeist, weil die AGB dem Unternehmen praktisch schrankenlose Nutzungsrechte an den Inhalten der Nutzer einräumen, weil sie intransparent sind und weil Facebook sich zubilligte, die AGB jederzeit beliebig und einseitig ändern zu können.[67]

Im April 2012 begann Facebook damit, alle seine Nutzer auf einheitliche Mailadressen umzustellen (*benutzername@facebook.com*). Als Ziel der Unternehmung wird allgemein angenommen, dass Facebook die Mailkommunikation seiner Nutzer über Facebook-eigene Server leiten möchte. Die Auswertung des Mailverkehrs ließe sich in gezielte, personifizierte Werbung umsetzen. Außerdem könnten auch so Mailadressen von Nichtmitgliedern erfasst werden. Ein sicher willkommener Effekt ist auch, dass die Nutzer innerhalb des Facebook-Netzwerkes bleiben (können), wenn sie Mails versenden.

Datenaggregation und Auswertung durch Verbindung von Diensten: Google hat zum 1. März 2012 eine neue Datenschutzerklärung in Kraft gesetzt.[68] Ihre Geltung erfasst mehr als 60 verschiedene Dienste (Google+, YouTube, Google Mail etc.) und erlaubt es dem Konzern, die Daten der Nutzer übergreifend zu verknüpfen und auszuwerten. Dabei gilt: Jede Anmeldung zu einem Dienst bringt einen übergreifenden Account für die anderen Dienste, ob man will oder

---

66 Aus entsprechenden Befragungen während dieser beiden Erwerbsvorgänge in Seminaren an der Universität hörte ich von keinem der dortigen wkw-Nutzer, dass er den Firmenkauf überhaupt mitbekommen hatte. Nicht repräsentativ, aber bezeichnend.
67 LG Berlin, Urt. vom 6. März 2012 – 16 O 551/10. Zum Sachverhalt und der Einordnung der Entscheidung vgl. Meyer, „Facebook: Freundefinder und AGB rechtswidrig".
68 Vgl. dazu c't 7/2012, S. 50.

nicht. Zudem kritisieren Verbraucherministerium und Verbraucherschützer die Datenschutzbestimmungen als intransparent und weit interpretierbar. Diese übergreifende Anmeldung ist bei Google ein weiterer Schritt hin zur Formung eines umfassenden Sozialen Netzwerks mit vielerlei Features durch Zusammenfassung der bisher vereinzelten Dienste. Auch hier dürfte der Effekt, den Nutzer im System zu halten, durchaus willkommen sein.

1. Kriminelle Aktivitäten

Die zunehmende Vernetzung, gepaart mit dem lockeren Umgang mit den persönlichen Daten,[69] lockt auch dunkle Gestalten. Datendiebstahl über gefälschte Seiten, falsche Identitäten führen aber immerhin zu wirtschaftlichen Möglichkeiten für Anbieter entsprechender Schutzsoftware.[70] Auch die EU-Kommission sieht die Gefahr des Identitätsdiebstahls; dies ist eine der Begründungen für die geplante Einrichtung eines EU-Zentrums zur Bekämpfung der Cyberkriminalität und zum Verbraucherschutz beim elektronischen Geschäftsverkehr.[71]

Sicherlich noch unterhalb der Schwelle zur Kriminalität, dennoch nicht unbedenklich, sind Erscheinungsformen des Mobbing usw., die auch mittels Sozialer Netzwerke stattfinden können. Hier sei erinnert an die Vorgänge nach dem verletzungsbedingten Ausfall des Fußballers Michael Ballack vor der WM 2010. Der Fußballer Kevin-Prince Boateng, der Ballack gefoult hatte, wurde zur Zielscheibe der Facebook-Gruppe „82.000.000 gegen Boateng!!!!" Dort hatten sich binnen 24 Stunden schon 60.000 Mitglieder registriert, die zudem mit Beleidigungen nicht sparten.[72]

2. Marktkonzentration und Informationseinengung

Wir werden also auch künftig spezialisierte Anbieter für ganz bestimmte Bereiche wie z.B. Beruf und Geschäft, Bewertungen von Handwerks- und sonstigen Dienstleistungen oder auch große Spielenetzwerke und Dating-Börsen sehen. Diese Sozialen Netzwerke für kleine und größere Nischen werden Bestand haben, sicher nicht jedes einzelne derzeitige Angebot, aber die auf einen speziellen Bedarf hin konzipierte Art von Netzwerk.

---

69 Vgl. *Storbeck*, „Der Datenschutz im Internet…".
70 *Bergler*, „Gefälschte Facebook-Seiten…".
71 Vgl. Pressemitteilung der *EU-Kommission* vom 28.3.2012.
72 Vgl. *Welt Kompakt*, „Boateng …"

Bei den Universalanbietern werden die größeren die kleinen durch ihre Marktmacht kannibalisieren. Sie kaufen sie entweder auf, wenn sie etwas Besonderes bieten, das noch ins eigene Angebot passt; oder sie werden einfach vom Markt verdrängt. Die Logik in den riesigen Netzwerken wie Facebook und wohl auch Google+ liegt darin, dass immer mehr Nutzer dorthin strömen, einfach, weil dort alle gewünschten Möglichkeiten geboten werden und weil dort schon alle anderen auch Mitglied sind.[73] Damit verlieren die kleineren Netzwerke entsprechend an Zuspruch und damit immer weiter an Attraktivität. Sie sind dann auch nicht mehr erfolgversprechend als Orte zur Platzierung von Werbung, sie verlieren ihre Einnahmequellen und gehen ein.

Gleichzeitig werden die großen Universalwelten weiter ausgebaut[74] und die Nutzer möglichst in diesem Netzwerk gehalten.[75] Mit einem weiteren Ausbaustadium dieser Internetwelten wäre in Zukunft denkbar, dass Nutzer alle derzeit noch über verschiedene Internetangebote verstreuten Aktivitäten zusammenziehen und sich mehr oder weniger ausschließlich in einem der Internet-Imperien bewegen. Dies würde die Konzentration auf wenige finanzstarke und mächtige Angebote noch weiter fördern.

Die umfassende datenmäßige Erfassung der Nutzer und ihre Verwertung zu Werbezwecken könnte als eine Beeinträchtigung autonom und selbstverantwortlich gestalteten Lebens angesehen werden. Bei Beachtung zumindest von Grundstandards für Werbung wäre das ggf. akzeptabel.

Problematisch aber könnten gesellschaftliche Auswirkungen sein, wenn Nutzer sich vom vielfältigen Angebot des Internets abwenden und nur mehr die Angebote innerhalb ihrer neuen Welten konsumieren.[76] Der Nutzer wird dazu verleitet, auf den selbst entschiedenen Erwerb von Information insbesondere in politischer, wirtschaftlicher und gesellschaftlicher Hinsicht zu verzichten zugunsten einer automatisierten Zuteilung von Information, die auf der ständig aktualisierten Auswertung seiner Nutzung aufbaut.[77]

Damit aber käme den Eignern der Internetwelten ein enormer Einfluss auf Meinungsvielfalt und gesellschaftliche Teilhabe zu, der jedenfalls nicht allein

---

73 Vgl. *Bager*, „Mein Kiez, dein Kiez", S. 109: „Alles in allem schafft es Facebook offenbar sehr gut, seine Benutzer bei der Stange zu halten. Wessen Freundeskreis ohnehin größtenteils auf Facebook verkehrt, der hat weder Zeit noch Lust, ein weiteres Netzwerk zu frequentieren."
74 Vgl. *Dworschak*, „Das Netz im Netz", S. 176: „Zug um Zug versuchen Facebook und Google, sich bei ihrer Kundschaft unentbehrlich zu machen. […] Google bietet fast schon ein buntes Vollsortiment, von der kostenlosen Navigation bis zur Büro-Software."
75 Vgl. *Rosenbach*, ebd.
76 Vgl. *Bager*, „Megacommunities", S. 10: „Und lässt sich seinen Weg durchs Netz nicht mehr von Google zeigen, sondern von seinen Bekannten beim Netzwerk-Dienst."
77 Diese Problemlage beschreibt ausführlich *Eli Pariser*. Der englische Originaluntertitel seines Buches lautet: „What The Internet Is Hiding From You."

nach wirtschaftlichen Gesichtspunkten beurteilt werden könnte. Spätestens dann sind es nicht einfach nur Soziale Netzwerke, sondern Medienunternehmen mit einer entsprechenden Verantwortung.[78] Diesen wiederum kann man durchaus spezielle Verpflichtungen für Meinungs- und Informationsfreiheit sowie Meinungsvielfalt auferlegen.

V. Zusammenfassung: Nutzung, Angebot und Ausblick

1. Die Nutzung der Sozialen Netzwerke

Die Nutzer der Sozialen Netzwerke kommen aus allen sozialen Schichten der Gesellschaft, die Nutzung weist einen hohen zeitlichen Aufwand auf. Sie umfasst alle Altersgruppen und reicht bis weit unter die (vorgeblich) angezielten Altersgrenzen. Insbesondere die Generation der unter 30-Jährigen ist weitestgehend in Sozialen Netzwerken aktiv. Es spricht einiges dafür, dass die Nutzergeneration der unter 20-Jährigen sogar neuartige Nutzungsgewohnheiten zeigt (Generationenansatz); für sie ist die Nutzung selbstverständlicher Bestandteil des Lebens. Die jungen Nutzer werden überdurchschnittlich angezogen und fasziniert, weil mit der Nutzung der Sozialen Netzwerke Identitätsbildung, Beziehungs- und Informationsmanagement angeboten und die Erwartungen erfüllt werden.

2. Die Anbieter von Sozialen Netzwerken

Soziale Netzwerke sind kein vorübergehender Hype. Nutzerzahl und Nutzungsumfang sprechen dagegen und zeigen die gesellschaftliche Bedeutung. Aktuell ist eine große Anzahl Sozialer Netzwerke zu beobachten, von denen schon einige einen signifikanten Marktanteil aufweisen. Die wirtschaftliche Bedeutung ist insgesamt gesehen bereits sehr stark, nimmt weiter zu und wird auch in benachbarten Bereichen sichtbar. Letztlich werden sich bei den universal ausgelegten nur wenige übermächtige Netzwerke durchsetzen.

Soziale Netzwerke zielen darauf ab (mit Abstrichen bei den speziell ausgerichteten wie etwa LinkedIn oder XING), die Nutzer in ihre Welt zu holen, dort zu halten und diesen Bestand dann zu monetarisieren.

---

78 *Axel Springer*, der sich der Bedeutung der Zeitungen für die Meinungsbildung wohl bewusst war, wird der Ausspruch nachgesagt: „Ein Verlag ist kein reines Erwerbsunternehmen wie eine Mantelfabrik oder eine Großmetzgerei." Zwischenzeitlich haben sich die Publikationsmethoden verändert, über den Rundfunk hin zum Internet. Die Aussage aber ist von ihrem Gehalt her zeitlos.

3. Ausblick

Es ist denkbar, dass bei einem mit gleicher Geschwindigkeit fortschreitenden Konzentrationsprozess zugunsten der internationalen Riesen wie Facebook und Google+ die Social Networks und die mit ihnen verknüpften Dienste schon in absehbarer Zukunft das "klassische Internet" ersetzen. Bereits heute ist für viele Jugendliche das Internet mehr oder minder gleichbedeutend mit Facebook.

Bei gleichzeitig verstärkter Digitalisierung der Nutzeridentität folgen daraus eine entsprechende Einschränkung der mit dem Internet eigentlich einhergehenden Informationsmöglichkeiten, der Meinungsvielfalt und letztlich der Möglichkeiten gesellschaftlicher Kommunikation und sozialer Teilhabe.

Weiterführende Literaturhinweise und Links

allfacebook.de: „Neue Zahlen zum Börsengang: 901 Millionen aktive Nutzer weltweit – 3.2 Mrd. Likes & Comments am Tag." Abruf unter http://*allfacebook.de/news/neue-zahlen-zum-borsengang* [24.04.2012]

Angie's List, Inc.: Angie's List Fourth Quarter and Fiscal Year 2011 Earnings Call. [Slide 3]. Abruf unter: http://*investor.angieslist.com/common/download/download.cfm? companyid=AMDA-LKYTL&fileid=544501&filekey=47579d79-a846-4071-8bc9-d4de670e600c&filename=ANGI_Q4_FY11-RESULTS.pdf* [3.5.2012]

ARD/ZDF-Langzeitstudie Massenkommunikation s. unter *Reitze/Ridder*.

Bager, Jo, „Megacommunities. Soziale Netzwerke verändern die Onlien-Landschaft". In: c't, Nr. 7/2010, S. 104-106.

Bager, Jo, „Mein Kiez, dein Kiez. Facebook, schülerVZ und Co. Von innen." In: c't, Nr. 7/2010, S. 108-113.

Bateson, Gregory, „Die logischen Kategorien von Lernen und Kommunikation." In: Gregory Bateson, Ökologie des Geistes. Anthropologische, psychologische, biologische und epistemologische Perspektiven. Frankfurt: Suhrkamp, 6. Aufl. 1983. (Sonderausgabe Weißes Programm im 33. Jahr Suhrkamp). S. 362-399.

Berger, Allen N./Kick, Thomas/Koetter, Michael/Schaeck, Klaus, „Does It Pay To Have Friends?" Deutsche Bundesbank - Discussion Paper - Series 2: Banking and Financial Studies - Nr. 18/2011. Abruf unter: http://*www.bundesbank.de/download/bankenaufsicht/dkp/201118dkp_b_.pdf* [23.04.2012]

Bergler, Andreas, „Gefälschte Facebook-Seiten: Sex sells." In: IT-Business, Nr. 4/2012, S. 96.

BITKOM (Bundesverband Informationswirtschaft, Telekommunikation und neue Medien e.V.), „Neun Millionen Deutsche finden ihren Partner im Internet". BITKOM-Presseinfo Online-Kontakte 21 03 2010. Abruf unter: http://*www.bitkom.org/de/markt_statistik/64018_62897.aspx* [23.04.2012]

BITKOM, „Jeder Dritte geht per Handy oder Tablet ins Internet". *BITKOM*-Presseinfo Mediennutzung 03 04 2012. Abruf unter: http://*www.bitkom.org/de/presse/ 30739_71745.aspx* [24.04.2012]

BITKOM, „Internetnutzer verbringen die meiste Zeit in Sozialen Netzwerken." *BITKOM*-Presseinfo Online verbrachte Zeit 12 02 0212. Abruf unter: http://*www.bitkom.org/de/presse/8477_71209.aspx* [24.04.2012]

Brosius, Hans-Bernd, „Mediennutzung U20: Eher anders als ähnlich." In: MedienWirtschaft 1/2012, S. 33-35.

c't, „Google führt Nutzerdaten trotz Protest zusammen". In: c't, Nr. 7/2012, S. 50.

Christakis, Nicholas, „Unser Glück hängt von den Freunden ab." In: ZEITMagazin, 26.1.2012, S. 29-31. (Stefan Kleins Wissenschaftsgespräche, Folge 18). Abruf unter: http://*www.zeit.de/2012/05/Freundschaft-Christakis* [23.04.2012]

de.wikipedia.org: „Second Life". Abruf unter: http://*de.wikipedia.org/wiki/Second_Life* [13.04.2012]

DENIC eG, Domainzahlenvergleich international. Abruf unter: http://*www.denic.de/hintergrund/statistiken/internationale-domainstatistik.html* [23.04.2012]

DENIC eG, Pressemitteilung vom 18. April 2012: „.de-Domains knacken die 15-Millionen-Marke". Abruf unter: http://*www.denic.de/denic-im-dialog/pressemitteilungen/ pressemitteilungen/3457.html* [23.04.2012]

Dworschak, Manfred, „Das Netz im Netz". In: Der Spiegel, Nr. 47/2010, S. 176-177.

ethority GmbH & Co. KG, Social Media Prisma für Deutschland Version 4.0. Abruf unter: http://www.ethority.de/weblog/2012/03/28/social-media-prisma-4/ [23.04.2012].

EU Kids Online, http://www.eukidsonline.net oder http://www2.lse.ac.uk/media@lse/ research/EUKidsOnline/Home.aspx.

Forbes, "The Forbes Fast Tech 25: Our Annual List Of Growth Kings". Abruf unter: http://www.forbes.com/sites/ericsavitz/2012/05/02/the-forbes-fast-tech-25-our-annual-list-of-growth-kings/ [4.5.2012]

futurezone.at, „Google+ vermeldet 100 Millionen aktive Nutzer." Abruf unter: http://futurezone.at/digitallife/7865-google-vermeldet-100-millionen-aktive-nutzer.php [14.3.2012]

Geld&Brief, „XING AG. Social Networks und der Paradigmenwechsel – eine Erfolgsgeschichte." (Aktie im Focus). In: Geld&Brief [Anlegermagazin der Börsen Hamburg und Hannover], Nr. 2-2010 (Juni 2010), S. 12-13.

Glaser, Peter, „Es gibt ihn doch! Ein später Triumph für Loriot und ein Ärgernis für die Sittenwächter von Facebook: Der Schwanzhund." In: Berliner Zeitung, Nr. 58/2012, vom 8. März 2012, S. 24 (Feuilleton).

Goffman, Erving, Wir spielen alle Theater. Die Selbstdarstellung im Alltag. München: Piper, 1967. (Engl.: The Presentation of Self in Everyday Life. New York: Doubleday Anchor, 1959).

Granovetter, Mark, „The Strength of Weak Ties". In: American Journal of Sociology, Vol. 78, Nr. 6 (Mai 1973), S. 1360-1380. Abruf unter: http://sociology.stanford.edu/people/ mgranovetter/ documents/granstrengthweakties.pdf [23.04.2012].

Handelsblatt, Der neue Internet Hype. Die etablierten Aktien. Die neuen Stars der Börse. Die künftigen Stars. In: Handelsblatt, Nr. 73/2012, vom 13./14./15.04.2012, S. 40-46.

heise online, „Microsoft-Wissenschaftler bestätigen die These von der kleinen Welt". Artikel vom 4.8.2008. Abruf unter: http://www.heise.de/newsticker/meldung/Microsoft-Wissenschaftler-bestaetigen-die-These-von-der-kleinen-Welt-192414.html [13.04.2012].

Hinchcliffe, Dion, „When online communities go to work." Abruf unter: http://www.zdnet.com/blog/hinchcliffe/when-online-communities-go-to-work/ 1342?tag=mantle_skin; content [23.04.2012].

Hofer, Joachim, „Facebook geht schon wieder auf Einkaufstour". In: Handelsblatt, Nr. 74/2012 vom 16. April 2012, S. 27.

idw (Informationsdienst Wissenschaft e.V.), „Ungleiche Bildungschancen schon durch Vornamen? - Studie zu Vorurteilen und Vorannahmen von Lehrern". Pressemitteilung der Carl von Ossietzky-Universität Oldenburg vom 16.9.2009. Abruf unter: http://idw-online.de/pages/de/news333970 [24.04.2012]

Kimmel, Birgit/Tatsch, Isabell, „Wer bin ich? Wie möchte ich gerne sein? Was sagen die anderen? Die Faszination des Internets und der Zusammenhang mit den Entwicklungsaufgaben im Jugendalter." In: de Bruin, Andreas/Höfling, Siegfried (Hrsg.): Es lebe die Jugend! Vom Grenzgänger zum Gestalter. München: Hanns-Seidel-Stiftung e.V., 2011 (Berichte & Studien, Bd. 94), S. 67-80.

Koob, Clemens/Bolliger, Kerstin/Kopf, Roland, „Mediennutzung U20: Anders *und* ähnlich." In: MedienWirtschaft 1/2012, S. 30-32.

Lenz, Karl, Erving Goffman. Werk und Rezeption. In: Hettlage, Robert/Lenz, Karl (Hrsg.): Erving Goffman - Ein soziologischer Klassiker der 2. Generation? Stuttgart, Bern: Haupt,

1991. S. 25-94. Abruf unter: http://*tu-dresden.de/die_tu_dresden/fakultaeten/ philosophische_fakultaet/is/mikro/lenz/pub/goffman/goffman* [24.04.2012]

Leskovec, Jure/Horvitz, Eric „Planetary Scale Views on a Large Instant-Messaging Network." Abruf unter: http://*research.microsoft.com/en-us/people/horvitz /lescovec_horvitz_ www2008.pdf* [23.04.2012]

LG Berlin, Urteil vom 6. März 2012 – 16 O 551/10. In: K&R 4/2012, S. 300 ff. Abruf unter: http://*www.berlin.de/imperia/md/content/senatsverwaltungen/justiz/kammergericht/presse/1 6_o_551_10_urteil_vom_06.03.2012_landgericht_berlin_anonymisiert.pdf?start&ts=13312 05707&file=16_o_551_10_urteil_vom_06.03.2012_landgericht_berlin_anonymisiert.pdf*

Medienpädagogischer Forschungsverbund Südwest mpfs (Hrsg.), FIM 2011. Familie, Interaktion & Medien. Untersuchung zur Kommunikation und Mediennutzung in Familien. Stuttgart, 2012. Abruf unter: http://*www.mpfs.de/fileadmin/FIM/FIM2011.pdf* [23.04.2012]

Medienpädagogischer Forschungsverbund Südwest mpfs (Hrsg.), JIM 2011. Jugend, Information, (Multi-) Media. Basisstudie zum Medienumgang 12- bis 19-Jähriger in Deutschland. Stuttgart, 2011. Abruf unter: http://*www.mpfs.de/fileadmin/JIM-pdf11/ JIM2011.pdf* [23.04.2012]

Medienpädagogischer Forschungsverbund Südwest mpfs (Hrsg.), KIM-Studie 2010. Kinder + Medien, Computer + Internet. Basisuntersuchung zum Medienumgang 6- bis 13-Jähriger in Deutschland. Stuttgart, 2011. Abruf unter: http://*www.mpfs.de/fileadmin/KIM-pdf10/ KIM2010.pdf* [23.04.2012]

Meyer, Sebastian, Facebook: „Freundefinder und AGB rechtswidrig. Zugleich Kommentar zu LG Berlin, Urt. v. 8[!].3.2012 – 16 O 551/10, K&R 2012, 300 ff." In: K&R 4/2012, S. 309-312.

Milgram, Stanley,"The Small World Problem". In: Psychology Today, Vol. 1, Nr. 1, Mai 1967, S. 61 -67. Abruf unter: http://www.scribd.com/doc/65979227/The-Small-World-Problem-Stanley-Milgram-1967 [23.04.2012]

"Millionenübernahme von Facebook gibt Rätsel auf". In: Handelsblatt, Nr. 71/2012 vom 11.4.2012, S. 20f.

Neberich, Wiebke, „Rejected Kevin! Stigmatized Names are Related to Dating Failure and Interpersonal Neglect." Abruf unter: http://*www.edarling.org/edarling-studies/stigmatizednames-and-dating-failure* [23.04.2012]

Nielsen Research, Daten zu unterschiedlichen Bereichen, teilweise gegen Entgelt, teilweise frei zugänglich. Vgl. etwa Daten zur Facebook-Nutzung. Abruf unter http://*blog.nielsen. com/nielsenwire/global/global-and-social-facebooks-rise-around-the-world/* [23.04.2012]

Pariser, Eli, Filter Bubble. Wie wir im Internet entmündigt werden. München, 2012.

Pennekamp, Johannes, „Ins Netz gegangen. Millionen Singles suchen ihr Glück auf Online-Portalen – doch die Anbieter versprechen nach Ansicht der Forscher zu viel." In: Handelsblatt, Nr. 61/2012 vom 26. März 2012, S. 18.

Reitze, Helmut/Ridder, Christa-Maria, Massenkommunikation VIII. Eine Langzeitstudie zur Mediennutzung und Medienbewertung 1964-2010. Baden-Baden: Nomos 2011. (ARD/ZDF-Langzeitstudie Massenkommunikation). Vgl. auch die verschiedenen Veröffentlichungen zu Teilbereichen in Media Perspektiven, teils online abrufbar, z.B. zuletzt zum Wandel der Mediennutzungsprofile: http://*www.media-perspektiven.de/ uploads/tx_mppublications/03-2012_Busemann_Engel.pdf* [23.04.2012]

Rhew, Adam, Social Media and Donuts. Abrufbar unter: http: *www.threeshipsmedia.com/social -media-and-donuts/* [23.04.2012].

Rosenbach, Marcel, „Das Netz im Netz." In: Der Spiegel, Nr. 22/2010, S. 140-142.

Schmidt, Holger, „Eine Milliarde für eine App." In: Focus, Nr. 16/2012, S. 186f. (mit Tabelle wichtiger Internet-Übernahmen).

Schmidt, Jan-Hinrik, „Neue Medien, neue Praktiken? Einige analytische Differenzierungen." In: MedienWirtschaft 1/2012, S. 35-37.

Solis, Brian/JESS3, „The Cobversation Prism. The art of listening, learning and sharing." Abrufbar unter: http://www.theconversationprism.com/ [23.04.2012].

Storbeck, Olaf, „Der Datenschutz im Internet ist in Politik und Medien ein Topthema. Den Nutzern aber ist der Schutz ihrer Privatsphäre ziemlich gleichgültig. In: Handelsblatt, Nr. 131/2010 vom 12.7.2010, S. 17.

Storbeck, Olaf, „Kapitale Kumpels." Abrufbar unter: http://www.handelsblatt.com/politik/ oekonomie/wissenswert/wissenswert-kapitale-kumpels/6219884.html [17.03.2012]

Travers, Jeffrey/Milgram, Stanley, „An Experimental Study of the Small World Problem". In: Sociometry, Vol. 32, Nr. 4 (Dezember 1969), S. 425-443. Abrufbar unter: http://www.tuetm.org/INAM/Travers_Milgram_1969.pdf [23.04.2012].

Welt Kompakt: "Boateng ist der Buhmann im Internet." In: Welt Kompakt vom 19.5.2010, S. 12.

White, Mary, „What Types of Social Networks Exist." Abrufbar unter: http://socialnetworking.lovetoknow.com/What_Types_of_Social_Networks_Exist [23.04.2012].

Fan-Pages der öffentlichen Hand – Teil eines rechtskonformen, sinnvollen E-Government?

Cornelia Weis

I. E-Government – Einige Meilensteine

Bereits seit Beginn der 90er Jahre existieren Bestrebungen der öffentlichen Verwaltung, ihre Dienstleistungen über das Internet anzubieten. Eine wesentliche Hürde hierfür bildete zum damaligen Zeitpunkt jedoch das Fehlen eines hierfür geeigneten rechtlichen Rahmens.

Mit dem Signaturgesetz aus dem Jahr 1997 sollte hier Abhilfe geschaffen werden. Dessen wesentliches Ziel war es, eine Möglichkeit zu schaffen, elektronische Dokumente schriftlichen Dokumenten gleichzustellen. Auf diese Art und Weise sollte erhöhte Rechtssicherheit für E-Commerce und E-Government-Anwendungen geschaffen werden. Leider führten die hohen technischen und finanziellen Anforderungen des Signaturgesetzes dazu, dass E-Government-Anwendungen bis heute immer noch nicht den aus Sicht der öffentlichen Hand wünschenswerten Verbreitungsgrad erreicht haben.

Ein weiterer nachteiliger Aspekt ist, dass die Rechtswirkungen der elektronischen Signatur nicht im Signaturgesetz selbst geregelt sind, sondern jeweils in den einschlägigen Bestimmungen des materiellen Rechts bzw. des Verfahrensrechts geregelt werden müssen. Hiervon wurde nur sukzessive und in unterschiedlichem Ausmaß Gebrauch gemacht.

Im Bereich des Verwaltungsverfahrensrechts stellt § 3a VwVfG die sogenannte Generalklausel für E-Government dar. Die Übermittlung elektronischer Dokumente ist demnach zulässig, sofern der Empfänger hierfür einen Zugang eröffnet hat. Von dieser Generalklausel haben eine Vielzahl von Behörden bisher leider keinen Gebrauch gemacht.

Auch die Novellierung durch Umsetzung der EU-Signaturrichtlinie im Jahr 2001 konnte an diesem Zustand nichts wesentlich ändern. Eine länderübergreifende Kompatibilität von elektronischen Signaturen ist nach wie vor sowohl aus technischer als auch aus rechtlicher Sicht de facto nicht gegeben, ein Pendant zur qualifizierten elektronischen Signatur existiert in anderen Ländern in dieser Form nicht bzw. werden einfachere Formen der elektronischen Signatur oder aber auch komplett andere Alternativen im E-Government bevorzugt.

Auch die IT-Umsetzung der EU-Dienstleistungsrichtlinie im Jahr 2009 änderte an diesem Zustand de facto wenig. Zwar forderte die EU klar und deutlich, dass der Kontakt zur Behörde „problemlos und aus der Ferne" möglich sein soll, tatsächlich eröffnen aber zahlreiche Behörden nach wie vor keinen Zugang gem. § 3a VwVfG.

Durch die eID-Funktion des neuen Personalausweises werden im Gegensatz zur elektronischen Signatur die finanziellen und technischen Hürden zum Nachweis der eigenen Idendität etwas gesenkt. Jedoch fehlen auch zur Nutzung des nPA derzeit noch Anwendungen und Dienste. Dies dürfte mitunter ein Grund dafür sein, dass die Anzahl der ausgegebenen nPAs mit aktivierter eID-Funktion derzeit eine sinkende Tendenz aufweist.

Damit dem nPA nicht das gleiche Schicksal wie der elektronischen Signatur widerfährt, ist es erforderlich, die Anzahl der hierüber nutzbaren Anwendungen und Dienste deutlich zu erhöhen und diese einer breiteren Zielgruppe bekannt zu machen.

II. Die Divergenz zwischen objektiver und subjektiver Wahrnehmung von E-Government

Objektiv schneidet Deutschland bei EU-Benchmarks, was die Verfügbarkeit von Online-Dienstleistungen betrifft, zwar nicht in der Spitzengruppe, aber regelmäßig im vorderen Drittel ab.

Abbildung 1: Full Online availability ranking, 2009-2010 (in %)

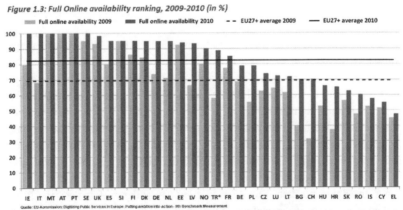

Quelle: Capgemini, IDC, Rand Europe, Sogeti and Dti, Digitizing Public Services in Europe: Putting ambition into action - 9th Benchmark Measurement | December 2010, S. 8.

In der Öffentlichkeit wird jedoch vermehrt ein düsteres Bild von E-Government gezeichnet. So schreibt der Blogger Wolfgang Ksoll: „Es scheint so, dass der Staat sich in eine Trutzburg zurückgezogen hat, während die Bevölkerung bei Facebook, Google+ und Twitter das Private in die Welt schleudert".

III. Quo vadis E-Government?

Das nunmehr vor dem In-Kraft-treten stehende E-Government-Gesetz stellt durchaus einen Schritt in die richtige Richtung dar. Insgesamt sollen vermeidbare Schriftformerfordernisse sowohl im materiellen Recht als auch im Verfahrensrecht abgebaut werden. Auch sollen Anwendungen der Alternativen zur qeS wie z.B. des nPA eine gesetzliche Grundlage finden und alle Behörden verpflichtet werden, eine Zugangseröffnung auszusprechen und hierfür eine De-Mail-Adresse bereitzuhalten.

Allerdings ist auch hier zu befürchten, dass dies – ähnlich wie bei der Umsetzung der EU-DLR – de facto nicht flächendeckend erfolgt bzw. dass die Zugangseröffnung auf De-Mail beschränkt wird, was wiederum mit einer Reihe von Akzeptanzproblemen verbunden ist, da es sich ja auch bei De-Mail um einen geschlossenen Benutzerkreis und einen nationalen Sonderweg handelt.

Insgesamt erscheint es wichtig, auf die verfügbaren Anwendungen und Dienste abzustellen und nicht ausschließlich über Infrastrukturen nachzudenken.

Wir brauchen den nPA, das E-Government-Gesetz und Breitband, aber was nützen die schönsten Autobahnen ohne Autos? Wir müssen uns rechtzeitig Gedanken über Dienste machen die wir anbieten wollen. An dieser Stelle kommt die Nutzung sozialer Netzwerke durch die öffentliche Hand ins Spiel.

IV. Der Blick über den Tellerrand

In der aktuellen Situation müssen wir uns fragen, ob es im Ausland Rat und Tat gibt, damit wir vorankommen. Beim Blick über den Tellerrand fällt auf, dass im Ausland oftmals deutlich geringere Hürden beim Einsatz von E-Government bestehen. Außerdem kann man im Ausland vermehrt den Einsatz sozialer Netzwerke im E-Government beobachten, z.B.

1. Malta E-Government Fanpage

Im August 2011 hat der kleinste Mitgliedsstaat der EU eine Fanpage auf Facebook veröffentlicht. Malta informiert und verlinkt auf der Fanpage über die verschiedenen Services der Regierung und ihrer Betriebe. Außerdem werden Informationen, Pressenachrichten und Studien verlinkt, die wahrscheinlich für die Fans interessant sein könnten. Das Hauptziel ist jedoch das in Gang bringen von Diskussionen, ein pragmatischer E-Partizipation-Ansatz zu vielen Themen.

Die E-Government-Services in Malta können ohne große Einstiegshürden mit einer einmalig beantragten eID und Kennwort genutzt werden.

2. Abu Dhabi – E-Government-Gateway

Einen ähnlichen Weg geht Abu Dhabi. Die Hauptstadt der Emirate hat Mitte 2011 eine Fanpage auf Facebook veröffentlicht. Das „Abu Dhabi eGovernment Gateway" ist der neue Zugangsweg zum zentralen Regierungsportal des Emirats. Das Emirat möchte speziell bei der Zielgruppe junger Menschen durch Auftritte in sozialen Netzwerken mehr Aufmerksamkeit für das eigene Dienstleistungsportal generieren. Fans des Gateways erhalten in ihrer Facebook-Timeline regelmäßige Updates zu Regierungsdienstleistungen und Veranstaltungen, mit der Möglichkeit, diese zu kommentieren und mit weiteren Netzwerkmitgliedern zu teilen.

Die online zur Verfügung gestellten Verwaltungsdienstleistungen sind vom Facebook-Gateway mit einem Klick erreichbar.[1]

V. Potenzial und Reichweite sozialer Netzwerke

Das Potenzial der Zielgruppe, der mittels sozialer Netzwerke die eigenen E-Government-Angebote näher gebracht werden können, ist aus folgendem Diagramm erkennbar.

---

[1] Das Dienstleistungsportal in Abu Dhabi wird übrigens technisch und redaktionell von der deutschen Firma „init" betreut.

Abbildung 2: Potenzial der Zielgruppe

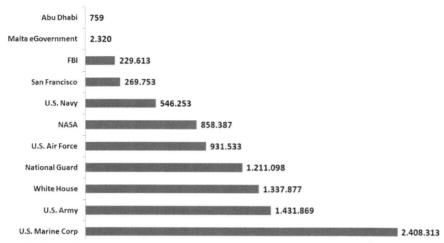

Quelle: Eigene Darstellung.

Vor allem in den USA, in dem der Einsatz sozialer Netzwerke Gang und Gäbe ist, werden von großen Regierungseinheiten Zielgruppen im Millionenbereich erreicht.

VI. Rückschlüsse und Fragen

Im Ausland sind die technischen und finanziellen Hürden oft deutlich niedriger. Außerdem gibt es einheitliche E-Government-Portale, die übersichtlich über alle online durchführbaren Verfahren informieren. Es erscheint außerdem keinen sachlichen Grund zu geben, warum gerade in Deutschland ein höheres Sicherheitsniveau notwendig sein soll als in anderen Ländern.

Zur zusätzlichen Bekanntmachung der Online-Angebote werden wie selbstverständlich soziale Netzwerke und im Besonderen Facebook-Fanpages eingesetzt.

Auch in Deutschland steigt der Leidensdruck zum Einsatz sozialer Netzwerke im Bereich E-Government. Dies kann am Beispiel der rheinland-pfälzischen Polizei verdeutlicht werden:

Die Polizei sieht sich damit konfrontiert, dass ohne einen Einsatz von Facebook die unter 30jährigen medial kaum noch erreicht werden können. Genau diese Gruppe stellt jedoch die Hauptzielgruppe der Polizei dar, insbesondere in den Bereichen

- Öffentlichkeitsarbeit,
- Prävention,
- Fahndung und
- Nachwuchsgewinnung.

Als Zwischenfazit kann somit festgehalten werden, dass Facebook-Fanpages Teil eines sinnvollen E-Governments sein könnten.

VII. Behördenwebsite vs. Fanpage – Ein Ausblick

Bisher haben Facebook Fanpages hauptsächlich die Funktion von Gateways – sie sollen zusätzliche Nutzer aus den populären sozialen Netzwerken auf die eigentliche behördliche E-Government Website leiten. In den USA, wo die Nutzung von Fanpages für die öffentliche Verwaltung bereits allgegenwärtig ist, geht und denkt man bereits einen Schritt weiter.

Die Stadt San Francisco betreibt jedoch auch Dienste ausschließlich auf Facebook, wie z.B. Umfragen, welche Museen die besten der Stadt seien; Abstimmungen über das beste Bild verschiedener Sehenswürdigkeiten; ein Bürger-TV oder die Entgegennahme von Online-Anfragen für das D115-Pendant SF311.

Der CIO der Stadt spricht von einem „fundamentalen Umschwenken hinsichtlich der Art wie Dienste im Internet angeboten werden". Er spricht davon, dass ein großer Teil der Bevölkerung ausschließlich über Soziale Netzwerke mit dem Rest der Welt kommuniziert. Die traditionelle Internetseite der Stadt sei nicht mehr die primäre Informationsstelle der Stadt und er könne sich vorstellen, dass Facebook traditionelle Internetauftritte von Regierung ersetzt.

Der Blogger Sascha Lobo schreibt in seiner aktuellen Spiegel Kolumne dazu, und zu allen die sich zu sehr auf soziale Netzwerke verlassen: Ihr seid nicht frei!! Euer Internet ist nur geborgt und hat recht damit, denn kommerzielle Anbieter wie Facebook, Twitter und Google können ihre Dienste jederzeit verändern, zensieren oder völlig abschalten. In eine solche Abhängigkeit darf sich die Verwaltung nicht begeben. Der eigene E-Government-Auftritt muss unbedingt erhalten bleiben.

VIII. Rechtskonform mit Facebook Fanpages?

Wie aber sieht es überhaupt mit der Rechtmäßigkeit von ergänzenden Fanpages aus?

Der Leiter des schleswig-holsteinischen Unabhängigen Landeszentrums für Datenschutz, Thilo Weichert, hat im August 2011 ein Gutachten vorgelegt, wonach Facebook, und damit auch Betreiber von Webseiten die Facebook-Technologien einsetzen, gegen das Telemediengesetz und die Datenschutzgesetze verstoßen. Er macht insbesondere Verstöße gegen folgende Normen des Telemediengesetzes geltend:

- § 13 Abs. 1 TMG wegen der Verletzung von Informationspflichten als Telemediendiensteanbieter,
- § 13 Abs. 3 TMG wegen des Nichteinholens einer wirksamen Einwilligung zur Datenübermittlung an Facebook in die USA sowie die Verknüpfung von Inhaltsdaten mit Nutzungsdaten zur Profilerstellung,
- § 15 Abs. 3 TMG wegen der Durchführung einer Reichweitenanalyse, ohne hierüber hinreichend zu informieren und eine Widerspruchsmöglichkeit einzuräumen.

Der Wissenschaftliche Dienst des Deutschen Bundestages kommt in seiner Stellungnahme zum schleswig-holsteinischen Arbeitspapier vom Oktober letzten Jahres jedoch zu keinem klaren Ergebnis. Dem wissenschaftlichen Dienst sei es „aufgrund der unübersichtlichen Rechtslage sowie der Schwierigkeit einer zutreffenden Einordnung der technischen Abläufe" derzeit nicht möglich eine abschließende datenschutzrechtliche Bewertung abzugeben. Er hat allerdings ebenfalls erhebliche rechtliche Zweifel an der Zulässigkeit des Betreibens von Facebook-Fanpages.

IX. Sogwirkung und Lösungsmöglichkeiten

Bereits im Jahr 2011 waren fast drei Viertel (74 Prozent) aller deutschen Internetnutzer Mitglied in mindestens einem sozialen Netzwerk. Auch ein Großteil der rheinland-pfälzischen Landesregierung ist in sozialen Netzwerken vertreten. Mit 51 Prozent ist Facebook das mit Abstand größte Soziale Netzwerk in Deutschland. Es geht also eine enorme Sogwirkung von Facebook aus.
Der italienische Blogger Vincenzo Cosenza untersucht halbjährlich den Markt für soziale Netzwerke auf Basis von Daten der Internetdienste Alexa und Google Trends. Daraus ergeben sich folgende Weltkarten:

Abbildung 3: Weltkarten

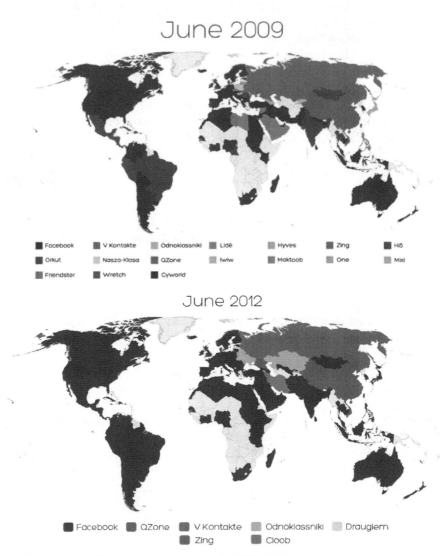

Quelle: http://vincos.it/world-map-of-social-networks/ [28.06.2012]

Es zeichnet sich eine starke Konsolidierung im Bereich der sozialen Netzwerke ab. Die Weltkarte färbt sich zunehmen blau, aufgrund der Farbe, die Facebook symbolisiert.

Das Radio hat 38 Jahre gebraucht, bis es 50 Millionen Menschen erreichte; Facebook hat die doppelte Anzahl Personen in gerade einmal 9 Monaten erreicht.

Soziale Netzwerke haben eine ernstzunehmende Kommunikations- und Informationsstruktur geschaffen, in der die heutige Generation bereits überwiegend vertreten ist und sich z.T. ausschließlich dort informiert. Dies begründet eine Anpassungsnotwendigkeit, vor der auch staatliche Stellen nicht die Augen verschließen dürfen, möchte man einen Großteil der Zielgruppe medial überhaupt noch erreichen.

Die Nutzung sozialer Netzwerke bleibt somit ein Spannungsfeld. Eine allzu idealistische Strategie einer totalen „Verweigerungshaltung", wie sie einige fordern, würde aber die Realität verkennen, in eine Sackgasse führen und kann nicht zielführend sein.

Man hat vereinzelt das Gefühl, dass mit einem im Ursprung über 20 Jahre alten Datenschutzgesetz versucht wird gegen ein Phänomen vorzugehen, welches das Internet in den letzten Jahren erst zu dem gemacht hat, was es heute ist: Ein soziales, offenes, demokratisches und kollaboratives Gebilde, das Social Web.

Der Schutz von persönlichen Daten ist ohne Zweifel ein sehr wichtiges Thema, allerdings darf es nicht darin enden, dass dem User jegliche Mündigkeit im Umgang mit sozialen Netzwerken abgesprochen wird.

Die Mündigkeit für den Umgang mit sozialen Netzwerken ist übrigens inzwischen stark ausgeprägt, selbst bei Jugendlichen zwischen 12 und 19 Jahren. Eine aktuelle Studie des Medienpädagogischen Forschungsverbunds Südwest hat herausgefunden, dass fast 80% der Jugendlichen sich der Datenschutzproblematik bewusst sind und sparsam mit Informationen umgehen.

Die öffentliche Verwaltung steht vor der Herausforderung, ob und inwieweit sie sich den sozialen Netzwerken öffnet und an diesen partizipieren will. Dazu ist Kompromissbereitschaft, sowohl bei Verwaltungen als auch bei Datenschützern gefragt:

Datenschutzbeauftragte sollten pragmatisch und mit Augenmaß auf Facebook-Fanpages reagieren. Gleichzeitig sollten die Verwaltungen vorerst Fanpages nur punktuell in geeigneten Bereichen einsetzen.

Möglicherweise könnten „Warnhinweise", wie sie die schleswig-holsteinische Regierung auf ihrer Facebook-Fanpage anbringt die Sensibilisierung der Besucher noch weiter erhöhen. Dabei wird beim ersten Besuch der Fanpage ein Warnhinweis angezeigt und ein Link zu weiteren Informationen bezüglich der Datenschutzproblematik bereitgestellt.

Das „laute Trommeln" der Datenschützer und der Verwaltung gegenüber Facebook sollte beibehalten werden. Der Druck auf Facebook muss bestehen bleiben um auf eine Änderung der Herangehensweise an das Thema Datenschutz hinzuwirken. Entsprechende Gespräche mit Facebook sind bereits im Gange.

Das mag zunächst etwas unberührt klingen, mit einer ähnlichen Taktik hat jedoch auch Google seinen ursprünglich ebenfalls nicht datenschutzkonformen Dienst „Google Analytics" grundlegend umgestellt und weitgehend datenschutzkonform bereitgestellt.

Mittelfristig sind E-Government-Gateways in sozialen Netzwerken, die auf bestehende E-Government-Seiten verlinken sicherlich sehr geeignet um die bestehenden E-Government-Dienstleistungen einer breiten Öffentlichkeit besser zu kommunizieren und damit das öffentliche Bild der „Trutzburg" endgültig zurück ins Mittelalter zu verbannen.

Die sozialen Netzwerke aus Sicht der betroffenen Akteure:
Die Perspektive der Nutzer

Ulrike von der Lühe

Facebook und andere soziale Netzwerke sind aus dem Leben vieler Menschen nicht mehr wegzudenken. Sie stellen mit Sicherheit in vielerlei Hinsicht eine Bereicherung dar. Das Internet ist nicht mehr nur ein Ort für Information, Einkauf und Handel, sondern quasi ein zentraler Treffpunkt für Kommunikation und Austausch geworden. Das Leben vieler Menschen, vor allem der jüngeren, verlagert sich immer mehr in die digitale Welt.

Diese Entwicklung birgt neben vielen Chancen auch Risiken und Gefahren. Wir sind der Meinung, dass auch im Internet die Nutzer geschützt werden müssen – egal ob sie Leistungen in Anspruch nehmen oder eigene Inhalte schaffen. Die in der Diskussion befindliche EU-Grundverordnung zum Datenschutz enthält sehr gute Ansätze.

Aus Sicht des Verbraucherschutzes gibt es zwei wesentliche Bereiche, bei denen es Verbeserungen bedarf:

- Datenlecks im privaten Raum,
- Fehlende Transparenz bei der Datenerhebung und –verwendung.

I. Zu den Datenlecks

Daten, die einmal ins Internet eingestellt wurden, lassen sich nur schwer wieder löschen. Dabei geht es heute nicht mehr nur um die Daten, die Verbraucher eigenständig und bewusst ins Netz gestellt haben.
Über Zusatzmerkmale wie zum Beispiel den „Like"- oder „gefällt-mir"-Button", das frictionless sharing oder Smartphone-Apps veröffentlichen Verbraucher auch Nutzungs- und Verhaltensinformationen über sich, oft ohne die Tragweite der Datenweitergabe im Blick zu haben.

Zudem stellen Dritte Informationen ein, nicht selten ohne Wissen oder Billigung des Betroffenen. Ich möchte an den Fall von Max Schrem erinnern, den Jurastudenten aus Wien. Er hatte Auskunft über alle zu ihm erfassten Daten bei Facebook verlangt und erhielt ein PDF-Dokument mit stattlichen *1.200 Seiten*.

Verbraucher können sich grundlegend schützen, wenn sie die richtigen Privatsphäre-Einstellungen wählen. Diese sind aber oft nicht gerade übersichtlich oder einfach gestaltet.

Derzeit muss der Nutzer selbst aktiv werden und seine Nutzung auf mögliche Datenlecks hin absichern. Stete Änderungen der Unternehmen in den AGB und insbesondere die Datenschutzbestimmungen machen dieses Unterfangen zur mitunter lästigen Daueraufgabe mit hohen Sorgfaltspflichten.

Egal ob berufsbezogen oder privat – in jedem sozialen Netzwerk laufen Verbraucher grundsätzlich Gefahr, dass z. B. der Arbeitgeber mitliest oder dass Freunde und Bekannte auch pikante Details der Lebensführung erfahren. Und alles oft nur, weil gerade relevante Privatsphäreeinstellungen nicht richtig gesetzt waren.

Als besonders problematisch erscheint uns die Weitergabe von Daten durch Dritte. So ist der Freundefinder von Facebook Gegenstand eines laufenden Rechtsstreits zwischen dem Verbraucherzentrale Bundesverband (vzbv) und diesem sozialen Netzwerk. Die Smartphone-Anwendung des Unternehmens liest das Adressbuch des jeweiligen Gerätes aus sowie die auf der Seite selbst eingegebenen Email-Adressen. Umfangreiche Kontaktdaten Dritter gelangen auf diese Weise an das Unternehmen. Das Landgericht Berlin gab dem vzbv Recht, dass Facebook derzeit nicht hinreichend auf dieses Verhalten der Anwendung hinweist. Ebenfalls für unzulässig hielt es die Allgemeinen Geschäftsbedingungen bezüglich einer weitreichenden Nutzung für eingestellte Inhalte und die Formulierung einer Werbeeinwilligungsklausel. Facebook hat gegen das Urteil Berufung eingelegt.

Auch Jugendliche machen schlechte Erfahrungen, vor allem wenn sich die Eltern ebenfalls sozial vernetzen. „Als würde Mutti vor der Disco stehen", so zitierte vor einiger Zeit bereits ein Zeitungsbericht einen Jugendlichen, dessen Mutter mit einer Freundschaftsanfrage digital anklopfte.

Angesichts der Gefahren brauchen gerade junge Internetnutzer ein sicheres Handwerkszeug für den Umgang in sozialen Netzwerken. Deswegen beteiligt sich die Verbraucherzentrale Rheinland-Pfalz am Bildungsprogramm „Medienkompetenz macht Schule" der Landesregierung und unterstützt Kinder und Eltern im digitalen Alltag.

Festzuhalten bleibt: In sozialen Netzwerken überwiegt das Opt-Out-Prinzip, wir sprechen uns weiterhin für das Prinzip „privacy by default" aus. Wenn Dienste und Geräte in ihrer Grundeinstellung nur noch so viele Daten aufnehmen und ausgeben, wie tatsächlich erforderlich, dann können Verbraucher solche Dienste mit größerer Gelassenheit nutzen und müssen sich um mögliche Datenlecks weniger intensiv Gedanken machen.

II. Zur Transparenz beim Datenschutz

Jeder, der schon einmal Datenschutzbestimmungen oder - wie Facebook neuerdings sagt - „Datenverwendungsrichtlinien" durchgelesen hat, weiß, dass sie zumeist sehr umfangreich sind und oft auch verklausuliert formuliert werden. Datenschutz sollte kein Privileg für Juristen sein, die mit solchen Wort-Ungetümen gerade noch umgehen können. Der aufmerksame, verständige Durchschnittsverbraucher muss klar erkennen können, worauf er sich einlässt.

Es ist mehr als ein Gebot der Fairness, dass der Internet-Dienst deutlich und nachvollziehbar darüber informiert, welche Art von Geschäft ein Verbraucher eingeht: In werbefinanzierten (und vermehrt auch „börsennotierten") Internetfirmen sind die Verbraucher selbst das Produkt. Ihre Aufmerksamkeit für Werbung wird vermarktet, wenn ein Dienst kostenlos angeboten wird. Sie zahlen mit ihren Daten. Die Zusammenfügung von Nutzungs- und Standortdaten mit dem Kaufverhalten einer Person erlaubt eine weitreichende Profilbildung.

In der Verbraucherzentrale hören wir von Betroffenen oft die Frage „Woher haben die eigentlich meine Daten?" Diese Frage erreicht uns jetzt vermehrt im Bereich des Internets. Verbraucher bemerken erstaunt, dass sich die ihnen gezeigte Werbung an ihrem Surfverhalten ausrichtet. Wir erklären die Zusammenhänge bei der personalisierten, verhaltensabhängigen Werbung. Wer sich dagegen wehren möchte, kommt nicht umhin, sich mit der dahinter stehenden Technik auseinander setzen zu müssen, zum Beispiel mit Cookies und Web Tracking Verfahren. Und plötzlich wird das Internet sehr kompliziert. Effektiver Datenschutz darf auch nicht ein Privileg für Informatiker oder versierte Computer-Enthusiasten sein.

Es gibt sicherlich viele Verbraucher, die den Personenbezug von Werbung und Angeboten entweder als harmlos hinnehmen oder ihn sogar willkommen heißen. „Werbung kann man ja wegklicken," heißt es dann. Doch wir sehen das Problem weniger in der Werbung oder den Angeboten, die Verbraucher aufgrund der Profilbildung erhalten – wir sehen das Problem in den Angeboten, die Verbraucher aufgrund ihrer Profile möglicherweise gerade *nicht* mehr erhalten.

Amerikanischen Presseberichten zufolge hält es Google für möglich, dass seine Suchmaschine in 20 Jahren die Suchergebnisse schon liefert, bevor ein Verbraucher einen Suchbegriff überhaupt eingegeben hat. Grundlage für solche Vorhersagen ist die Profilbildung, u.a. aus einem sozialen Netzwerk. Wer 20 Jahre lang penibel Daten sammelt, weiß sicherlich sehr viel über eine Person und kann vielleicht sogar das Konsumverhalten des Einzelnen bis ins letzte Detail voraussagen.

Verbraucher können zwar gerade noch nachvollziehen, welche Daten gesammelt werden. Unbekannt ist aber, wie die Profile gebildet werden und welche Schlüsse daraus gezogen werden. Genaue Speicherfristen bestehen nicht. Was einmal ins Netz gekommen ist, kann unkontrolliert gespeichert und verbreitet werden.

Wir unterstützen zu weiten Teilen den Vorschlag der EU-Kommission zur Novellierung des Datenschutzrechts im Rahmen einer Datenschutz-Grundverordnung. Eine Verpflichtung zu datenschutzfreundlichen Voreinstellungen, also „privacy by default", ist angesichts der sehr schlecht kontrollierbaren Möglichkeiten der Datenerfassung unbedingt erforderlich.

Der vieldiskutierte Internet-Radiergummi, was auch mit dem Begriff „right to be forgotten" umschrieben wird, ist zwar eine technische Herausforderung, dennoch halten wir an diesem Erfordernis grundsätzlich fest: Verbraucher müssen in der Lage sein, vollständige Kontrolle über ihre Daten zu behalten und einmal erteilte Einwilligungen effektiv zurückziehen zu können.

Wir wünschen uns auch verschärfte Strafen bei Datenschutzverstößen. Daten müssen sicher gelagert werden. Missbräuche dürfen sich in keinem Fall finanziell lohnen.

III. Zusammenfassung

Der Werbefinanzierung im Internet verdanken Verbraucher sehr nützliche Innovationen und zuverlässige, breite Verfügbarkeit von Diensten. Bei allen finanziellen Interessen, die mit der Datenerhebung und Datennutzung verfolgt werden, dürfen die Datenschutzinteressen der Verbraucher aber keinesfalls zurücktreten.

Soziale Netzwerke müssen bei den Datenschutzbestimmungen transparent und bei den Datenschutzeinstellungen einfach zu bedienen sein. Verbraucher müssen offen und eindeutig über Datenschutzrisiken informiert werden, damit sie sich bewusst entscheiden können für den Handel „persönliche Daten gegen Leistung".

Die sozialen Netzwerke aus Sicht der betroffenen Akteure:
Die Perspektive der Wirtschaft. – Chancen und Risiken sozialer
Medien aus Unternehmenssicht

Erik S. Meyers

I. Die Nutzung sozialer Medien bei der BASF

„Wir setzen auf Innovationen, um unsere Kunden erfolgreicher zu machen", so lautet eines der strategischen Prinzipien der BASF. Dies gilt auch für die Nutzung des Internets. Anfang 2010 startete die BASF mit dem gezielten Aufbau ihrer Aktivitäten in sozialen Medien. Im Mai 2010 wurde die interne soziale Plattform connect.BASF eingeführt, die inzwischen bereits von mehr als 30.000 Mitarbeitern genutzt wird. Im August 2010 starteten die globalen Aktivitäten auf den externen Plattform Facebook, Twitter, Slideshare, YouTube, LinkedIn und Flickr. Im November 2011 folgte das Engagement auf Google+.

Neben den globalen Kanälen existieren noch etwa 50 dezentrale Seiten auf Facebook und Twitter. Diese Seiten sind speziell auf den Dialog mit bestimmten Nutzergruppen (z. B. Regionen, Bewerber, Industriezwege) ausgerichtet. Die Aktivitäten auf diesen Seiten werden zentral koordiniert, die eigentliche Kommunikationsarbeit erfolgt jedoch durch die zuständigen Einheiten.

Soziale Medien haben sich inzwischen als integraler Teil des Kommunikationsmixes etabliert und werden im Sinne der Unternehmensstrategie eingesetzt.

II. Chancen der sozialen Medien aus Unternehmenssicht

Soziale Medien bieten die Möglichkeit, den offenen Dialog zwischen Mitarbeitern zu fördern, im Unternehmen leichter zusammenzuarbeiten und so auch zusätzliche Innovationskanäle zu erschließen. Extern können wir durch soziale Medien Kundenkontakte intensivieren, Trends erkennen, neue Zielgruppen ansprechen und insbesondere jungen Studierenden das Signal geben, dass die BASF innovativ mit neuen Medien umgeht. Darüber hinaus zielen unsere Maßnahmen darauf ab, die Sichtbarkeit des Unternehmens zu steigern und die Marke BASF zu stärken.

Soziale Medien sind durch die Möglichkeit des direkten Dialogs mit all diesen Zielgruppen eine sinnvolle Ergänzung des Kommunikationsmixes. Dies schließt die Diskussion über kritische Themen mit ein. Solange es sich um konstruktive Kritik handelt, ist auch dieser Dialog eine wertvolle Ergänzung für unsere Kommunikation. Mit Kritik gehen wir offen um: Kritische Fragen werden beantwortet, kritische Kommentare werden stehen gelassen.

III. Risiken und wie wir damit umgehen

Soziale Medien bergen Risiken im Bereich des Schutzes der Privatsphäre sowie beim Daten- und Informationsschutz. Diese Themen sind uns sehr wichtig, nicht nur als Unternehmen, sondern auch für unsere Mitarbeiter, Geschäftspartner und sonstigen User. Daher gibt es für unsere Mitarbeiter nicht nur klare Regeln zur Nutzung von internen und externen sozialen Medien, sondern auch interne Schulungen, Informationen, Lernvideos und Beratungen. Dies beinhaltet auch Tipps für die private Nutzung. So werden die Mitarbeiter darin geschult, was es zu beachten gilt, wenn man privat über den eigenen Arbeitgeber schreibt. Zudem werden Hinweise zum Schutz der Privatsphäre in sozialen Medien gegeben.

Auch bei Personen, die keine Mitarbeiter unseres Unternehmens sind, ist uns Datenschutz und die Privatsphäre wichtig. Facebook ‚Like-Buttons' sind deshalb nicht auf unseren Internetseiten integriert, stattdessen finden sich nur Links zu unseren Facebook-Seiten.

IV. Welche wichtigen Entwicklungen sehen wir im Bereich sozialer Medien?

Bereits heute ist ein klarer Trend hin zu einer stärkeren Datenverknüpfung innerhalb der Plattformen, aber auch zwischen den Plattformen und Anwendungen zu sehen. Dies macht aus unserer Sicht drei Aspekte noch wichtiger:

- Eine integrierte Kommunikation, um ein klares Bild nach außen zu vermitteln,
- Sicherstellung eines angemessenen Daten- und Informationsschutzes und
- Mitarbeiterschulungen zu diesen Themen, inklusive zum Schutz der Privatsphäre.

Die sozialen Netzwerke aus der Sicht der betroffenen Akteure: Die Perspektiven von Eltern und Lehrern

Gabriele Lonz

Wenn man über die Perspektive von Eltern und Lehrkräften spricht, muss man die Schülerinnen und Schüler in den Blick nehmen.

Die sozialen Netzwerke sind fester Bestandteil der Lebenswelt unserer Kinder und Jugendlichen. Laut JIM-Studie von 2011 sind 80 % der 12 – 19-Jährigen Mitglieder in sozialen Netzwerken. Sie haben im Schnitt 206 „Freunde", die sie zu 96 % aus dem realen Leben kennen. Dabei nutzen ca. 80 % der 16 – 19-Jährigen Facebook, und knapp die Hälfte der 12 – 15-Jährigen schülerVZ. Sie nutzen die sozialen Netzwerke vor allem zur Kommunikation, Präsentation und Information.

Dem gegenüber stehen verschiedene Problemfelder wie mangelnder (Selbst-)Datenschutz, Schutz der Privatsphäre oder Cybermobbing. Die „älteren" Jugendlichen sind zwar laut eben genannter Studie bzgl. des Umgangs mit ihren eigenen Daten sensibler geworden, allerdings sind vor allem auch die jüngeren immer noch sehr unbedarft bzgl. der o. g. Risiken.

Für viele Eltern ist dieser Teil der Lebenswelt ihrer Kinder eine unbekannte Welt. Erst in den letzten Jahren sind die sozialen Netzwerke vor allem durch die Risiken – Facebook-Partys, Mobbingfälle, sexueller Missbrauch u. a. – ins Bewusstsein der Eltern gerückt. Nach einer weltweiten Studie (4400 Eltern) eines Sicherheitssoftwareanbieters sind 47 Prozent der Eltern in Deutschland u. a. besorgt, dass Postings auf diversen Netzwerkseiten die Jobaussichten ihrer Kinder beeinflussen. Der kompetente und kritische Umgang mit sozialen Netzwerken – i. S. von Chancen nutzen, Risiken beachten – ist daher ein wichtiges Thema der Erziehung im Elternhaus und ein wichtiges Bildungsziel in Schule und Unterricht.

Im Landesprogramm „Medienkompetenz macht Schule" werden seit nunmehr 5 Jahren erfolgreich Projekte – u. a. in Kooperation mit dem Landesbeauftragten für den Datenschutz und die Informationsfreiheit und auch mit der Verbraucherzentrale – umgesetzt, die die kritisch verantwortungsvolle Nutzung des Internets und insbesondere auch von sozialen Netzwerken im Blick haben. Über 1700 Jugendmedienschutzberater(-innen) wurden von Landesberatern(-innen) ausgebildet, ein Teil dieser engagierten Lehrkräfte sitzt auch heute im Publikum – vielen Dank an dieser Stelle für Ihr Engagement; über 900 Schülerinnen und Schüler wurden als Medienscouts ausgebildet und über 370 Elterninformationsveranstaltungen für ca.16.000 Eltern wurden durchgeführt.

Allerdings ist inzwischen eine weitere Problematik durch den rasanten Mitgliederzuwachs in sozialen Netzwerken aufgetreten. Laut FIM-Studie 2011 sind 42 % der „jungen Eltern" – bis 34 Jahre – ebenfalls Mitglieder in sozialen Netzwerken. Diese Generation ist damit aufgewachsen und auch für sie ist es – genauso wie für ihre Töchter und Söhne – fester Bestandteil ihrer Lebenswelt. Hier entsteht ein Spannungsfeld zwischen absoluter Kontrolle durch die Eltern auf der einen Seite („das ist peinlich gegenüber den Freunden") und Eltern als gleichberechtigte Partner (deren Postings für die Kinder dann oft noch peinlicher sind) auf der anderen Seite.

Auch für die jungen Lehrkräfte und vor allem auch für die jungen Referendarinnen und Referendare sind soziale Netzwerke Teil ihrer Lebensrealität. Dadurch entstehen neue Problemfelder in Bezug auf die Kommunikation zwischen Lehrkräften und Schüler(-innen), Kommunikation zwischen Lehrkräften und Eltern – die Grenze zwischen „privat" und „beruflich" verwischt. Gerade junge Lehrkräfte nutzen auch zunehmend die sozialen Netzwerke für unterrichtliche Zwecke.

Im Moment plant das rheinland-pfälzische Ministerium für Bildung, Wissenschaft, Weiterbildung und Kultur in Zusammenarbeit mit dem Landesbeauftragten für den Datenschutz und die Informationsfreiheit die Erstellung einer Handreichung zur Medialen Präsenz von Lehrkräften in sozialen Netzwerken.

„Wenn ich einmal soll scheiden...": Der digitale Nachlass und seine unbewältigte rechtliche Abwicklung

Mario Martini[1]

Im digitalen Zeitalter hinterlassen Nutzer im Internet unzählige digitale Fußspuren. Kaum ein Nutzer macht sich darüber Gedanken, welches Schicksal diese Unmengen an persönlichen und geschäftlichen Daten nach dem Tod erfahren. Das Internet verwischt die Spuren jedenfalls nicht. Verwaiste Online-Profile, womöglich das digitale Abbild eines erfüllten Lebens auf der Timeline, oder intime Nachrichten eines E-Mail-Accounts hält der Cyberspace grundsätzlich für die Ewigkeit fest. Wie die Rechtsordnung auf die Herausforderungen reagieren soll, die mit einem Nachlass verbunden sind, der an einem von Raum und Zeit entrückten Ort der Unvergänglichkeit begraben ist, ist noch weitgehend ungeklärt. Der Beitrag entwickelt rechtsdogmatische und rechtspolitische Antworten.

Justin Ellsworth gehörte zu den unauffälligen Marinesoldaten, die für die USA im Irakkrieg ihren Dienst versahen. Erst *posthum* wurde sein Name einer breiten Öffentlichkeit bekannt: Den 20-Jährigen traf eine in *Fallujah* detonierte Bombe tödlich. Als Soldat hatte er zwar vorsorglich alle üblichen testamentarischen Verfügungen getroffen. Seinen digitalen Nachlass hat er aber nicht geregelt. Als seine Eltern *Yahoo* aufforderten, ihnen die Zugangsdaten zu seinem E-Mail-Account mitzuteilen,[2] verweigerte sich das Unternehmen diesem Ansinnen. In den USA sorgte der Fall für Aufsehen. Er beschwor eine Diskussion über den richtigen Umgang mit den digitalen Hinterlassenschaften der Internetnutzer herauf. In Deutschland steht die Debatte noch am Anfang.

Scheidet ein Mensch aus dem Leben, stehen die Angehörigen und Erben nicht nur vor einem schweren Abschied und schmerzlichen Verarbeitungsprozessen. Sie sind auch mit der Herausforderung der Nachlassabwicklung konfrontiert. Im

---

1 *Mario Martini* ist Inhaber des Lehrstuhls für Verwaltungswissenschaft, Staatsrecht, Verwaltungsrecht und Europarecht an der Deutschen Universität für Verwaltungswissenschaften Speyer. Sein Dank gilt den Mitarbeitern seines Lehrstuhls für die Mitarbeit, allen voran *Clemens Becker, Yvonne Schmid* und *Quirin Weinzierl*. Eine Kurzfassung des Beitrags ist abgedruckt in der JZ 2012, 1145 ff.
2 Oakland Co. Mich. Prob. Ct. In the Matter of Justin M. Ellsworth, Deceased, No. 2005-296, 651-DE. Dazu etwa *Darrow/Ferrera*, Who own´s a Decendent´s E-Mails?, NYU Journal of Legislation & Public Plicy 10 (2007), 281 ff.; *Herbst*, Death in Cyberspace, RES GESTAE 2009, 16 (21).

77

digitalen Zeitalter ist diese um eine wichtige Facette reicher geworden: den digitalen Nachlass. Gegenwärtig bleiben die Hinterbliebenen regelmäßig ratlos mit der Frage zurück, was mit den zahllosen digitalen Fußspuren des Verstorbenen, z.B. einem *Facebook*-Profil oder dem E-Mail-Account, zu geschehen hat. Immer häufiger treten Erben und Angehörige mit dem nachvollziehbaren Ansinnen an die Diensteanbieter heran, in die Accounts des Verstorbenen Einsicht zu nehmen und seine Rechte für Homepage-Auftritte, Blog-Einträge etc. wahrzunehmen. Dürfen aber *Facebook, Google+, Xing, Web.de* & Co. den Erben die Account-Obduktion gestatten – und sollen sie es dürfen? Bietet das eine legitime Chance der Trauerarbeit und der Begegnung mit dem Leben des Verstorbenen oder öffnet es die Büchse der Pandora, die für den Persönlichkeitsschutz Unheilvolles verheißt?

Um diesen Fragen auf den Grund zu gehen, arbeitet der Beitrag nach einem Blick auf die wachsende Bedeutung der Problemlage (unten I.) die Eigenheiten des digitalen Nachlasses heraus (unten II.), um sie gegen die unterschiedlichen Reaktionsmuster der Diensteanbieter auf die damit verbundenen Herausforderungen zu spiegeln (unten III.). Die rechtliche Analyse fördert die Erkenntnis zutage, dass die bisherige Anwendungspraxis der Anbieter ebenso wie die bisher zum digitalen Nachlass vertretenen Auffassungen überwiegend nicht dem geltenden Recht entsprechen (unten IV.). Die Überlegungen münden in rechtspolitische Gestaltungsvorschläge für eine sachgerechte Behandlung des digitalen Nachlasses (unten V.).

I. Wenn das Online-Profil den Körper überlebt: Der digitale Nachlass und die Herausforderungen moderner Datenfriedhöfe

In einer Zeit, in der das Internet aus unserem Alltag nicht mehr wegzudenken ist, machen die digitalen Hinterlassenschaften einen substanziellen Teil des Nachlasses eines Menschen aus. Nicht nur die *Digital Natives* bloggen, mailen, posten, skypen und twittern: Mehr als 50 Millionen Deutsche nutzen das Internet; in der Gruppe der 14- bis 19-Jährigen sind es 95 % eines Jahrgangs. Die durchschnittliche aktive Nutzungsdauer beträgt mehr als zwei Stunden am Tag.[3] Weite Teile der Bevölkerung sind damit im Web 2.0 angekommen und partizipieren an den Diensten sozialer Netzwerke, sind Kunden im Online-Banking, bei *PayPal*, *Amazon* oder Auktionshäusern, speichern Urlaubs- und Partyfotos in der digitalen Wolke oder bewerten Produkte, Dienstleistungen und Orte. Die meisten dieser Dienste setzen eine Anmeldung bzw. Registrierung des Nutzers voraus: Nur

---

3   Vgl. *BITKOM*, Presseinformationen vom 12. und 13. April 2011, http://www.bitkom.org/67675_67667.aspx (20.5.2012).

über den eigenen Nutzer-Account und die zugehörigen Log-in-Daten erhält der Interessent Zugang zu dem vollständigen Angebot der Diensteanbieter und zu dem hinterlegten, dadurch gegen unbefugten Zugriff gesicherten Datenschatz – seien es Kontaktdaten von Freunden und Bekannten, seien es persönliche oder geschäftliche Nachrichten, Informationen, Lieblingsprodukte, politische Einstellungen oder Meinungen.

Das unablässige Freigeben von Daten legt ein immer feineres Raster über unsere Person. Es entsteht ein digitaler Schattenriss, der immer häufiger zum *pars pro toto* der Persönlichkeit wird. Online-Profile lassen sich zu Collagen unseres Lebens zusammenfügen. Die so entstehenden digitalen Identitäten überdauern den Tod des Nutzers. Sie erlauben tiefste Einblicke in die intime Persönlichkeitssphäre ihrer Urheber, ohne dabei aber den Gesetzen der Vergänglichkeit zu unterliegen.

II. Eigenheiten des digitalen Nachlasses

Als digitalem Abziehbild der Person kommt dem digitalen Nachlass nicht nur eine besondere Bedeutung für die Wahrnehmung der Persönlichkeit des Verstorbenen in der Nachwelt zu (unten 1.). Auch die konzentrierte Bündelung disparater, mitunter hochsensibler Daten an einem Ort (unten 2.) und die zur Öffnung des digitalen Grabschatzes zu überwindenden Zugangshürden (unten 3.) unterscheiden die digitalen von sonstigen Hinterlassenschaften des Verstorbenen. Das erschwert ihre sachgerechte Behandlung.

1. Besondere Schutzbedürftigkeit und Unvergänglichkeit der digitalen Hinterlassenschaften

Während in der analogen Welt die Vergänglichkeit die Regel ist, vergisst das Internet nichts.[4] In seiner Entgrenzung von Raum und Zeit fördert es ein bemerkenswertes Verhalten seiner Nutzer zutage: Wiewohl der Wunsch nach einem umfassenden Schutz persönlicher Daten in der Bevölkerung sehr verbreitet ist, geben viele Nutzer ihre Privatheit in weiten Bereichen des virtuellen Lebens bereitwillig auf. Die Diensteanbieter erlangen dadurch regelmäßig eine dauerhafte Kontrollmacht über sensible personengebundene Informationen, die als Währung

---

4 Die außerordentlich niedrigen Speicherkosten der digitalen Welt und die nahezu nicht bestehenden Verfallswerte machen das möglich. Die Kosten-Nutzen-Relation zwischen den Aufbewahrungskosten und dem Aufbewahrungswert verschiebt sich dadurch: Das Internet ist ein Ort des Sammelns und Hortens von Informationen.

des Internets gleichsam die Schatzkammer ihrer Unternehmen bilden. Nutzer zahlen im Internet lieber mit persönlichen Daten, als kostenpflichtige Dienste in Anspruch zu nehmen.

Dieser Öffnung der Privatsphäre liegen disparate Motive zugrunde. Teilweise ist das Verhalten von dem Wunsch getragen, die Magie des globalen Netzes für eine digitale Unsterblichkeit fruchtbar zu machen.[5] Für diese Nutzer ist das digitale Leben Teil einer öffentlichen Inszenierung. Sie wollen mit ihrer digitalen Identität auch über den Tod hinaus in Erinnerung bleiben. Für andere sind die Internetmedien nur ein Mittel der Spontankommunikation, deren Nutzenfunktion sich im Zweck effizienter Informationsübermittlung und der Kommunikation im Hier und Jetzt erschöpft. Entsprechend wollen sie den Zugriff auf ihre digitale Identität auf ihre Lebzeit beschränken und keine digitale Fußspur über den Tod hinaus hinterlassen – nicht selten getragen von der Sorge vor einer posthumen Entstellung des Persönlichkeitsbildes in der Öffentlichkeit oder im Bekanntenkreis.

In testamentarischen Verfügungen finden diese Überlegungen nur selten ihren expliziten Niederschlag. Der größte Teil der Nutzer macht sich über die Verwendung der eigenen Daten nach dem Tod keinerlei Gedanken.

2. Gemengelage disparater Daten

Anders als die in der Wohnung befindlichen oder dem sonstigen räumlichen Zugriff zugänglichen Habseligkeiten des Verstorbenen (wie etwa das mit der Online-Welt vielleicht am ehesten vergleichbare papierene Tagebuch) ist der digitale Nachlass für die Erben nicht körperlich greifbar, sondern in den Tiefen des Cyberspace vergraben. Er bündelt eine inhomogene Masse unterschiedlichster Daten – von persönlichen Daten über elektronische Vertragsdokumente bis hin zu Geschäftsdaten.[6] Für die Hinterbliebenen kann dieser Datenschatz nicht nur von hohem ideellen, sondern auch materiellem Wert sein. In der digitalen Grabkammer schlummern immer mehr Belege vertraglicher Rechte und Pflichten des Erblassers, seien es im Internet eingegangene Abonnementverpflichtungen, Online-Rechnungen der Telekom oder der Stadtwerke, seien es Rechte an einer Domain, ein Hosting-Vertrag, ein Guthaben bei *PayPal*, Credits in Foto-Communitys oder virtuelle Grundstücke in der Online-Welt von „*Second Life*".

---

5   Vgl. etwa den Fall „öffentlichen Sterbens" der 12-jährigen Bloggerin *Jessica Joy Rees*, der in den USA für Aufsehen sorgte, dazu www.spiegel.de/schul-spiegel/ 0,1518,807755,00.html (9.10.2012).
6   Zu den sich damit verbindenden rechtlichen Herausforderungen siehe unten IV. 2. a. cc, S. 110.

3. Zugangshürden zur Erschließung des digitalen Nachlasses

Diesen digitalen Datenschatz aufzuspüren, ist nicht nur mühsame Detektivarbeit. Es braucht auch einen digitalen Schlüssel, um ihn zu heben. Ohne ihn sind die digitalen Identitäten wertlos. Gehoben werden kann der Datenschatz aber grundsätzlich unkompliziert: unter Verwendung der korrekten Zugangsdaten des Nutzer-Accounts. Doch wer kennt schon die Benutzernamen und vor allem die Passwörter zu all den Accounts, die *Justin Ellsworth* oder *Max Mustermann* im Laufe ihres Lebens angelegt haben? Sofern die zahlreichen Regeln der Datensicherheit, wie Passwortstärke und Geheimhaltung, penibel eingehalten wurden: niemand.[7] Allerdings ist es dem Betreiber der Plattform in der Regel technisch möglich, auf die Account-Daten zuzugreifen oder zumindest die Zugangsdaten zugunsten eines berechtigten Dritten zurückzusetzen. Die Betreiber sind verunsichert, ob und gegebenenfalls an wen sie die entsprechenden Zugangsdaten herausgeben dürfen oder gar müssen.

Während viele Erben die Autopsie des Accounts als wichtigen Teil der Trauerarbeit begreifen, insbesondere den Verstorbenen auf diese Weise in Erinnerung behalten wollen, soll manchen Details aus der digitalen Welt des Verstorbenen diese letzte Ehre aber gerade nicht zuteilwerden – seien es intime Liebesbriefe einer geheimen Romanze, die Aufarbeitung von Ehekrisen in Chats und Foren, sei es der Austausch über Schenkungsabsichten und Vererbungsstrategien oder Opas gut sortierte Pornosammlung.

III. (Uneinheitliche) Reaktionsmuster der Anbieter auf die Herausforderungen des digitalen Nachlasses

Unter diesen ambivalenten Ausgangsvoraussetzungen gehen die Diensteanbieter mit den Internet-Accounts Verstorbener sehr unterschiedlich um. Während etwa *„Wer-kennt-wen"*, *GMX* und *Web.de* den Erben gegen Vorlage des Erbscheins vollen Zugang zu dem hinterlassenen Account verschaffen,[8] gewähren *Yahoo*

---

7   Sofern die gängigen Standards eingehalten werden, speichert der Plattformbetreiber die Zugangsdaten mithilfe einer Einwegverschlüsselung. Nicht einmal der Betreiber kennt dann das Passwort. Um den Zugriff Berechtigter, z.B. im Falle des Vergessens von Passwörtern, sicherzustellen, ist der Diensteanbieter aber regelmäßig in der Lage, auf die Nutzerdatenbank als Administrator zuzugreifen und ein neues Passwort zu generieren.
8   In den AGB der Anbieter ist diese Praxis nicht verankert (vgl. etwa die AGB von *GMX*, www.gmx.net/dienst/4436588.html [17.07.2012]); sie bestätigten diese aber auf Rückfrage. Den digitalen Nachlass halten sie für einen Teil der (vermögensrechtlichen) Erbmasse.

Deutschland und *Twitter*[9] keinen Einblick in das Nutzerkonto. Aus ihrer Sicht endet das Vertragsverhältnis mit dem Tod. Nach Ablauf einer Karenzfrist hauchen sie dementsprechend dem Account mitsamt aller hinterlegten Daten kurzerhand das Lebenslicht aus.[10]

Zwischen diesen Extremen finden sich vielfältige Mischformen. Die VZ-Portale, namentlich *StudiVZ*, *SchuelerVZ* und *MeinVZ*, entscheiden im Einzelfall über den Zugang zum Account.[11] Andere Diensteanbieter verwehren den Angehörigen zwar die direkte Nutzung des Accounts, geben aber etwa gespeicherte Fotos als Rohdaten an die Berechtigten heraus. Wieder andere, wie *Xing*,[12] setzen den Status auf „inaktiv", sobald eine Todesmeldung eingeht, und löschen den Account nach geraumer Zeit, wenn der Inhaber sich auf E-Mail-Anfragen nicht rührt. Auch eine Umwidmung des Accounts in einen Gedenkstatus kommt zusehends in Mode. *Facebook* handhabt das so: Auf Anfrage der Angehörigen versetzt das Unternehmen das Nutzer-Profil in einen Kondolenz-Modus. Bestätigte Freunde können dann Trauerbekundungen auf der zum virtuellen Kondolenzbuch umfunktionierten Pinnwand hinterlassen. Alle anderen Funktionen werden deaktiviert, das Profil wird gleichsam plastiniert; die Erben und Angehörigen erhalten insbesondere keinen Zugriff auf nicht-öffentliche Daten. Indem *Facebook* der digitalen Grabpflege den Weg ebnet, verändert es gleichzeitig das Verständnis für das Nachleben. Es schafft eine neue Form der Trauerarbeit.

Die Diensteanbieter bewegen sich mit ihren unterschiedlichen Praktiken in einer rechtlichen Grauzone. Sie verankern diese meist erst gar nicht oder nur andeutungsweise in ihren Allgemeinen Geschäftsbedingungen.[13] Die globale Verbreitung des Internets und die damit einhergehende Unsicherheit der Nutzer, wo welche Daten verarbeitet und gespeichert werden, erhöht die Unübersichtlichkeit der Rechtslage weiter.

Der deutsche Gesetzgeber schweigt sich zum digitalen Nachlass aus. Eine klare gesetzliche Regelung fehlt – anders als in anderen Staaten, etwa in Teilen der

---

9 Vgl. AGB Nr. 5.4 von *Yahoo Deutschland*, http://info.yahoo.com/legal/de/yahoo/tos.html (20.5.2012); AGB Nr. 6, 10 der *Twitter*-Datenschutzrichtlinie, http://twitter.com/tos (20.5.2012).

10 *Twitter* bietet aber an, zuvor eine Sicherungskopie aller öffentlich zugänglichen Daten anzufertigen; einen direkten Zugang zum Account gewährt das Unternehmen nicht. Es gibt auch keine öffentlich zugänglichen Informationen weiter, die in Zusammenhang mit dem Account des Verstorbenen stehen.

11 Eine Regelung zum Umgang mit dem digitalen Nachlass findet sich in deren Allgemeinen Geschäftsbedingungen nicht. Vgl. statt aller die AGB von *StudiVZ*, http://www.studivz.net/l/terms (4.6.2012).

12 Vgl. Nr. 3.1 der *Xing*-Datenschutzbestimmungen: „XING wird diese Daten [s.c. Benutzername und Passwort] in keinem Fall an Dritte weitergeben und/oder diese Dritten sonst wie zur Kenntnis geben." (https://www.xing.com/privacy [6.9.2012]).

13 Vgl. oben Fn. 8 ff.

USA. *Connecticut* hat bereits im Jahr 2005[14], *Rhode Island* im Jahr 2007[15] eine Regelung getroffen. Diese US-Bundesstaaten verpflichten die Anbieter, den Angehörigen unter bestimmten Voraussetzungen eine Abschrift der E-Mails des verstorbenen Bundesstaatsangehörigen auszuhändigen. *Indiana* geht mit seiner ebenfalls im Jahr 2007[16] getroffenen Regelung darüber hinaus. Es verleiht den Angehörigen das Recht, die Herausgabe aller elektronisch gespeicherten Informationen des Verstorbenen zu verlangen. *Oklahoma*[17] und *Idaho*[18] haben in den Jahren 2010 und 2011 noch spezifischere Regelungen erlassen. Sie erlauben die Überwachung, Weiterführung oder Auflösung aller Accounts des Verstorbenen in sozialen Netzwerken, Microblogging-Websites (z.B. *Twitter*) oder bei E-Mail-Diensteanbietern. Allen genannten Regelungen ist die Verbürgung des Rechts der Angehörigen bzw. Erben gemeinsam, den Zugang zu dem Account (zuletzt in dem Bundesstaat lebender) Verstorbener von dem Diensteanbieter verlangen und ihm gegenüber gegebenenfalls rechtlich durchsetzen zu können, es sei denn, der Verstorbene hat selbst explizite Regelungen, sei es testamentarischer Art, sei es im Rahmen des Nutzungsvertrages, mit dem Diensteanbieter getroffen.[19]

Angesichts des unklaren nationalen rechtlichen Ordnungsrahmens tut sich die Rechtswissenschaft diesseits des Atlantiks mit einer Antwort auf die Frage nach dem digitalen Nachlass schwer. Genauer müsste man wohl sagen: Sie hat den Grabesschatz bzw. – je nach Sichtweise – die Leiche im Keller überhaupt noch nicht entdeckt. Rechtsprechung gibt es noch nicht. Aufsätze sind Mangelware.[20] Bis die Obergerichte die juristische Leichenstarre überwunden haben, wird noch manche Totenmesse gelesen werden. Doch die aufgeworfenen Fragen stellen sich mit wachsender Dringlichkeit. Immerhin stirbt – statistisch betrachtet – alle zwei Minuten ein *Facebook*-Nutzer.[21]

---

14 Connecticut Public Act No. 05-136, http://www.cga.ct.gov/2005/act/Pa/2005PA-00136-R00SB-00262-PA.htm (18.07.2012).
15 Rhode Island General Laws, Chapter 33-27, http://www.rilin.state.ri.us/Statutes/TITLE33/33-27/INDEX.HTM (18.07.2012).
16 Indiana Code 29-1-13, http://www.in.gov/legislative/ic/code/title29/ar1/ch13.html (18.07.2012).
17 Oklahoma Statutes, Title 58, Section 269, http://www.oklegislature.gov/osStatuesTitle.aspx (17.07.2012).
    Eine ähnliche Regelung plant der Bundesstaat Nebraska (vgl. http://nebraskalegislature.gov/FloorDocs/Current/PDF/Intro/LB783.pdf (16.7.2012).
18 Idaho Code, Section 15-3-715, http://legislature.idaho.gov/idstat/Title15/T15CH3SECT15-3-715.htm (18.07.2012).
19 Vgl. dazu http://webserver1.lsb.state.ok.us/cf/2009-10%20ENR/hB/HB2800%20ENR.-DOC (16.7.2012); http://www.digitalstateresource.com/law/ (18.7.2012).
20 Bislang lediglich *Hoeren*, NJW 2005, 2113 ff. (beschränkt auf den E-Mail-Account und die private Homepage).
21 Unter Zugrundelegung einer jährlichen Sterberate von 10, 92 je tausend Einwohnern (s.c. 893.736 Toten jährlich; vgl. www.indexmundi.com/g/g.aspx?c=gm&v=26&l=de

IV. Der digitale Nachlass als Erbschaft?

Aus einer rein zivilrechtlichen Perspektive sind die Fragen nach der sachgerechten Behandlung des digitalen Nachlasses vordergründig schnell beantwortet: Zwar werden „die Bande der Liebe" – wie *Thomas Mann* formulierte – „nicht mit dem Tod durchschnitten", wohl aber die vermögensrechtlichen Beziehungen des Verstorbenen selbst zu seinen Schuldnern und Gläubigern. Die Erben treten an seine Stelle. Das Vermögen des Erblassers geht nach der Zentralnorm des Erbrechts als Ganzes im Wege der Universalsukzession auf den Erben über (§ 1922 Abs. 1 BGB).[22] Als Inbegriff aller geldwerten Rechtsbeziehungen[23] umschließt es Kontoguthaben, Rechte an einer Internetdomain, aber auch Credits in Foto-Communitys oder Web-Clubs sowie Guthaben bei Online-Spielen und im Internet eingegangene Vertragsverpflichtungen. Solche vermögensrechtlichen Positionen sind vererbbar, nicht-vermögensrechtliche hingegen in der Regel nicht.[24]

Zwischen vermögensrechtlichen und nicht-vermögensrechtlichen Positionen nehmen die *Immaterialgüterrechte* eine Zwitterstellung ein: Bei ihnen handelt es sich um unkörperliche Gegenstände mit Vermögenswert. Für ihren Rechtsübergang hat der Gesetzgeber Sonderregelungen getroffen. Immaterialgüterrechte gehen regelmäßig (sowohl in ihrem vermögens- als auch in ihren persönlichkeitsrechtlichen Elementen) auf die Erben über.[25] Das gilt namentlich für das Urheberrecht (§ 28 Abs. 1 UrhG), das Patentrecht (§ 15 Abs. 1 S. 1 PatG), Gebrauchsmuster (§ 22 Abs. 1 S. 1 GebrMG), Geschmacksmuster (§ 29 Abs. 1 Ge-

[6.9.2012]) ergäbe sich bei 24,87 Millionen deutschen *Facebook*-Nutzern (vgl. de.statista.com/statistik/daten/studie/70189/umfrage/nutzer-von-facebook-in-deutschland-seit-2009/ [9.10.2012]) für den (hypothetischen) Fall einer gleichmäßigen Generationenverteilung innerhalb der *Facebook*-Gemeinde namentlich eine Zahl von 271.588 Sterbefällen im Jahr.

22 Das Gesetz verwendet hin und wieder den Begriff des Nachlasses (z.B. in §§ 1960, 1975 BGB). Ein inhaltlicher Unterschied ist damit nicht verbunden, vgl. *Müller-Christmann*, in: Bamberger/Roth (Hrsg.), BeckOK BGB, 21. Ed., Nov. 2011, § 1922 Rn. 11.

23 *Leipold*, in: Münchner Kommentar zum BGB, 5. Aufl. 2010, § 1922 Rn. 2.

24 Ein Indiz für die Nichtvererbbarkeit ist dabei die fehlende Übertragungsmöglichkeit unter Lebenden. Der Teufel steckt dabei allerdings im Detail. Es finden sich zahlreiche (im Zweifel durch Auslegung auf der Grundlage der jeweiligen Interessenlagen zu ermittelnde) Ausnahmen. So ist etwa der Nießbrauch eine vermögensrechtliche Position, aber nach § 1061 S. 1 BGB gleichwohl nicht vererblich. Das Urheberrecht ist nicht übertragbar (§ 29 Abs. 1 UrhG), wohl aber vererblich. Umgekehrt ist etwa die Mitgliedschaft in einem Idealverein zwar personenbezogen, nichtvermögensrechtlicher Natur und damit grundsätzlich unvererbbar. Die Vereinssatzung kann jedoch nach § 40 BGB eine andere Regelung treffen. Vgl. dazu auch *Müller-Christmann*, in: BeckOK BGB (Fn. 22), § 1922 Rn. 24; *Schlüter*, in: Ermann, BGB, 11. Aufl. 2004, § 1922 Rn. 8; *Leipold*, in: MüKo BGB (Fn. 23), § 1922 Rn. 19.

25 *Leipold*, in: MüKo BGB (Fn. 23), § 1922 Rn. 94.

schmMG) und die geschützte Marke (§ 27 Abs. 1 MarkenG). Urheberrechtsfähige Inhalte des Erblassers auf Videoplattformen, wie *Youtube* oder *FlickR*, berechtigen die Erben daher regelmäßig, die Herausgabe oder Löschung der entsprechenden Foto- bzw. Videoaufnahmen zu verlangen. Den Erben stehen bis zum Erlöschen des Urheberrechts 70 Jahre nach dem Tod des Urhebers (§ 64 UrhG) dieselben gesetzlichen Rechte wie diesem zu (§ 30 UrhG). Sie müssen jedoch (wiewohl das Urheberrecht nicht übertragbar ist [§ 29 Abs. 1 UrhG]), eine – bei Internetdiensten nicht unübliche – Einräumung von Nutzungsrechten, die der Erblasser zugunsten eines Diensteanbieters vertraglich versprochen hat, gegen sich gelten lassen (§ 31 Abs. 1 S. 1 UrhG).

Welches Schicksal aber die große Masse der persönlichen Daten des Erblassers fristet, seien es passwortgesicherte Daten eines Internet-Accounts (unten 2. a.), seien es öffentlich verfügbare Internetdaten, z.B. einer Homepage (unten 2. b.), hinterlässt offene Fragen. Sie sachgerecht zu beantworten, bereitet einiges Kopfzerbrechen, lassen sich diese Daten doch nicht ohne Weiteres in das binäre Schema vermögensrechtlicher und nicht-vermögensrechtlicher Positionen pressen (unten 1.).

1. Der Internet-Account als vererbbares Vermögen?

Soweit Daten eines Verstorbenen, z.B. heruntergeladene E-Mails *auf einem lokalen Datenträger*, insbesondere einer Festplatte oder einem USB-Stick, *verkörpert* sind, geht das Eigentum an dem Datenträger grundsätzlich im normalen Erbgang auf die Erben über. Die gespeicherten Daten teilen grundsätzlich deren rechtliches Schicksal.[26]

Internet-Accountdaten sind jedoch regelmäßig nicht lokal, sondern auf den Datenserverfestplatten der Anbieter gespeichert. An den Servern erwirbt der Nutzer kein Eigentum. Die Erben können allenfalls in das bestehende vermögensrechtliche Vertragsverhältnis mit dem Diensteanbieter eintreten.[27] Im Falle eines Vertragsübergangs erwüchse aus dem Nutzungsvertrag als Haupt- oder Nebenrecht ein Anspruch der Erben auf Zugangsgewährung zum Account des Erblassers.

---

26 Wenn diese Dateien aber mithilfe eines Passworts gegen den Zugriff durch Dritte gesichert sind, stellen sich ähnliche Fragen wie bei Daten eines Internet-Accounts – die Frage nämlich, ob die Überwindung einer solchen Zugangssicherung das postmortale Persönlichkeitsrecht des Verstorbenen verletzen kann. Dazu im Einzelnen unten unter IV. 2., S. 87 ff.
27 Vgl. *Leipold*, in: MüKo BGB (Fn. 23), § 1922 Rn. 20; *Müller-Christmann*, in: BeckOK BGB (Fn. 22), § 1922 Rn. 31.

Nicht jedes schuldrechtliche Rechtsverhältnis geht aber im Wege der Universalsukzession auf die Erben über. Sowohl der Nutzungsvertrag[28] als auch das Gesetz können einen Vertragsübergang ausschließen.[29] Die Übertragbarkeit von Vertragspflichten macht der Gesetzgeber regelmäßig davon abhängig, ob der jeweilige Gegenüber gegen den mit dem Austausch des Vertragspartners verbundenen Gläubigerwechsel geschützt werden muss (Rechtsgedanke des § 399 Alt. 1 BGB).[30] Dies ist insbesondere dann der Fall, wenn sich die vertragliche Bindung auf die Person des Berechtigten beschränken sollte. So erlöschen beispielsweise das Vorkaufsrecht und das schenkweise gegebene Rentenversprechen kraft gesetzlicher Regelung im Allgemeinen mit dem Tod des Berechtigten (§ 473 S. 1 BGB) bzw. des Schenkers (§ 520 BGB) und sind daher nicht vererbbar.[31]

Ein solches besonderes persönliches Band ist zwischen Internetdiensteanbieter und Nutzer nicht geknüpft: Sie schließen Verträge über Internet-Accounts regelmäßig ohne Rücksicht auf die Person des Nutzers, häufig auch ohne nähere Prüfung der Personenidentität. Die Nutzer nehmen bei ihnen kein persönliches Vertrauen in Anspruch. Den Diensteanbietern kommt ein schutzwürdiges Interesse daher grundsätzlich nicht zu. Der Erbfall ändert das Wesen der zugrunde liegenden schuldrechtlichen Ansprüche mithin nicht.

All das spricht dafür, dass die Erben schuldrechtlich in das Vertragsverhältnis mit den Anbietern von Internetdiensten eintreten – erweitert um ein außerordentliches Kündigungsrecht der Erben.[32] Dann steht den Erben möglicherweise der Zugriff auf die in Internet-Accounts gespeicherten Daten der Erblasser, insbe-

---

28 In diesem Sinne etwa die Nutzungsbedingungen des Plattformbetreibers „*wimdu*" (eines Portals, über das Wohnungen in aller Welt zur Miete bzw. Übernachtung angeboten bzw. gefunden werden können), Nr. 4.1 der Nutzungsbedingungen (http://www.wimdu.de/terms [17.7.2012]); ebenso Nr. 2. 4 der Nutzungsbedingungen von „*glamour.de*" (http://www.glamour.de/nutzungsbedingungen [17.7.2012]) sowie Nr. 2.4. der Nutzungsbedingungen von "*myvideo.de*" (http://www.myvideo.de/AGB [16.7.2012]).
29 Die Vertragsfreiheit gestattet es, die Vererbbarkeit vertraglicher Positionen auszuschließen, vgl. BGH, WM 1989, 1813; *Leipold*, in: MüKo BGB (Fn. 23), § 1922 Rn. 20.
30 Der Gesetzgeber lässt sich dabei von der Wertung leiten, wie sehr das jeweilige Vertragsverhältnis und die jeweiligen vertragstypischen Erfüllungsrisiken auf die individuellen Personen zugeschnitten sind und damit auch nur zwischen diesen Personen Geltung beanspruchen kann.
31 Weitere Beispiele bei *Leipold*, in: MüKo BGB (Fn. 23), § 1922 Rn. 23.
32 Vgl. §§ 564, 580, 581 Abs. 2, 605 Nr. 3 BGB; dazu auch *Müller-Christmann*, in: BeckOK BGB (Fn. 22), § 1922 Rn. 39 f.: Die Frage nach der Vererbbarkeit bzw. Auflösbarkeit bei Dauerschuldverhältnissen beurteilt sich grundsätzlich nach den Umständen des Einzelfalls.

sondere ein Recht auf Auskunft und Herausgabe der Zugangsinformationen, offen.[33] So sieht etwa der Bundesdatenschutzbeauftragte die Rechtslage.[34]

2. In memoriam postmortaler Persönlichkeitsschutz: Auswirkungen des Persönlichkeitsschutzes auf die Vererbbarkeit von Account-Daten

Die alleinige Betrachtung des digitalen Nachlasses durch die zivilrechtliche Brille verfängt jedoch nicht. Sie trägt namentlich der Bedeutung der Daten für die Persönlichkeitsentfaltung des Einzelnen nicht angemessen Rechnung. Der digitale Nachlass erweist sich längst nicht alleine als eine Frage des Erbrechts, das sich ausschließlich mit den vermögensrechtlichen Folgen des Ablebens eines Menschen auseinandersetzt. Aus den einfachgesetzlichen Vorschriften des Datenschutzrechts und/oder dem verfassungsrechtlichen postmortalen Persönlichkeitsschutz kann sich das Verbot ergeben, Dritten Zugang zu dem Inhalt des Accounts zu verschaffen, insbesondere das Passwort weiterzugeben.

Das Datenschutzrecht hat als Ausprägung des Rechts auf informationelle Selbstbestimmung (Art. 2 Abs. 1 i.V.m. Art. 1 Abs. 1 GG)[35] den Auftrag, die personenbezogenen Daten eines Menschen gegen Missbrauch und unbefugte Kenntnisnahme zu schützen. Aus ihm fließen wichtige Vorgaben für die Pflichten der Diensteanbieter und für die Rechte der Angehörigen.[36] Maßgeblich sind insoweit nicht nur die allgemeinen Datenschutzgesetze,[37] sondern vor allem die

---

33 Für E-Mails vgl. *Hoeren*, NJW 2005, 2113 (2114). Er differenziert dabei zwischen geschäftlichen und ungewollten (vererbbaren) E-Mails einerseits, sowie privaten (nicht vererbbaren) E-Mails andererseits. Dazu auch unten S. 111.
34 Stellungnahme der Pressestelle des Bundesdatenschutzbeauftragten vom 21.4.2010.
35 Einige Bundesländer haben das Recht auf informationelle Selbstbestimmung bzw. das Recht auf Datenschutz ausdrücklich in ihren Landesverfassungen verankert (zum Beispiel Art. 33 Verf. Bln; Art. 11 Verf. Bbg; Art. 6 Abs. 1 Verf. M-V; Art. 4 Abs. 2 Verf. NRW; Art. 33 sächs. Verf.; Art. 6 Abs. 1 Verf. LSA; Art. 2 Sätze 2 und 3 saarl. Verf.; Art. 6 Abs. 2 thür. Verf.). Das Recht auf informationelle Selbstbestimmung versteht sich als interpretatorische Fortschreibung des Allgemeinen Persönlichkeitsrechts (vgl. dazu etwa *Simitis*, NJW 1984, 398 [399]; *Martini*, JA 2009, S. 839 ff.). Ihm liegt insbesondere die verfassungsrechtliche Überlegung zugrunde, dass (gerade mithilfe moderner Informationstechnologie) in der Synthese aller über eine Person verfügbaren Daten ein umfassendes Persönlichkeitsprofil erschlossen werden kann. „Insoweit gibt es unter den Bedingungen der automatischen Datenverarbeitung kein »belangloses« Datum mehr." (BVerfGE 65, 1 [45]).
36 Die Reichweite der datenschutzrechtlichen Regelungen ist dabei in jedem Fall begrenzt. Die Rechte der Angehörigen können nicht über die Rechte des ursprünglich Betroffenen hinausgehen; zu den datenschutzbezogenen Rechten siehe unten IV. 2. a. aa., S. 92 ff. und IV. 2. b., S. 112 ff.
37 Dazu zählen für den privaten Sektor in erster Linie das BDSG und für den öffentlichen Sektor zusätzlich die verschiedenen Landesdatenschutzgesetze.

bereichsspezifischen Regelungen des TMG: Soziale Netzwerke im Internet, Accountdienstleister wie *Web.de* oder *Gmx.net*, Online-Auktionshäuser und Online-Spiele im Allgemeinen bieten Telemediendienste i.S.d. § 1 Abs. 1 S. 1 TMG an.[38] Die bei der Erstellung und Nutzung solcher Accounts anfallenden Interaktionen zwischen Nutzer und Diensteanbieter sind folglich in erster Linie den §§ 11 ff. TMG unterworfen; subsidiär kommen – vorbehaltlich des territorialen[39] und sachlichen[40] Anwendungsbereichs des TMG – über den Verweis des § 12 Abs. 3 TMG auch die allgemeinen datenschutzrechtlichen Regelungen zur Anwendung.[41]

Das Fernmeldegeheimnis des § 88 TKG als Ausdruck einer Schutzpflicht des Staates für die Integrität von Telekommunikationsprozessen ist demgegenüber nicht berührt: Seine Verpflichtungen zur Geheimhaltung bestehen zwar auch

38 Vgl. *Heckmann,* in: ders. (Hrsg.), jurisPraxis-Kommentar Internetrecht, Telemediengesetz, E-Commerce, E-Government, 2. Aufl. 2009, Kap. 1.14 Rn. 5; *Jotzo,* MMR 2009, 232 (234); *Spindler/Nink,* in: Spindler/Schuster (Hrsg.), Recht der elektronischen Medien, 2. Aufl. 2011, § 14 TMG Rn. 5.

39 Moderne Datenverarbeitung beschränkt sich längst nicht mehr auf den nationalen Handlungskontext. Die globalisierte, vernetzte Welt bringt eine grenzüberschreitende internationale Datenspeicherung und -verarbeitung mit sich. Für Stellen, die aus dem EU-Ausland heraus in Deutschland operieren, ist bei EU-grenzüberschreitendem Datenverkehr nach dem in § 1 Abs. 5 S. 1 BDSG verankerten Sitzprinzip grundsätzlich das nationale Recht des Sitzlandes, d.h. des Landes, in dem die für die Verarbeitung verantwortliche Stelle ihre Niederlassung hat, anwendbar. Sonstige Anbieter, die von außerhalb der EU operieren, unterfallen nach der in § 1 Abs. 5 S. 2 BDSG verankerten Grundregel des Territorialprinzips deutschem Datenschutzrecht, wenn sie im Inland personenbezogene Daten erheben, verarbeiten oder nutzen. Eine Ausnahme gilt dabei für den Einsatz von Datenträgern ausschließlich zum Zwecke des Transits durch das Inland (§ 1 Abs. 5 S. 4 BDSG).

40 Die Anwendung des Datenschutzrechts auf Telemedienanbieter ist nicht durch § 27 Abs. 1 S. 2 BDSG sachlich eingeschränkt. Dieser Ausnahmetatbestand greift zum einen nur im unmittelbaren Anwendungsbereich des TMG und zum anderen nur, wenn die personenbezogenen Daten „ausschließlich für persönliche oder familiäre Tätigkeiten" erhoben, verarbeitet oder genutzt werden. Der Datenumgang muss also mit allen seinen Bestandteilen der privaten Lebensführung einer natürlichen Person dienen. (In ähnlichem Sinne nahezu wortgleich Art. 2 Nr. 2 lit. d des Entwurfs einer Europäischen Datenschutzverordnung). Für die Erben mag diese Voraussetzung zutreffen, nicht aber für die Diensteanbieter. Auf Letztere kommt es aber an. Sowohl der Dienstvertrag selbst als auch die Intention des Diensteanbieters, durch das Sammeln der Daten Werbeeinnahmen zu erzielen, dienen nämlich nicht mit allen ihren Bestandteilen der privaten Lebensführung einer natürlichen Person. Für den Diensteanbieter, der in der Regel schon keine natürliche Person ist, greift die Ausnahme des § 27 Abs. 1 S. 2 BDSG mithin nicht. Andernfalls könnte man bei jeder Daten haltenden Stelle die Daten Dritter erfragen, solange man sie nur zu persönlichen oder familiären Zwecken verwenden will. Das entspricht jedoch nicht dem Sinn des Gesetzes. A.A. *Hoeren,* NJW 2005, 2113 (2115).

41 Zusätzliche Erlaubnistatbestände, die das allgemeine Datenschutzrecht nicht vorsieht, entstehen dadurch nicht; insoweit ist das TMG abschließend, vgl. *Spindler/Nink,* in: Spindler/Schuster (Fn. 38), § 12 TMG Rn. 11.

nach dem Ende der Telekommunikationsverbindung fort (§ 88 Abs. 2 S. 2, Abs. 3 S. 2 u. 3 TKG). Es adressiert aber ausschließlich Telekommunikationsanbieter, also diejenigen, welche die Übertragung von Signalen über Telekommunikationsnetze übernehmen (§ 88 Abs. 2 Satz 1 i.V.m. § 3 Nr. 6 und § 3 Nr. 24 TKG), nicht aber diejenigen, welche als Telemedienanbieter die Inhalte für die zu transportierenden Signale bereitstellen (sog. Inhalteanbieter – Content-Provider), wie z.B. *Facebook*.[42]

Wie mit den Accounts Verstorbener umzugehen ist, regeln die datenschutzrechtlichen Vorschriften nicht ausdrücklich. Weder das TMG noch das BDSG enthalten (anders als etwa § 4 Abs. 1 S. 2 BlnDSG[43] und § 37 Abs. 1 BbgBestG)[44] eine Rechtsvorschrift, die ihren Anwendungsbereich ausdrücklich auf Verstorbene ausdehnt. Aus ihrem Sinn bzw. ihrem verfassungsrechtlichen Hintergrund lassen sich aber Rückschlüsse ziehen, aus denen sich eine Einschränkung des zulässigen Umgangs mit den Daten Verstorbener herleiten lässt.

Zu unterscheiden ist insoweit zwischen dem Zugang zu höchstpersönlichen, nicht-öffentlichen Daten von Internet-Accounts Verstorbener, insbesondere E-Mail-Konten (unten a), sowie jedermann zugänglichen Internetinformationen, die der Erblasser über sich angelegt hat (unten b). Sie sind von jeweils verschiedener Sensibilität und fristen daher ein unterschiedliches rechtliches Schicksal.

a) Nicht-öffentlich verfügbare Daten, z.B. eines E-Mail-Accounts

Dass der Diensteanbieter den Erben oder sonstigen Dritten den Zugang zu dem Account und den darin verfügbaren nicht-öffentlich zugänglichen Informationen des Erblassers *zu Lebzeiten* des Erblassers nicht eröffnen dürfte, versteht sich.

---

[42] Aus den gleichen Gründen ist auch § 206 StGB nicht einschlägig. Er verpflichtet ausschließlich Inhaber oder Beschäftigte von Unternehmen, die geschäftsmäßig Post- und Telekommunikationsdienste erbringen. Vgl. auch etwa *Lünenbürger*, in: Scheuerle/Mayen (Hrsg.), TKG, 2. Aufl. 2008, § 3 Rn. 58. Anders verhält es sich mit dem verfassungsrechtlichen Schutz des Art. 10 Abs. 1 GG. Dazu siehe unten S. 103.

[43] Die Vorschrift erklärt „für Daten über Verstorbene" die Regelungen über personenbezogene Daten für entsprechend anwendbar, „es sei denn, daß schutzwürdige Belange des Betroffenen nicht mehr beeinträchtigt werden können".

[44] Angesichts des unterschiedlichen Anwendungsbereichs der Vorschriften und der verschiedenen Kompetenzzuordnungen rechtfertigt das noch keinen Umkehrschluss. Zwar ergibt sich aus diesen landesrechtlichen Vorschriften, dass die betroffenen Länder die Daten Verstorbener nicht als personenbezogene Daten einstufen. Der Bund ist an – gegebenenfalls deklaratorische – Begriffsverwendungen der Länder aber nicht gebunden.

Mit dem *Tod des Nutzers* endet nach überkommener Auffassung aber der Datenschutz grundsätzlich.[45] Dieses Datum markiert dann nach dieser Lesart auch das Ende des Schutzes von Daten gegenüber den Erben. Es macht den Weg frei für deren Zugriff auf den Account, soweit der Erblasser selbst keine expliziten anderweitigen Verfügungen getroffen hat.

Das scheint prima facie aus dem Gegenstand des Datenschutzrechts bruchfrei ableitbar: Die datenschutzrechtlichen Regelungen knüpfen an *personenbezogene Daten*[46] an (§ 3 Abs. 1 BDSG i.V.m. § 12 Abs. 1 und Abs. 3 TMG). Personenbezogene Daten müssen sich auf eine *natürliche Person* beziehen (§ 3 Abs. 1 BDSG bzw. § 11 Abs. 2 TMG). Das legt den Schluss nahe, dass es sich bei ihnen um Informationen über einen *lebenden* Menschen handeln muss.[47] So versteht die Rechtsordnung den Begriff auch regelmäßig in anderen Vorschriften, so etwa in § 61 Nr. 1 VwGO.[48]

45 Vgl. etwa *Kühling/Seidel/Sividris*, Datenschutzrecht, 2. Aufl. 2011, S. 79; ebenso die überwiegende Rechtsauffassung in den USA, dazu etwa *Darrow/Ferrera* (Fn. 2), 281 (313).

46 Die in sozialen Netzwerken hinterlegten Informationen über den eigenen Werdegang, Lieblingsbeschäftigungen, das Aussehen, politische Ansichten und Interessen sind der Prototyp solcher Einzelangaben über persönliche oder sachliche Verhältnisse einer bestimmten oder bestimmbaren natürlichen Person: Die Accounts sind geradezu mit Informationen über den Account-Inhaber, Fotos, Freundeslisten, Kontaktdaten usw. gespickt. Die Sensibilität einer solchen Information ist dabei für die Einordnung als personenbezogenes Datum unerheblich, da es im modernen Informationszeitalter kein „belangloses Datum" mehr gibt (BVerfGE 65, 1 [45]). Erfasst werden nicht nur objektive Informationen über eine Person, sondern auch Werturteile, wie etwa die Einordnung als ehrlich und zuverlässig oder Aussagen über die Kreditwürdigkeit einer Person; vgl. *Buchner*, in: Taeger/Gabel (Hrsg.), Kommentar zum BDSG und einschlägigen Vorschriften des TMG und TKG, 2010, § 3 BDSG Rn. 4 f.; *Dammann*, in: Simitis (Hrsg.), BDSG, 7. Aufl. 2011, § 3 BDSG Rn. 5, 7. Den Schutz des Gesetzes genießen die hinterlegten Daten aber nur dann, wenn der Account-Inhaber entweder bestimmt oder zumindest bestimmbar, also identifizierbar, ist. Dies ist der Fall, wenn die Anmeldung eines Accounts die Angabe des Klarnamens erfordert oder sonstige Informationen, wie beispielsweise eine E-Mail-Adresse, Telefonnummer, Kfz-Kennzeichen, (Steuer-)Identifikationsnummer oder eine Kombination verschiedener Angaben, wie etwa Geburtsdatum und Anschrift, im konkreten Kontext eine Wiedererkennung des Account-Inhabers ermöglichen. Selbst durch ein nicht verfremdetes Bild im Internet kann der Betroffene hinreichend bestimmbar sein, wenn davon auszugehen ist, dass ein Betrachter die Identität der Person erkennen kann, *Caspar*, DÖV 2009, 965 (967).

47 In diesem Sinne *Buchner*, in: Taeger/Gabel (Fn. 46), § 3 BDSG Rn. 8; *Dammann*, in: Simitis (Fn. 46), § 3 BDSG Rn. 17; *Kühling/Seidel/Sividris* (Fn. 45), S. 79.

48 Vgl. *Redeker/von Oertzen*, VwGO, 15. Aufl. 2010, § 61 Rn. 1; *Martini*, VerwProzR, 5. Aufl. 2011, S. 33; siehe auch § 50 Abs. 1 ZPO. Zu unterscheiden ist davon die Frage der Wahrnehmung prozessualer Rechte für eine bereits von dem (inzwischen) Verstorbenen erhobene Klage im Anschluss an den Tod eines Klägers. Für diesen Fall sieht etwa die ZPO Regelungen zur Unterbrechung des Verfahrens bis zu dessen Aufnahme durch die Rechtsnachfolger vor (§ 239 Abs. 1 ZPO). Sie geht mithin davon aus, dass das Verfahren sich nicht durch den Tod gleichsam automatisch erledigt. Vgl. dazu auch OVG

Eine Stütze findet diese Sichtweise auch in dem Schutzzweck des BDSG. Dieses soll im Grundsatz den Einzelnen davor schützen, durch den Umgang mit personenbezogenen Daten in seinem Persönlichkeitsrecht verletzt zu werden (§ 1 Abs. 1 BDSG). Sein Ziel ist es, die freie Entfaltung der Persönlichkeit zu wahren, indem es eine aktive Teilnahme am Verarbeitungsprozess erhobener Daten gewährleistet.[49] Eine solche ist naturgemäß nur einem lebenden Menschen möglich. So ist Träger des Grundrechts auf freie Entfaltung der Persönlichkeit, der Keimzelle des Datenschutzrechts, auch nur die lebende Person.[50] Denn das Grundrecht des Art. 2 Abs. 1 i.V.m. Art. 1 Abs. 1 GG setzt die Fähigkeit zur Entfaltung einer Persönlichkeit voraus. Diese erlischt aber mit dem Tode.[51]

Die Schutzwirkungen des Persönlichkeitsrechts sind insoweit vor und nach dem Tod verschieden.[52] Entsprechend ist das Allgemeine Persönlichkeitsrecht

---

NRW, KStZ 1978, 16. Dieser Rechtsgedanke lässt sich durchaus für die Geltendmachung von Rechten bzw. die Verteidigung der Rechtsstellung im Hinblick auf Daten fruchtbar machen, die der Verstorbene zu Lebzeiten angelegt hat.

49 *Dammann*, in: Simitis (Fn. 46), § 3 BDSG Rn. 17.
50 BVerfGE 30, 173 (194); BVerfG, NJW 2001, 2957 (2958).
51 Der Schutz des Ansehens Verstorbener läuft dadurch aber nicht leer. Die Würde wirkt nach dem Tod fort (sog. postmortales Persönlichkeitsrecht; siehe dazu im Einzelnen unten S. 100 ff.). Die Wertentscheidung des Grundgesetzes für die Unantastbarkeit der menschlichen Würde entfaltet (etwa durch den strafrechtlichen Schutz des Andenkens Verstorbener in § 189 StGB und durch den Pietätsschutz des § 168 StGB und das Verbot der Post-mortem-Befruchtung nach § 4 Abs. 1 Nr. 3 ESchG) auch über den Tod hinaus seine Wirkung. Entsprechend endet das an den Staat gerichtete Gebot, den Einzelnen vor Angriffen auf seine Menschenwürde zu schützen, als tragendes Konstitutionsprinzip der Verfassung nicht mit dem Tode, auch wenn die Person selbst diese Rechte nicht mehr verteidigen kann. So schon BVerfGE 30, 173 (194). Skeptisch insoweit *Schönberger*, Postmortaler Persönlichkeitsschutz, 2011, S. 74 ff.
52 Der BGH zeigt sich dabei für das als sonstiges Recht im Sinne des § 823 Abs. 1 BGB entwickelte einfachgesetzliche Persönlichkeitsrecht im Grundsatz weitaus schutzoffener als das BVerfG für das verfassungsrechtliche postmortale Persönlichkeitsrecht. Zum Anspruch auf Unterlassung bzw. Widerruf ehrverletzender Äußerungen bei fortwirkender Beeinträchtigung des Persönlichkeitsrechts eines Verstorbenen: BGHZ 50, 133 (137) – Mephisto; vgl. auch BGHZ 107, 384 – Emil Nolde; OLG Hamburg NJW 1990, 1995 (1996) – Heinz Erhardt; OLG Köln NJW 1999, 1969 – Konrad Adenauer; BGH, GRUR 2007, 168 (169); *Seifert*, NJW 1999, 1889 (1893 ff.); kritisch *Westermann*, FamRZ 1969, 561 ff.; *Stein*, FamRZ 1986, 7 (8 f.). Dieser postmortale Persönlichkeitsschutz ermöglicht es den Berechtigten, die Wahrung des Ansehens des Verstorbenen (über die *ultima ratio* des Strafrechts hinaus) durchzusetzen. Vor allem ein *argumentum e contrario* kommt dabei zum Tragen: Aus der Sicht des BGH lässt sich nämlich nicht schlüssig begründen, warum der persönlichkeitsrechtliche Unterlassungsanspruch in dem Augenblick völlig erlöschen sollte, in dem sich der Betroffene nicht mehr selbst verteidigen kann. Das überzeugt: Selbst wenn das Lebensbild, gegen dessen Entstellung der Unterlassungsanspruch schützen solle, zu Ende gemalt ist, besteht dessen Glanz als verletzbares und schutzwürdiges Gut fort. Das Persönlichkeitsrecht erfährt aber auch aus Sicht des BGH mit dem Tode der Person eine „einschneidende Einschränkung", da mit diesem Zeitpunkt „alle diejenigen Ausstrahlungen enden, welche die Existenz einer aktiv handelnden Person be-

als höchstpersönliches Nichtvermögensrecht aufgrund seines besonderen Personenbezugs auch nicht vererbbar. Die Höchstpersönlichkeit der datenschutzrechtlichen Positionen steht bei dieser Lesart einer Fortwirkung des Persönlichkeitsrechts über den Tod hinaus entgegen. In die datenschutzrechtliche Begriffsbestimmung „personenbezogene Daten" liest die Literatur[53] das Wort „lebend" mithin als ungeschriebene Voraussetzung hinein.

Ob diese Prämisse bei sachgerechter Auslegung der einfachgesetzlichen Bestimmungen zutrifft, ist aber zu bezweifeln (unten aa). Jedenfalls im Zusammenspiel mit dem Schutzgedanken des verfassungsrechtlichen postmortalen Persönlichkeitsrechts ergibt sich die Verpflichtung, die Account-Daten eines Erblassers im Zweifel nicht dem Zugriff der Erben zu öffnen (unten bb).

aa) (Einfachgesetzlicher) Postmortaler Datenschutz?

(1) Anwendbarkeit der Vorschriften des Datenschutzrechts auf Daten Verstorbener

Bei genauerem Hinsehen setzen die datenschutzrechtlichen Wendungen „personenbezogene Daten" und „natürliche Person" in der Sache zunächst nur die Beziehung zwischen den geschützten Daten und einem *zum Zeitpunkt der Entstehung der Daten* lebenden Menschen voraus – in Abgrenzung zu solchen Daten, die sich entweder auf eine juristische Person beziehen oder einen Personenbezug gänzlich vermissen lassen. Auf eine natürliche Person (also personen-)bezogen bleiben die Daten auch nach dem Tod.[54] Sie adressieren nämlich weiterhin einen konkreten Menschen als Betroffenen. „Personenbezogene Daten" und „natürliche Person" bedingen mithin begrifflich nicht notwendigerweise einen heute *le-*

---

dingen" (BGHZ 50, 133 [136] – Mephisto). Bei Verstorbenen muss daher auch aus der Sicht des BGH ein anderer Wertungsmaßstab zur Anwendung kommen als bei Lebenden. Als Wahrnehmungsberechtigte sieht der BGH in erster Linie die vom Verstorbenen zu Lebzeiten dazu Berufenen an, erweitert diesen Kreis jedoch in Analogie zu § 22 S. 3 KunstUrhG, § 60 Abs. 1 S. 1 a.E. UrhG, § 77 Abs. 2 StGB um die nahen Angehörigen des Verstorbenen. Auf die Erbenstellung kommt es demgegenüber richtigerweise nicht an; vgl. BGHZ 15, 249 (259); BGHZ 50, 133 (140); a.A. *Stein,* FamRZ 1986, 7 (16), die die Erben als wahrnehmungsberechtigt ansieht, wenn der Erblasser keine abweichende Bestimmung getroffen hat.

53 Siehe die Nachweise in Fn. 47.
54 In diesem Sinne etwa auch § 5 Abs. 2 S. 1 BArchG („Archivgut [...], das sich auf natürliche Personen bezieht, darf erst 30 Jahre nach dem Tode des Betroffenen [...]") und § 7 Abs. 1 S. 3 ArchG NRW („Für Archivgut, das sich nach seiner Zweckbestimmung oder nach seinem wesentlichen Inhalt auf eine oder mehrere natürliche Personen bezieht [personenbezogenes Archivgut] endet die Schutzfrist jedoch nicht vor Ablauf von zehn Jahren nach dem Tod der betroffenen Person [...]").

benden Menschen. Dass der Begriff der natürlichen Person gemeinhin mit demjenigen der lebenden Person gleichgesetzt wird, erklärt sich aus dem besonderen Schutzzweck der Vorschriften, eine handlungsfähige Person zu adressieren. So können nach den Grundvorstellungen des Verfahrensrechts nur lebende Personen Prozesse führen. Im Datenschutzrecht kann diese Wertung im Hinblick auf die Nachwirkungen des Persönlichkeitsschutzes aber anders ausfallen. Dass der Verstorbene keine Möglichkeit der aktiven Teilnahme am Verarbeitungsprozess mehr hat, rechtfertigt es noch nicht, ihm den besonderen Persönlichkeitsschutz vorzuenthalten, den sensible personenbezogene Daten verdienen.[55]

Wiewohl das Datenschutzrecht vorrangig die lebende Person sowie deren Persönlichkeits*entfaltung* im Blick hat[56] und nach dem Tod eine Persönlichkeitsveränderung ausgeschlossen ist, löscht der Tod die bereits gereifte Persönlichkeit

---

[55] Diesen Gedanken scheint vordergründig eine Parallele zu dem Nasciturus und Geschäftsunfähigen zu stützen. Denn das, was für die Zeit vor der Geburt gilt, muss grundsätzlich in ähnlicher Weise auch für die Zeit nach dem Tod gelten: Es entspricht einer weitverbreiteten Überzeugung, dass vom Begriff der personenbezogenen Daten, gleichsam einem vorwirkenden Schutzbereich, auch solche Informationen erfasst sind, die einen Nasciturus betreffen. Die Ausweitung dieses Schutzes gründet sich vor allem auf die sich im Gefolge einer zunehmenden Verfeinerung der medizinischen Untersuchungstechniken, wie der Präimplantationsdiagnostik, verändernde Gefährdungslage (vgl. dazu das Gesetz zur Regelung der Präimplantationsdiagnostik vom 21.11.2011, das einen neuen § 3a in das Embryonenschutzgesetz einfügt).
Erst recht sind die Daten eines Geschäftsunfähigen oder eines Minderjährigen schützenswert, selbst wenn diese nicht in der Lage sind, die Verwendung ihrer Daten aktiv mitzugestalten. Die Rechtsordnung stuft diese sogar als besonders schutzwürdig ein. Insoweit kommt es nicht auf die konkrete Möglichkeit einer aktiven Mitwirkung im fraglichen Zeitpunkt an. Entscheidend für die Schutzwürdigkeit ist vielmehr, ob die Verwendung der Daten Auswirkungen auf eine (lebende) natürliche Person haben kann. So werden dann in den genannten Fällen die gesetzlichen Vertreter für berufen gehalten, die Interessen der Betroffenen wahrzunehmen. Die Tatsache, dass eine Person nicht selbst aktiv am Verarbeitungsprozess teilnehmen kann, reicht allein also nicht aus, um eine entsprechende Einschränkung des Schutzbereichs vorzunehmen, solange die Daten grundsätzlich personenbezogen und damit schutzwürdig sind und eine berechtigte Person die Interessen des Verstorbenen in dessen Namen wahrnehmen kann.
Wenn der Gesetzgeber den besonderen Schutz der Daten Minderjähriger sowie die Vorverlagerung des Schutzes für den Nasciturus gerade im Hinblick auf die Vorwirkungen einer Datenverwendung für das spätere Leben hochhält, spricht insoweit prima facie manches dafür, diese Erkenntnisse auf die neue Gefährdungslage zu übertragen, die sich durch die Verlagerung zahlreicher alltäglicher Handlungen in die digitale Welt des Internets – in gleichsam umgekehrter Richtung – stetig verändert. Allerdings lässt sich dieser Vorwirkungsgedanke auf die Daten Verstorbener nicht ohne Weiteres bruchfrei übertragen, geht es hier doch nicht um eine Fortwirkung, sondern Nachwirkung – nicht um Genese, sondern Autolyse. Beides ist wesensmäßig verschieden.

[56] Es kommt dabei jedoch in diesem Kontext nicht darauf an, ob das Allgemeine Persönlichkeitsrecht in seiner Ausprägung als Grundrecht auf Datenschutz (auch) postmortal geschützt wird, sondern ob das einfachgesetzliche Datenschutzrecht diesen Schutz selbst erfassen will.

nicht mit Rückwirkung aus. Das Persönlichkeitsbild lebt weiter und bleibt verletzbar. Die Daten Verstorbener degenerierten zum Plünderungsobjekt der Nachwelt, hätten sie nicht mehr die Rückendeckung des Datenschutzrechts. Das bliebe auch nicht ohne Auswirkung auf das Verhalten und die Persönlichkeitsentfaltung der Lebenden.[57] Denn auf die Vertraulichkeit und Integrität ihrer Daten könnten die Lebenden nicht mehr vertrauen.

Endete der Datenschutz kategorisch mit dem Tod, wäre auch rechtlich nur schwer konstruierbar, warum Personen (allgemein für möglich gehaltene) bindende testamentarische Verfügungen oder postmortale Vollmachten über den Umgang mit den eigenen Daten, insbesondere die Ausübung von Löschungsrechten, für die Zeit nach ihrem Tod treffen können.[58] Denn derartige Verfügungen auf den Todesfall setzen sachlogisch voraus, dass die auszuübenden Rechte, auf die sich die Vollmacht bezieht, nach dem Tod des Account-Inhabers fortbestehen. Soweit die persönlichkeitsbezogenen Daten weiterwirken, gilt das grundsätzlich auch für das an ihnen bestehende Recht. Verlören die betreffenden Daten vom Zeitpunkt des Todes ihren Personenbezug, wäre ein solches Fortwirken aber gerade ausgeschlossen: Mangels personenbezogener Daten gingen die entsprechenden Rechte den Weg allen Fleisches.[59]

Auch andere einfachgesetzliche Regelungen, wie § 35 Abs. 5 SGB I für die Sozialdaten eines Verstorbenen oder die Regelungen in § 22 S. 3 KunstUrhG zum Recht am eigenen Bild, verdeutlichen, dass der Gesetzgeber dem Schutz von Daten auch nach dem Tod einen Stellenwert einräumen will. Indem insbesondere § 35 Abs. 5 S. 1 SGB I die sozialrechtliche Verarbeitungsbefugnis auf Daten Verstorbener erweitert, geht die Vorschrift implizit davon aus, dass die Sozialdaten Verstorbener weiter unter das Sozialgeheimnis fallen und grundsätzlich einen besonderen Geheimhaltungsschutz genießen. So wie diese Regelungen der postmortalen Gefährdung von Daten Verstorbener in bestimmten Lebensbereichen Rechnung tragen, muss die Rechtsordnung auch in ihre datenschutzrechtlichen Wertüberlegungen einstellen, dass die fortschreitende Gefährdung personenbezogener Daten, die mit der Durchdringung des Alltags durch das Internet und den vielfältigen digitalen Angeboten einhergeht, vor den Daten eines Verstorbenen nicht haltmacht.

---

57 Dazu im Einzelnen unten IV. 2. a. bb. (1) β, S. 102.
58 Vgl. *Meents*, in: Taeger/Gabel (Fn. 46), § 6 BDSG Rn. 3; *Wedde*, in: Roßnagel (Hrsg.), Handbuch Datenschutzrecht, 2003, Kap. 4.4 Rn. 87.
59 Denkbar ist dann allenfalls ein Rekurs auf individualvertragliche Rechte im Verhältnis zwischen dem Nutzer und dem Diensteanbieter. Solche Rechte verankern die Nutzungsverträge der meisten Diensteanbieter allerdings nicht ausdrücklich. Die Wahrnehmungsberechtigten sind dann auf eine entsprechende erweiternde Auslegung der Verträge oder den *good will* der Diensteanbieter angewiesen.

Bezieht man auch die Daten eines Verstorbenen in den Kreis der personenbezogenen Daten ein,[60] ist der rechtliche Rahmen gesteckt, um einem Missbrauch des Datenbestandes nach dem Tod entgegenzuwirken. Selbst wenn die verfassungsrechtlichen Vorgaben einen solchen Schutz nicht zwingend gebieten sollten,[61] ist jedenfalls eine entsprechende Auslegung der einfachgesetzlichen Regelungen angezeigt. Das entspricht auch der Zielvorstellung der Datensparsamkeit und dem „engen Gebot der Zweckbindung",[62] von dem das Datenschutzrecht der Telemediendienste durchdrungen ist: Den Inhabern von Daten sollen die Informationen über Personen zeitlich grundsätzlich nur so lange zukommen dürfen, wie diese Vorhaltung zur Bereitstellung von Telemedien erforderlich ist (vgl. § 12 Abs. 2 TMG). Die Bestands- und Nutzungsdaten sind insbesondere zu löschen, wenn diese für das zugrunde liegende Vertragsverhältnis nicht mehr benötigt werden und keine sonstige Erlaubnisnorm einschlägig ist.[63] Mit dem Gedanken der Datensparsamkeit korrespondiert in dem Umfang ein Recht auf Vergessenwerden, das insoweit dem deutschen Datenschutzrecht bereits eingeschrieben ist.

Einer Einbeziehung von Daten Verstorbener in den datenschutzrechtlichen Schutzgegenstand widerstreitet auch die Europäische Datenschutzrichtlinie nicht.[64] Sie benennt den Schutz von Verstorbenen zwar nicht ausdrücklich. Die

---

60 Auch der BGH geht in seinem Beschluss vom 30.7.1990, NJW 1991, 568, vom Schutz des Namens und Geburtsdatums von Erblassern aus.
61 Dazu aber unten IV 2. a. bb., S. 100 ff.
62 *Spindler/Nink*, in: Spindler/Schuster (Fn. 38), § 12 TMG Rn. 7 m.w.N.; *Roßnagel*, NZV 2006, 281 (285).
63 Diese Rechte muss der Betroffene gem. § 12 Abs. 3 TMG über § 35 Abs. 2 S. 2 Nr. 1 bzw. Nr. 3 BDSG geltend machen; vgl. OLG Bamberg, MMR 2006, 481 (482); *Spindler/Nink*, in: Spindler/Schuster (Fn. 38), § 14 TMG Rn. 5. Für (kostenlose) Suchmaschinen bspw. bedeutet dies, dass eine Speicherung über den jeweiligen Suchvorgang hinaus mangels Erforderlichkeit nicht durch § 15 Abs. 1 TMG gedeckt ist, vgl. *Ott*, MMR 2009, 453. Abrechnungsdaten hingegen könnten gem. § 15 Abs. 4 TMG weiterhin verwendet werden; im Falle einer Aufbewahrungspflicht sind die Daten zu sperren, statt zu löschen. Zu geplanten, weitergehenden Löschungspflichten der Diensteanbieter siehe den Gesetzesentwurf des Bundesrates zur Änderung des Telemediengesetzes vom 3.8.2011, BT-Drucks. 17/6765, S. 1 ff.
64 Ebenso der Entwurf der Europäischen Datenschutzgrundverordnung (vom 25.2.2012, COM [2012] 11 endg.): Den Begriff „betroffene Person" beschreibt die Verordnung offen (Art. 4 Abs. 1). Sie versteht darunter jede identifizierbare natürliche Person, namentlich „eine bestimmte natürliche Person oder eine natürliche Person, die direkt oder indirekt mit Mitteln bestimmt werden kann, die der für die Verarbeitung Verantwortliche oder jede sonstige natürliche oder juristische Person nach allgemeinem Ermessen aller Voraussicht nach einsetzen würde, etwa mittels Zuordnung zu einer Kennnummer, zu Standortdaten, zu einer Online-Kennung oder zu einem oder mehreren besonderen Merkmalen, die Ausdruck ihrer physischen, physiologischen, genetischen, psychischen, wirtschaftlichen, kulturellen oder sozialen Identität sind". Unter diesen Begriff kann auch der Verstorbene fallen, muss es aber nicht. Die Verordnung lässt insoweit – ebenso wie

Mitgliedstaaten sind aber grundsätzlich nicht gehindert, den Schutzbereich auszudehnen, soweit dabei das Unionsrecht im Übrigen Beachtung findet.[65] Die datenschutzrechtlichen Bestimmungen des BDSG und des TMG versagen dem digitalen Nachlass mithin nicht seine postmortalen Schutzwirkungen, sondern gewähren einen postmortalen Schutz personenbezogener Daten.[66]

(2)   Schlussfolgerungen – Vergleichsfälle aus der „analogen Welt"

Bringt man die Daten Verstorbener unter den Begriff der personenbezogenen Daten, ist damit freilich die entscheidende Frage noch nicht beantwortet, ob die dann anwendbaren Vorschriften des Datenschutzrechts die Freigabe der Accountdaten *gegenüber den Erben* untersagen. Dafür bedürfte es einer datenschutzrechtlichen Geheimhaltungspflicht des Diensteanbieters sub specie des Binnenverhältnisses zwischen Erbe und Erblasser. Gesetzliche Antragsrechte und Löschungsansprüche Lebender, z.B. nach §§ 19, 20, 34 und 35 BDSG i.V.m. § 12 Abs. 3 TMG, reichen insoweit nicht hin. Sie beziehen sich nicht auf die Herausgabe von Zugangsinformationen gegenüber den Erben. Auch das neue Recht auf Vergessenwerden im Internet des Art. 17 der geplanten Europäischen Datenschutzgrundverordnung[67] wird diese Regelungslücke nicht füllen. Es regelt ausschließlich die Befugnis zur Datenverarbeitung im Verhältnis zwischen Nutzer und Diensteanbieter. Eine Norm aber, die den Internetnutzer datenschutzrechtlich ausdrücklich gegen den Zugriff seiner Erben auf den eigenen Account abschirmt, fehlt.

Für vergleichbare Fälle aus der analogen Welt finden sich solche Vorschriften zur Geheimhaltungspflicht gegenüber dem Erben durchaus: namentlich für die Einsichtnahme in die Krankenpapiere eines Verstorbenen[68] oder andere Privatgeheimnisse der Offline-Welt, etwa das anwaltliche und notarielle Beratungsgeheimnis (§ 43a Abs. 2 S. 1 BRAO, § 18 Abs. 1, Abs. 2 Hs. 2 BNotO) und das Archivgeheimnis (§ 5 Abs. 2 S. 1 BArchG). Die Verletzung von Privatgeheim-

---

   die Datenschutzrichtlinie – Interpretationsspielraum.
65 Vgl. EuGH, Rs. C-101/01 (Lindquist), Slg 2003, I-12992 (13027, Rn. 98 f.); *Dammann/Simitis*, EG-Datenschutzrichtlinie, 1997, Art. 2 Erl. 1; *Dammann*, in: Simitis (Fn. 46), § 3 BDSG Rn. 18.
66 So auch *Bergmann/Möhrle/Herb*, BDSG, Losebl. (Stand: Sept. 2001), § 3 Rn. 7.
67 Vgl. zu ihr Fn. 64.
68 Vgl. auch BGH, NJW 1983, 2627; BSG, NJW 1986, 3105; BAG, NJW 2010, 1222 (1222); OLG München, ZEV 2009, 40; *Bender*, Das postmortale Einsichtsrecht in Krankenunterlagen, 1998, S. 23 ff.; zur Frage, ob einem Erben entsprechende Auskunftsrechte gegenüber dem Krankenversicherer bzw. gegenüber dem früheren Arbeitgeber zustehen: LAG Berlin, RDV 1990, 266; *Gola/Schomerus*, in: dies. (Hrsg.), BDSG, 10. Aufl. 2010, § 6 BDSG Rn. 3.

nissen sanktioniert der Gesetzgeber mit dem scharfen Schwert des Strafrechts – und dies ausdrücklich auch für den Fall der Offenbarung von Geheimnissen nach dem Tod des Betroffenen: Die Verschwiegenheitspflicht besteht nach dem Normbefehl des § 203 Abs. 4 StGB für den Arzt und andere berufliche Geheimnisträger,[69] wie Steuerberater und Berufspsychologen, unverändert als Kontinuum fort.[70] Der Tod zerschneidet das persönliche Band des Vertrauens zwischen Arzt und Patient mithin nicht.

Einsicht nehmen darf der Erbe in die Krankenunterlagen nur, soweit der Verstorbene ausdrücklich eingewilligt hat bzw. mutmaßlich[71] eingewilligt hätte oder vermögensrechtliche Ansprüche im Raum stehen, z.B. Ersatzansprüche wegen Kunstfehlern.[72] Dem liegt die gesetzgeberische Vorstellung zugrunde, dass das

---

[69] Für manche Geheimhaltungspflichten bestehen strafrechtliche Sondernormen als Leges speciales, etwa nach § 355 StGB.

[70] Die Schweigepflicht von Ärzten geht bereits in die Antike zurück; der Eid des *Hippokrates* verpflichtete zum Stillschweigen über die persönlichen Angelegenheiten des Patienten. Ähnlich auch heute § 9 Abs. 1 S. 1 und 2 Deutsche Ärztinnen und Ärzte-(Muster-) Berufsordnung (MBO). Dort heißt es: „Ärztinnen und Ärzte haben über das, was ihnen in ihrer Eigenschaft als Ärztin oder Arzt anvertraut oder bekannt geworden ist – auch über den Tod der Patientin oder des Patienten hinaus – zu schweigen. Dazu gehören auch schriftliche Mitteilungen der Patientin oder des Patienten, Aufzeichnungen über Patientinnen und Patienten, Röntgenaufnahmen und sonstige Untersuchungsbefunde." Die MBO bildet die Folie für die Berufsordnungen der Landesärztekammern, die die standesrechtlichen Berufspflichten der Ärzte festschreiben. Für einen abnehmenden sachlichen Gehalt der postmortalen Schweigepflicht immerhin aber OLG Düsseldorf, NJW 1959, 823; damit (für den Fall, dass das Geheimhaltungsinteresse durch die geänderte Sachlage aufgrund des Todes überholt ist) sympathisierend auch BGHZ 91, 393 (398); dagegen aber die wohl überwiegende Meinung; vgl. *Bender* (Fn. 68), S. 303 m.w.N.

[71] Eine solche mutmaßliche Einwilligung des Erblassers als Erklärungssurrogat kommt beispielsweise in Betracht, wenn der behandelnde Arzt als Zeuge vernommen werden soll, um Zweifel an der Geschäfts- und Testierfähigkeit des Erblassers auszuräumen; BGHZ 91, 392 (399); BayObLG, NJW 1987, 1492 (1493); BayObLG, NJW-RR 1991, 1287; *Müller-Christmann*, in: BeckOK BGB (Fn. 22), § 1922 Rn. 43; *Bender* (Fn. 68), S. 319, 403 ff. Zum Schutz des postmortalen Persönlichkeitsrechts des Erblassers ist dabei entscheidend auf das soziale Interaktionsverhalten des Verstorbenen, nicht auf das Durchschnittsverhalten von Menschen abzustellen. Ob der mutmaßliche Wille den Einblick in die Krankenunterlagen überhaupt rechtfertigen kann, wird allerdings unterschiedlich beantwortet. Vgl. dazu (zustimmend) *Kuchinke*, Ärztliche Schweigepflicht, Zeugniszwang und Verpflichtung zur Auskunft nach dem Tod des Patienten, in: Gedächtnisschrift für Küchenhoff, 1987, 371 (378); (ablehnend) *Solbach*, DRiZ 1978, 204 (205); *Schönberger* (Fn. 51), S. 211 ff. (sie schlägt eine Abwägung zwischen den individuellen Belangen der Angehörigen mit dem Allgemeininteresse an der Wahrung der postmortalen Verschwiegenheit vor).

[72] Vgl. BGH, NJW 1983, 2627 (2628): Dem Einsichtnahmeanspruch, der ursprünglich dem Patienten als Nebenanspruch aus dem Behandlungsvertrag zusteht, ist insoweit ein vermögensrechtlicher Gehalt eigen. In diesem Umfang kann der Anspruch gem. § 1922 Abs. 1 BGB auf die Erben übergehen, soweit nicht sein Wesen aus besonderen Gründen einem Gläubigerwechsel entgegensteht. Vgl. auch die Anmerkungen von *Giesen*, JZ

bipolare Vertrauensverhältnis zwischen dem Geheimnisträger und dem Patienten eines besonderen Schutzes gegen das Eindringen Dritter bedarf. Denn nur auf dem Fundament der ärztlichen Schweigepflicht kann das für die Behandlung erforderliche Vertrauen zwischen Arzt und Patient gedeihen.[73] Soll der Geheimnisschutz seine Funktion sachgerecht erfüllen, bedingt das auch die Fortwirkung der Schweigepflicht über den Tod hinaus.[74]

Die Entbindung von der Schweigepflicht teilt damit die höchstpersönliche Natur des Persönlichkeitsrechts, das es schützen soll.[75] Es handelt sich um eine dem Patienten vorbehaltene Aufgabe, die als nichtvermögensrechtliches Recht nicht im normalen Erbgang auf Dritte übergeht. Daran ändert auch der Übergang des Strafantragsrechts auf die Angehörigen nach § 77 Abs. 2 i.V.m. § 205 Abs. 2 S. 2 StGB nichts.[76] Denn das Straf*antrags*recht und der Straf*grund* verfolgen unterschiedliche Ziele: Das Strafantragsrecht soll die Offenbarung eines Geheimnisses ahnden, nicht aber die Durchbrechung der Schweigepflicht ermöglichen.[77] Auch die unterschiedlichen Adressatenkreise der Normen weisen in diese Richtung: Im einen Fall sind dies die Erben, im anderen Fall die Angehörigen.

Die Einsichtnahmen in die Krankenakte und den Internet-Account liegen wertungsmäßig auf gleicher Stufe: Der Zugriff auf die geheimhaltungsbedürftigen Informationen ist in beiden Fällen jeweils nur unter Vermittlung eines Geheimnisträgers möglich. Der Arzt und der Telemediendiensteanbieter sind gleichsam „Gatekeeper". Beide Berufsgruppen kommen typischerweise mit Privatgeheimnissen ihrer Vertragspartner in Berührung und dringen tief in deren Privatsphäre ein. In beiden Fällen bedingen sich der Einblick in höchstpersönliche Daten des Erblassers und der Schutz des dem jeweiligen Dienstleister entgegengebrachten Geheimhaltungsvertrauens. Denn Letzteres ist integrale Voraussetzung für die gedeihliche Entwicklung der mit tiefen Einblicken in die Persönlichkeitssphäre verbundenen Vertragsbeziehung. Müsste der jeweilige Vertragspartner damit rechnen, dass seine Daten nach dem Tod Dritten offenbart werden, würde er manche Informationen seinem Vertragspartner womöglich nicht anvertrauen. Der Patient wie der Account-Nutzer müssen sich darauf verlassen können, dass

    1984, 279 und *Bosch*, FamRZ 1983, 109; *Schönberger* (Fn. 51), S. 208 ff.; OLG München, VersR 2009, 982; für eine einheitliche Rechtsnatur der Entbindungsbefugnis demgegenüber *Bender* (Fn. 68), S. 381; ausführlich zum Ganzen *Hess*, ZEV 2006, 479 ff.
73 Vgl. BVerfG, NJW 1972, 1123 (1124); BGH, NJW 1992, 763 (765).
74 Vgl. dazu auch *Bender* (Fn. 68), S. 303 f.
75 Vgl. dazu etwa bereits RGSt 71, 21 (22); OLG Celle, NJW 1965, 362 sowie die Nachweise bei *Bender* (Fn. 68), S. 352 mit Fn. 1 ff. u. S. 384; *Schönberger* (Fn. 51), S. 208.
76 So aber *Solbach*, DRiZ 1978, 204 f.; zur Problematik auch *Bender* (Fn. 68), S. 310 m.w.N.
77 BGH, NJW 1983, 2627 (2629); zur Wahrnehmungsberechtigung für zivilrechtliche Ansprüche bei Verletzung der ärztlichen Schweigepflicht etwa *Schönberger* (Fn. 51), S. 205 f.

ihre Vertragspartner über alle sensiblen Daten, auf die sie im Rahmen ihrer Tätigkeit Zugriff erlangen, Stillschweigen wahren, die Informationen insbesondere nicht Dritten zugänglich machen.

Einen „Schönheitsfehler" hat der Vergleich allerdings: Der Internetdiensteanbieter ist kein strafrechtlicher Geheimnisträger im Sinne des § 203 StGB. Für ihn fehlt eine dem § 203 Abs. 4 StGB entsprechende klare Regelung.[78] Spiegelbildlich dazu fehlt ihm auch ein Zeugnisverweigerungsrecht im Strafverfahren.[79] Nicht immer sind auch die in Online-Accounts hinterlegten Informationen so sensibel wie die Berichte einer Patientenakte, zum Teil sind sie umgekehrt aber sensibler. Man denke etwa an einen im Cyberspace ausgetragenen Dialog über Vererbungsstrategien oder den Online-Flirt.

Das TMG und die strafrechtlichen Schutznormen verfolgen immerhin eine ähnliche Schutzrichtung. Sie begründen beide eine Geheimhaltungsverpflichtung: Das TMG verpflichtet die Diensteanbieter namentlich in seinem § 13 Abs. 4 Nr. 3 sicherzustellen, dass die Nutzer Telemedien gegen die Kenntnisnahme Dritter geschützt in Anspruch nehmen können. Das impliziert auch die Pflicht, Dritten keinen Zugang zu dem Account zu eröffnen.[80] Dem Diensteanbieter ist es verwehrt, sich darüber aus eigener Machtvollkommenheit hinwegzusetzen. Die Pflicht zur Geheimhaltung ist insoweit eine vertragliche Hauptpflicht, die die unbefangene Inanspruchnahme der Dienstleistungen und die Vertraulichkeit der dort hinterlegten Informationen sichert.[81] Dass dieser Schutz nach dem Tod fortbesteht, sagt die Vorschrift nicht ausdrücklich.[82] Das entspricht aber ihrer ratio.

---

78   § 203 Abs. 4 StGB erfasst entsprechend dem fragmentarischen Charakter des Strafrechts allerdings nur die strafrechtliche Verantwortung des Geheimnisträgers, nicht aber dessen regelmäßig weitergehende zivilrechtliche und berufsordnungsrechtliche Pflichtenstellung. Rechtspolitisch ist die Einbeziehung des Anbieters von Telemediendiensten in die Strafnorm des § 203 StGB erwägenswert.

79   Für den Arzt und andere berufliche Geheimnisträger etabliert der Gesetzgeber ein Zeugnisverweigerungsrecht in § 53 Abs. 1 Nr. 3 StPO bzw. § 383 Abs. 1 Nr. 6 ZPO. Aufgrund der gesetzlichen Verpflichtung der Telemediendiensteanbieter nach § 13 Abs. 4 Nr. 3 TMG trifft auch diese eine gesetzliche Verpflichtung zur Geheimhaltung von Tatsachen, die ihnen kraft ihres Berufes anvertraut sind. Ihnen ist daher *im Zivilprozess* ein Zeugnisverweigerungsrecht zuzugestehen (§ 383 Abs. 1 Nr. 6 ZPO).

80   Der Telemedienanbieter gleicht dem Vermieter eines Tresors, der – je nach technischer Ausgestaltung des Dienstes – über den verwahrten Inhalt nicht unbedingt Kenntnis haben muss, aber den Schlüssel für den Zugang zum Inhalt in den Händen hält.

81   Zu einer möglichen Strafbarkeit wegen § 202a bzw. § 202c StGB siehe unten S. 116.

82   Entscheidend ist aber nicht, dass eine ausdrückliche gesetzliche Anordnung der Geheimhaltungspflicht über den Tod hinaus fehlt, sondern dass die Geheimhaltungspflicht nicht ausdrücklich aufgehoben ist. Entsprechend versteht auch die strafrechtliche Literatur die Vorschrift des § 203 StGB insoweit überwiegend als lediglich deklaratorisch, nicht aber als konstitutiv. Denn sie ist Ausdruck eines verfassungsrechtlichen Gebots postmortalen

bb)   Verfassungsrechtlicher postmortaler Persönlichkeitsschutz

Ein solcher postmortaler Schutz kann auch Ausdruck und Folge eines nachwirkenden verfassungsrechtlichen Persönlichkeitsschutzes sein: Das Grundgesetz gewährt einen postmortalen Schutz der Persönlichkeit des Verstorbenen, wenngleich das Persönlichkeits*recht* mit dem Tode erlischt.[83] Dieser erweist sich nicht als ein Aliud, sondern als ein wesensgleiches Minus zum verfassungsrechtlichen Persönlichkeitsschutz für die Lebenden.[84] Seine Grundlage findet der postmortale Schutz in dem Achtungsanspruch, der von der Menschenwürde des Art. 1 Abs. 1 GG ausgeht.

(1)   Inhalt des verfassungsrechtlichen postmortalen Persönlichkeitsschutzes

Art. 1 Abs. 1 GG umhegt zwar nur den Kernbereich der menschlichen Existenz gegen schwere Beeinträchtigungen. Sein Schutz für die Toten kann insoweit auch nicht weiter gehen als der Schutz der Lebenden. Das schließt einen verfassungsrechtlichen Schutz des die Person überdauernden Ergebnisses der lebenslangen Persönlichkeitsentfaltung und der mit ihm verbundenen Achtungserwartung vor postmortalen Verfälschungen aber nicht aus. Die als Teile der Menschenwürde geschützten Werte der Persönlichkeit überdauern als personaler Eigenwert die durch den Tod begrenzte Rechtsfähigkeit ihres Trägers.[85] Dass der

---

Persönlichkeitsschutzes. *Lenckner/Eisele*, in: Schönke/Schröder (Hrsg.), StGB, 28. Aufl. 2010, § 203 Rn. 70.

83   Vgl. etwa *Höfling*, in: Sachs (Hrsg.), GG, 5. Aufl. 2009, Art. 1 Rn. 39. Er sieht bereits bei einer auch nur drohenden Verletzung der Menschenwürde durch einen Privaten den Staat dazu verpflichtet, die Gefahr effektiv abzuwehren; einen verfassungsrechtlichen Persönlichkeitsschutz des Verstorbenen demgegenüber ablehnend etwa *Hoch*, Fortwirken zivilrechtlichen Persönlichkeitsschutzes nach dem Tode, 1975, S. 40 ff., der nur ein „Recht der Hinterbliebenen zur Wahrung des Andenkens an den Verstorbenen" (a.a.O., S. 176 ff.) anerkennen will; ähnlich *Lehmann*, Postmortaler Persönlichkeitsschutz, 1973, S. 120 ff., die – wie zahlreiche andere in der zivilrechtlichen Literatur – nur einen mittelbaren Persönlichkeitsschutz der Verstorbenen über den gleichsam verlängerten Arm der Persönlichkeitsrechte der Hinterbliebenen konstruiert (sog. *Andenkensschutzlehre*); ebenso etwa *Claus,* Postmortaler Persönlichkeitsschutz im Zeichen allgemeiner Kommerzialisierung, 2004, S. 66 ff., 96 ff.; *Schönberger* (Fn. 51), S. 45 ff.; zu Recht kritisch *Luther*, Postmortaler Persönlichkeitsschutz nichtvermögenswerter Persönlichkeitsrechte, 2009, S. 88 ff.

84   *Bender* (Fn. 68), S. 306 und 447, a.A. *Luther* (Fn. 83), S. 112.

85   Siehe nur BVerfGE 30, 173 (194). Bereits im Kontext der Frage, wem die Befugnis zur Veröffentlichung von Tagebüchern eines Verstorbenen zusteht, hat der BGH die Fortwirkung des Urheberpersönlichkeitsrechts über den Tod des ursprünglichen Rechtsträgers anerkannt, BGHZ 15, 249 (259) – Cosima Wagner; vgl. auch LG München, UFITA 20,

Verstorbene seine Rechte nicht mehr selbst verteidigen kann,[86] heißt mithin nicht, dass der Diensteanbieter den höchstpersönlichen Informationen des Verstorbenen nach dem Tod keinen Schutz mehr angedeihen lassen müsste.

(α) Postmortaler Persönlichkeitsschutz als Ausdruck der Achtung der Würde des Verstorbenen

Postmortal sind verfassungsrechtlich zweierlei Ausprägungen des Menschseins geschützt: der „allgemeine Achtungsanspruch" als autonomes Wesen mit personalem Eigenwert, der den Verstorbenen davor bewahrt, herabgewürdigt oder erniedrigt zu werden, und der „sittliche, personale und soziale Geltungswert", der durch die eigene Lebensleistung erworben wurde.[87] Mit dem Fortdauern der Menschenwürde geht also eine Verpflichtung des Staates einher, Verstorbene auch postmortal vor Ausforschung der engeren persönlichen Lebenssphäre, Erniedrigung oder Ächtung zu schützen und zu verhindern, dass sie in einer herabwürdigenden Weise verächtlich gemacht oder verspottet werden.

Um das Risiko einer Verletzung des allgemeinen Achtungsanspruchs oder personalen Geltungswerts durch Veröffentlichung entwürdigender Darstellungen – den typischen Fall postmortaler Persönlichkeitsverletzungen – geht es im Falle des digitalen Nachlasses des durchschnittlichen Internetnutzers regelmäßig nicht. Denn mit der Herausgabe der Account-Schlüssel erhält nur der engste Kreis der Angehörigen Zugang zu den sensiblen Daten und revidiert auf dieser Grundlage gegebenenfalls sein bisheriges Bild vom Verstorbenen (eventuell auch zum Positiven).

Das Lebensbild eines Menschen kann aber nicht nur durch den fortwirkenden Schutz des Lebensbildes missachtende Ehrverletzungen in Presseveröffentli-

---

230 ff. – von Witzleben; *Koebel,* NJW 1958, 936 (937); *Hubmann,* Das Persönlichkeitsrecht, 1953, S. 340 ff.; *Nipperdey,* UFITA 30, 1 (20 f.); *von Gamm,* NJW 1955, 1826.

86 Das Privatrecht tut sich mit dieser Rechtskonstruktion schwer. Denn in seiner relationalen anspruchsbasierten Schutzrichtung bedarf es zur Begründung von Rechten einer rechtsfähigen Person. Das Privatrecht vermag daher nicht zufriedenstellend zu beantworten, welchem Subjekt die aus dem postmortalen Persönlichkeitsrecht erwachsenden Rechte zugeordnet werden sollen. Vgl. zur Diskussion um „subjektlose Rechte" etwa *Claus* (Fn. 83), S. 54 ff.; *Lehmann* (Fn. 83), S. 105 ff.; *Heldrich,* Der Persönlichkeitsschutz Verstorbener, in: Festschrift für Heinrich Lange, 1970, 163 (168); *Schönberger* (Fn. 51), S. 14 f., 74 ff.; *Luther* (Fn. 83), S. 64 ff. Aufgrund der hieraus folgenden Wehrlosigkeit des Toten im Kampf der Meinungen fordert *Pabst,* NJW 2002, 999 (1004) differenzierte Kriterien für die Verletzung des Menschenwürdetatbestandes, die über den Schutz gegenüber diffamierender Schmähkritik hinausgehen.

87 Dieser Schutz ist absolut und einer Güterabwägung nicht zugänglich, da er sich aus der unantastbaren Menschenwürde ableitet; vgl. auch BVerfG, NJW 2001, 591 (594); BVerfG, NJW 2001, 2957 (2958); ferner BVerfGE 93, 266 (293).

chungen oder in der öffentlichen Meinung beeinträchtigt werden,[88] sondern auch dadurch, dass Dritte Einblick in intime Details der eigenen Persönlichkeit erhalten, die ihnen nicht zuteilwerden sollen. Zum postmortalen Persönlichkeitsschutz gehört es im Interesse eines umfassenden Persönlichkeitsschutzes im digitalen Zeitalter namentlich, dass der Einzelne auch nach seinem Tod gegen die Ausforschung seiner Persönlichkeit durch unbefugte Dritte geschützt bleibt. „Dritte" in diesem Sinne können auch Erben oder eigene Angehörige sein. Denn diese sind nicht unbedingt legitime Treuhänder der Persönlichkeitsrechte des Verstorbenen.[89] Schließlich besteht der Schutz des postmortalen Persönlichkeitsrechts nicht um der Nachfahren und ihrer Willfährigkeit, sondern um des Verstorbenen willen.[90]

(β) Postmortaler Geheimnisschutz im Interesse der Lebenden: Postmortaler Persönlichkeitsschutz als Schutz des Geheimhaltungsvertrauens der Lebenden

Ein solcher nachwirkender Persönlichkeitsschutz kann insbesondere dann verfassungsrechtlich geboten sein, wenn die *künftige, postmortale* Nutzung von Daten Ausstrahlungen auf die *heutige* Offenbarung dieser Daten hat. Sonst sehen sich die Nutzer durch das Fehlen eines dauerhaften Schutzes ihrer Daten schon zu Lebzeiten in der freien Entfaltung ihrer Persönlichkeit behindert. Wenn „die Bürger nicht mehr wissen können, wer was wann und bei welcher Gelegenheit über sie weiß"[91], hat das unmittelbar Auswirkungen auf die Persönlichkeitsentfaltung im Hier und Jetzt. Der nachwirkende Persönlichkeitsschutz entpuppt sich insoweit als Garant der vollen Persönlichkeitsentfaltung zu Lebzeiten – gleichsam als eine Vervollkommnung des lebenszeitigen Schutzes. An der Art, wie eine Rechtsordnung mit den Toten umgeht, lässt sich namentlich ablesen, wie sie es mit den Lebenden hält. Ein sachgerechter Persönlichkeitsschutz muss daher auch verfassungsrechtlich bereits auf der Stufe der *Persönlichkeitsgefährdung* der Lebenden beginnen.[92] Nur dann lässt sich den Gefahrenlagen[93] angemessen

---

88 Kritisch gegenüber einer Beschränkung des postmortalen Persönlichkeitsschutzes auf den Würdeschutz: *Herdegen,* in: Maunz/Dürig (Hrsg.), GG, 55. Lfg., Mai 2009, Art. 1 Rn. 57; *Starck* in: v. Mangoldt/Klein/Starck, GG, 5. Aufl. 2005, Art. 1 Rn. 211; *Stern,* Staatsrecht III/1, 1988, S. 1052 f.
89 Das spricht insbesondere gegen die vielfach vertretene Andenkensschutzlehre, die als Träger des postmortalen Persönlichkeitsrechts nicht die Verstorbenen, sondern deren Angehörige versteht (vgl. zu ihr bereits oben Fn. 83).
90 In diesem Sinne bereits *Hubmann,* Das Persönlichkeitsrecht, 1953, S. 245 f.; vgl. auch *Luther* (Fn. 83), S. 92.
91 BVerfGE 65, 1 (43).
92 BVerfGE 118, 168 (184 f.) – Kontostammdaten.

Rechnung tragen, die sich mit dem besonders intensiven Eindringen in die Persönlichkeitssphäre von Nutzern im Internet verbinden:[94]

Der Bedeutungszuwachs von Internetplattformen bringt es mit sich, dass personenbezogene Daten der Nutzer über ihre Accounts in bislang nie da gewesener Weise gebündelt werden und somit einen tiefen Einblick in das Online-Verhalten der Account-Inhaber gewähren. An sich wenig bedeutsame Daten können durch ihre elektronische Verknüpfung und Auswertung einen neuen sensiblen Informationsgehalt generieren, der die Persönlichkeitsstruktur eines Menschen bis in seine letzten Winkel auszuleuchten vermag. Die Profile in sozialen Netzwerken machen mitunter Bereiche der Intimsphäre zugänglich, die bislang allenfalls in einem Tagebuch offen gelegt wurden.[95] Hinzu treten die bestechende Leichtigkeit, mit der die personenbezogenen Daten im Internet generiert werden, und der Detaillierungsgrad, den die Nutzerinformationen erreichen können, sowie die in Zeit und Raum entgrenzte Öffentlichkeit, die sie herstellen können.

Soweit Kommunikationsvorgänge zwischen Personen betroffen sind, kann der Persönlichkeitsschutz in der digitalen Kommunikation bei konsequenter Fortschreibung der Rechtsprechung des BVerfG Ausfluss einer verfassungsrechtlichen Schutzpflicht aus Art. 10 Abs. 1 GG sein. Das Telekommunikationsgeheimnis hat zwar einen zeitlich begrenzten Schutzradius. Es erstreckt seinen Schutz nur auf Telekommunikationsvorgänge, nicht aber auf nach Abschluss des Übertragungsvorgangs im Herrschaftsbereich eines Kommunikationsteilnehmers gespeicherte Inhalte und Umstände der Kommunikation. Darin spiegelt sich der spezifische Schutzzweck des Art. 10 Abs. 1 GG: Er soll die Vertraulichkeit einer drittvermittelten Kommunikation (unabhängig vom jeweiligen Inhalt und von der verwendeten Form der unkörperlichen Nachrichtenübermittlung) vor staatlichem Zugriff schützen. Seine Gewährleistung der „Privatheit auf Distanz" will

---

93 Siehe dazu ausführlich *Trute*, JZ 1998, 822 (823) m.w.N.; *Roßnagel*, ZRP 1997, 26 (27 f.).

94 Dieses erhebliche Schutzbedürfnis wird nicht zuletzt an der Entscheidung des BVerfG zu Online-Durchsuchungen vom 27.2.2008 sichtbar: Die Allgegenwärtigkeit informationstechnischer Systeme und die zentrale Bedeutung ihrer Nutzung für die private Lebensgestaltung nahezu aller Bürger bringen eine neue Bedrohungslage mit sich, welche die anderen Grundrechte und bisherigen Ausprägungen des Allgemeinen Persönlichkeitsrechts nicht in ausreichendem Maße zu erfassen vermögen. Unter Rückgriff auf diesen Grundgedanken ist das Grundrecht auf Gewährleistung der Vertraulichkeit und Integrität informationstechnischer Systeme als weitere Ausprägung des Allgemeinen Persönlichkeitsrechts aus Art. 2 Abs. 1 i.V.m. Art. 1 Abs. 1 GG entstanden (BVerfGE 120, 274 [302 ff.]; *Hoffmann-Riem*, JZ 2008, 1009 ff.; vgl. zum Ganzen auch *Roggan* [Hrsg.], Online-Durchsuchungen, 2008); zur Kritik vgl. bei *Britz*, DÖV 2008, 411 (412); *Kühling/Seidel/Sividris* (Fn. 45), S. 69.

95 Anders als dort sind sie aber (regelmäßig bewusst) in einer über den Tod hinauswirkenden Weise durch eine Zugangssperre digital gegen den unbefugten Zugriff Dritter gesichert. Vgl. zu den Unterschieden auch unten S. 107.

die Teilnehmer des Austauschvorganges so stellen, wie sie ohne Inanspruchnahme der Telekommunikationstechnologie, also bei unmittelbarer Kommunikation in beiderseitiger Gegenwart, stünden.[96] Wenn die Daten den Herrschaftsbereich des zur Nachrichtenübertragung eingeschalteten Dritten in einer Weise verlassen haben, die dem Empfänger das Löschen der Kommunikationsinhalte und -verkehrsdaten am eigenen Rechner ermöglicht, endet dieser Schutz daher.[97] Kommunikationsvorgänge eines E-Mail-Accounts stehen aber, auch wenn sie als solche abgeschlossen sind,[98] umgekehrt so lange unter dem Schutz des Art. 10 Abs. 1 GG, wie die Nachrichten noch beim Provider gespeichert sind. Für die Daten eines IMAP-E-Mail-Accounts hat das BVerfG das ausdrücklich entschieden.[99] Denkt man die Rechtsprechung des BVerfG zu IMAP-E-Mail-Accounts konsequent weiter, geht mit ihr eine Perpetuierung des Schutzes von Kommunikationsvorgängen einher. Nicht nur bei diesen, sondern auch bei der Nachrichtenzustellung über den Vermittlungskanal sozialer Netzwerke, wie z.B. *Facebook* oder *Xing*, verbleiben die sensiblen Informationen grundsätzlich weiter im Herrschaftsbereich des Providers. Solange besteht dann auch die spezifische Gefährdungslage, vor der Art. 10 Abs. 1 GG schützen soll: der technisch bedingte Mangel an Beherrschbarkeit und die Gefahr, dass Dritte Einblick in Kommunikationsvorgänge nehmen, die unter Einschaltung eines Kommunikationsmittlers stattgefunden haben. Erfasst ist dann vom Schutz des Art. 10 Abs. 1 GG nicht nur die unmittelbare Signalübertragung, für die das Telekommunikationsgeheimnis ursprünglich konzipiert war,[100] sondern auch der ruhende Kommunikationsvorgang.

96 BVerfGE 100, 313 (366); BVerfG, MMR 2006, 217 (220). Die technikspezifischen Risiken der unbemerkten Kenntnisnahme der Inhalte oder der näheren Umstände eines Telekommunikationsvorgangs sollen dadurch ausgeglichen werden. Den Diensteanbietern ist es daher zu diesem Zweck untersagt, sich oder anderen über das erforderliche Maß hinaus Kenntnis vom Inhalt oder den näheren Umständen der Telekommunikation zu verschaffen.
97 BVerfG, MMR 2006, 217 ff.; BVerfG, MMR 2009, 673 (674 f.); *Eckhardt*, DuD 2006, 365 ff.; *Hanebeck/Neunhoeffer*, K&R 2006, 112 (113 f.)
98 Art. 10 Abs. 1 GG schützt die Übertragung von Daten zwischen Computern über Standleitungen genauso wie z.B. den E-Mail-Verkehr, unabhängig davon, ob die Übertragung „in Echtzeit" erfolgt oder ob die Informationen auf Servern zwischengespeichert werden. Vgl. zu § 88 TKG bereits oben S. 89.
99 BVerfG MMR 2009, 673 (674 f.). Dazu auch *Gaede*, StV 2009, 96 ff.; *Härting*, CR 2009, 581 (582 f.); *Klein*, NJW 2009, 2996 ff.
100 Insofern unterscheidet sich das einfachrechtliche Fernmeldegeheimnis bei dieser Sichtweise von dem verfassungsrechtlichen. Statische Prozesse des Speicherns von Nachrichten auf dem Account erfasst jenes nicht, sondern es knüpft an Telekommunikationsvorgänge an und adressiert ausschließlich Telekommunikationsanbieter. Unter einem Telekommunikationsvorgang versteht das TKG dabei den technischen Vorgang des Aussendens, Übermittelns und Empfangens von Signalen mittels Telekommunikationsanlagen (§ 3 Nr. 22 TKG).

Dieser Ausweitung des Schutzbereichs ist grundrechtsdogmatische Sensibilität eigen.[101] Denn die sich in der Kommunikation manifestierende Persönlichkeitsentfaltung mittels Telekommunikationsanlagen verlässt dann ihren ursprünglichen Schutzkern der Integritätsgewährleistung für laufende Telekommunikationsvorgänge. Sie ist aber konsequent. Sie setzt den Art. 10 Abs. 1 GG innewohnenden Auftrag des Schutzes drittvermittelter Privatheit konsequent auf neue Kommunikationsmedien und ihre Gefährdungslagen um. Noch auf Servern des Diensteanbieters gespeicherte individuelle Kommunikationsvorgänge zwischen Personen bewegen sich nämlich in einer von keinem der Kommunikationsteilnehmer beherrschbaren Sphäre. So kann der Diensteanbieter während der Speicherung der Daten auf eigenen Servern unbemerkt auf die Kommunikationsvorgänge zugreifen. Dass kein laufender Telekommunikationsvorgang mehr stattfindet und der Nutzer Nachrichten schon zur Kenntnis genommen hat, ändert daran nichts. In der Sphäre Dritter gespeicherte Kommunikationsvorgänge berühren damit das Telekommunikationsgeheimnis als Ausformung des besonderen würdegeprägten Persönlichkeitsschutzes.

Art. 10 Abs. 1 GG ist zwar ferner an den Staat, nicht aber unmittelbar an Private gerichtet. Für ihre Tätigkeiten wird aber eine Schutzpflicht des Staates wirksam. Denn betroffen ist dann der Schutzgehalt der unkörperlichen Übermittlung von Informationen an individuelle Empfänger mithilfe des Telekommunikationsverkehrs.[102]

Ergänzend erfasst auch Art. 2 Abs. 1 i.V.m. Art. 1 Abs. 1 GG mit seinem Allgemeinen Persönlichkeitsrecht, insbesondere dem Grundrecht auf Gewährleistung der Vertraulichkeit und Integrität informationstechnischer Systeme,[103] diese Formen der Persönlichkeitsentfaltung grundrechtlich. Gemeinsam formieren sie das postmortale Persönlichkeitsrecht.

So wie das Bundesverfassungsgericht schon in seinem Volkszählungsurteil den sachlichen Schutzbereich des Rechts auf informationelle Selbstbestimmung bewusst weit fasste und konstatierte, dass es im Informationszeitalter kein an sich „belangloses" Datum mehr geben könne,[104] muss dies auch in *zeitlicher* Hinsicht gelten, soll den realen Gefährdungen der Persönlichkeit im Cyberspace hinreichend begegnet werden: Es genügt den Anforderungen im digitalen Zeitalter dann nicht mehr, die schier unendlichen Mengen an personenbezogenen Daten nur zu Lebzeiten der betroffenen Person umfassend zu schützen. Fehlende Transparenz und dem Nutzer in ihrer Reichweite unbekannt bleibende Risiken

---

101 Kritisch etwa *Krüger*, MMR 2009, 680 (682).
102 BVerfGE 67, 157 (172); 106, 28 (35 f.).
103 BVerfGE, 120, 274 ff., kritisch zu dessen Mehrwert etwa *Gurlit*, NJW 2010, 1035 (1037) m.w.N.
104 BVerfGE 65, 1 (43); *Kühling/Seidel/Sividris* (Fn. 45), S. 52 bezeichnen diese Entscheidung im „Lochkarten-Zeitalter" zu Recht als „visionär".

– wie die Möglichkeit einer umfangreichen Profilbildung, die Unvergänglichkeit online verbreiteter Informationen und die Leichtigkeit der Offenbarung geheim geglaubter sensibler Informationen wider Willen – können sich sonst erheblich auf das Kommunikationsverhalten der Menschen und auf die Hinterlegung von Daten für die Zukunft auswirken. Diese Auswirkungen bereits heute zu berücksichtigen, ist ein Gebot vorsorgenden bzw. nachwirkenden Grundrechtsschutzes. Denn nur demjenigen, der auf den Schutz der Integrität seiner sensiblen digitalen Daten durch die Hinterbliebenen vertrauen kann, eröffnet sich zu Lebzeiten die volle digitale Handlungsfreiheit.[105]

So verlieh denn auch der BGH in seiner *Mephisto*-Entscheidung seiner Überzeugung Ausdruck, dass „die Menschenwürde und [die] *freie Entfaltung zu Lebzeiten* nur dann zureichend gewährleistet sind, wenn der Mensch auf einen Schutz seines Lebensbildes *wenigstens* gegen grobe ehrverletzende Entstellungen nach dem Tode vertrauen und in dieser Erwartung leben kann".[106] Darin offenbart sich ein Grundgedanke, der für die Bewältigung des postmortalen Datenschutzes von herausragender Bedeutung ist. Es ist die Erkenntnis, dass sich der Mensch bei all seinem Handeln auch und gerade von zukünftigen Entwicklungen und den auf die Zeit nach dem eigenen Tod projizierten Erwartungen an die Rechtsordnung leiten lässt. Die sittliche Autonomie des Lebenden wäre gefährdet, wenn er befürchten müsste, dass seine Lebensleistung nach seinem Tod verzerrt oder seine Intim- oder Privatsphäre beliebig durchleuchtet werden dürfte und damit dem Zugriff Dritter ungeschützt ausgesetzt wäre.[107] Postmortaler Persönlichkeitsschutz ist insoweit insbesondere Vertrauensschutz für die Lebenden, namentlich Teil einer objektivrechtlichen[108] staatlichen Schutzpflicht, (auch nichtvermögensrechtliche[109]) ausdrückliche oder durch entsprechende Sicherungen zum Ausdruck gebrachte Verhaltenserwartungen an den Umgang mit Ge-

---

105 In diesem Sinne etwa auch *Schack,* JZ 1989, 609 (614); *Schönberger* (Fn. 51), S. 84 ff.
106 BGHZ 50, 133 (139) – Mephisto; Hervorhebungen des Verf.; zustimmend etwa *Schack*, JZ 1989, 609 (610); dogmatisch skeptisch bzw. ablehnend zu diesem Gedanken BVerfGE 30, 173 (194) – Mephisto; *Claus* (Fn. 83), S. 97 f.; mit Blick auf das zivilrechtliche postmortale Persönlichkeitsschutz: *Luther* (Fn. 83), S. 102 (anders aber *ders.*, a.a.O., S. 118 ff. im Hinblick auf eine staatliche Schutzpflicht).
107 In diesem Sinne etwa auch *Luther* (Fn. 83), S. 118; *Maurer*, DÖV 1983, 7 (9); *Hager*, JURA 2000, 186 (190).
108 Die Konstruktionsprobleme eines subjektlosen Rechts, die die zivilrechtliche Diskussion prägen und ihr Kopfzerbrechen bereiten (vgl. insbesondere Fn. 86), stellen sich insoweit bei diesem Verständnis nicht in gleichem Maße. In diesem Sinne auch für eine öffentlichrechtliche Ausgestaltung und Normierung des postmortalen Persönlichkeitsschutzes plädierend *Luther* (Fn. 83), S. 147 ff.
109 Für vermögensrechtliche Positionen ergibt sich die Pflicht der Rechtsordnung zur Beachtung der letztwilligen Verfügungen aus der durch Art. 14 Abs. 1 GG garantierten Testierfreiheit. Vgl. *Gleichauf*, Das postmortale Persönlichkeitsrecht im internationalen Privatrecht, 1999, S. 99 f.; *Schönberger* (Fn. 51), S. 76 f.

heimnissen zu respektieren, die das Individuum als Ausfluss seiner personalen Selbstbestimmung für die Zeit nach seinem Tod gehegt hat.

Ähnlich ist auch das Prinzip der postmortalen Geheimhaltungspflicht beruflicher Geheimnisträger in seiner Schutzrichtung konstruiert: Die erforderliche Vertrauensbasis zwischen Arzt und Patient, Rechtsanwalt und Klient oder Berufspsychologen und zu Beratendem kann nicht entstehen, wenn der schutzbedürftige Vertragspartner nicht auch für die Zeit nach dem Tod auf die Verschwiegenheit des Geheimnisträgers zählen kann.[110]

(2) Funktionen und Spezifika des verfassungsrechtlichen postmortalen Persönlichkeitsschutzes im digitalen Zeitalter

Werden vertrauliche Informationen nach dem Tod denjenigen zugespielt, denen der Erblasser sie zu Lebzeiten immer vorenthalten wollte, kann gerade davon der (in der angloamerikanischen Rechtsprechung als „*chilling effect*" bezeichnete) Einschüchterungseffekt ausgehen, vor dem das Telekommunikationsgeheimnis und das informationelle Selbstbestimmungsrecht schützen sollen.[111] Sie wollen gegen die Weitergabe und fremde Kenntnisnahme von Informationen schützen, die der Urheber der Nachricht Dritten nicht zugänglich machen möchte. Das gilt nicht nur für vertrauliche Nachrichten des Verstorbenen an Dritte, sondern auch für die Offenbarung vertraulicher Nachrichten, die der Verstorbene von noch lebenden Dritten, z.B. seiner Geliebten, im Vertrauen auf die Geheimhaltung des Inhalts der Nachricht über den Kanal eines sozialen Netzwerks erhalten hat. Die Herausgabe der Account-Informationen des Verstorbenen und die damit verbundene Offenbarung der Nachrichten lebender Dritter kann auch deren Persönlichkeitsrechte, insbesondere deren besondere Ausformung in Art. 10 Abs. 1 GG,[112] verletzen.

Warum dem Internet-Account im Verhältnis zum papierenen Tagebuch insoweit ein gesteigerter Schutz zukommen soll, leuchtet auf den ersten Blick nicht ohne Weiteres ein. Denn das Tagebuch unterfällt nach überkommener Auffassung immerhin dem normalen Erbgang und steht grundsätzlich dem Zugriff der Erben offen.[113] Zwischen beiden Formen der Entfaltung von Höchstpersönlich-

---

110 *Bender* (Fn. 68), S. 301.
111 BVerfGE 115, 166 (188).
112 Das gilt nach Einschätzung des BVerfG jedenfalls dann, wenn die E-Mail-Nachrichten auf dem Server des Telemedienanbieters noch zwischengespeichert sind. Vgl. Fn. 99.
113 Vgl. dazu etwa BGH, GRUR 1955, 201 (203) – Cosima Wagner; zur Verwertung von Tagebuchaufzeichnungen im Strafverfahren BVerfGE 80, 367 ff.; LG Koblenz, NJW 2012, 2227; *Claus* (Fn. 83), S. 98; siehe aber auch zur Unzulässigkeit der Veröffentlichung eines nicht freigegebenen Briefes BGHZ 13, 334 ff. – Leserbrief.

keit lassen sich aber reale Unterschiede von rechtlicher Relevanz festmachen: Nicht nur wird ein Papiertagebuch nur selten so umfassend geführt, dass ein ähnlich präzises Persönlichkeitsprofil und eine derart detaillierte Chronik wie diejenige gezeichnet werden können, die Online-Accounts – insbesondere in ihrer Zusammenschau – hervorzubringen vermögen. Vor allem ist ein Tagebuch – anders als ein Internet-Account – schon zu Lebzeiten gegen die bewusste oder unbewusste Kenntnisnahme durch Dritte nur soweit geschützt, wie es dem räumlichen Einwirkungsbereich Dritter entzogen ist. Für den Online-Account besteht dieser Schutz bei ordnungsgemäßer Verwahrung der Zugangsdaten aufgrund seiner Passwortsicherung uneingeschränkt. Sein Wissensschatz ist nur durch Einbeziehung eines Geheimhaltungsverpflichteten hebbar. Wer einen Internet-Account nutzt, kann davon ausgehen, dass außer ihm und dem Diensteanbieter niemandem Zugriff auf die Daten möglich ist. Die Besonderheit des passwortgesicherten Teils des digitalen Nachlasses liegt somit darin begründet, dass nach dem Tod Informationen von außergewöhnlichem Umfang, großer Detailliertheit und Informationsdichte sowie höchster Sensibilität bekannt werden können, die nie für andere Augen bestimmt waren, vielmehr durch Zugangshürden hiergegen gesichert wurden.

Auch wer seine digitale Identität bewusst in der Öffentlichkeit und für die digitale Ewigkeit auslebt, will die Verfügungsgewalt über seinen digitalen Schattenriss regelmäßig nicht ohne Weiteres unbegrenzt Dritten anvertrauen. Vielmehr vertraut er grundsätzlich darauf und darf darauf vertrauen, dass der volle Zugriff auf seine Daten mithilfe des digitalen Schlüssels nur ihm und dem Diensteanbieter, nicht aber Dritten, sei es auch den Angehörigen, offen steht. Dies durch entsprechende Schutzvorkehrungen sicherzustellen, verbürgt § 13 Abs. 4 Nr. 3 TMG den Nutzern der entsprechenden Telemediendienste auch ausdrücklich. Jeder, der Diensteanbietern Informationen über sich zur Verfügung stellt, tut dies dann grundsätzlich auf der Grundlage des Vertrauens, dass die Zugangsinformationen nur demjenigen zukommen, dem er diese bewusst verschafft hat. Vertrauliche Mitteilungen, für die die Accounts gedacht sind, würde der Nutzer sonst dort im Zweifel nicht hinterlegen. Zu diesem Zweck sind die digitalen Schlüssel gegen den Zugriff Dritter angelegt und gesetzlich vorgesehen. Entsprechend ist der Nutzer mit der Weitergabe seiner Zugangsdaten grundsätzlich so lange nicht einverstanden, wie er diese nicht ausdrücklich Dritten mitgeteilt hat. Er muss mit einer solchen Weitergabe auch nicht rechnen.

(3) Schlussfolgerungen

Die Kunden sind das Kapital der Diensteanbieter. Dessen Grundstock ist das Vertrauen in die Geheimhaltung. Dieses unausgesprochene Vertrauen als Geschäftsgrundlage des Vertrages würde zerstört, gäben die Diensteanbieter den Zugang zu dem Account *posthum* frei.

Das postmortale Persönlichkeitsrecht verleiht diesem Geheimhaltungsvertrauen seinen normativen Flankenschutz. An ihm findet das Auskunfts- und Nutzungsinteresse der Hinterbliebenen seine Grenze. Der Nutzer ist gegen die Weitergabe seiner Zugangsdaten daher nicht erst dann geschützt, wenn er das ausdrücklich durch letztwillige Verfügung bestimmt hat. Es verhält sich vielmehr umgekehrt: Er ist so lange geschützt, wie er nicht ausdrücklich oder stillschweigend gegenüber dem Diensteanbieter oder Dritten die Freigabe verfügt. Sonst würde die Freiheitsvermutung zugunsten des Persönlichkeitsschutzes der Lebenden in ihr Gegenteil verkehrt. Denn dieser verbürgt dem Nutzer gerade, selbst zu bestimmen, ob und innerhalb welcher Grenzen er sensible Lebenssachverhalte einem Dritten offenbart. Die entsprechende Geheimhaltungsverpflichtung des Telemediendiensteanbieters endet daher – ähnlich wie bei dem beruflichen Geheimnisträger – nicht einfach mit dem Tod. Die Rechte auf Geheimhaltung seiner Nutzeraccount-Daten bestehen vielmehr fort.[114] Sie verwandeln sich mit dem Tod in ein Recht auf Respektierung des Persönlichkeitsbildes des Verstorbenen, das sich in einem Verbot der Weitergabe von Account-Zugangsdaten äußert.

Die als Abwehrrechte des Einzelnen gegenüber dem Staat konzipierten Grundrechte, namentlich das Allgemeine Persönlichkeitsrecht und der Achtungsanspruch der Menschenwürde, wirken insoweit als Teil der staatlichen Schutzpflicht auch mittelbar in die Auslegung vertraglicher Rechtsbeziehungen hinein. Sie schützen nicht nur vor direkten staatlichen Eingriffen, sondern strahlen auf die Auslegung und Anwendung einfachgesetzlicher Vorschriften aus.[115]

Entsprechend darf der Diensteanbieter sich auch nicht in Allgemeinen Geschäftsbedingungen das Recht vorbehalten, Erben den Zugriff auf den Account

---

114 Davon zu trennen ist die Frage, wer diese Rechte im Falle der Verletzung durch den Diensteanbieter geltend machen kann. Da der Inhaber des Rechts nicht mehr zur Ausübung in der Lage ist, droht das Recht als „inhaberloses Recht" verteidigungslos zu bleiben. Denkbar ist es, das Wahrnehmungsrecht in Analogie zu den Vorschriften des § 22 S. 3 KunstUrhG und des § 205 Abs. 2 S. 3 StGB den Angehörigen des Verstorbenen als treuhänderisches Recht anzuvertrauen (in diesem Sinne für das Recht auf Einsichtnahme in Krankenunterlagen etwa *Bender* [Fn. 68], S. 386 ff.). Allerdings fällt seine Verteidigung dann in die Hände derjenigen, gegen deren Neugierde das Geheimhaltungsrecht gerade vorrangig schützen soll. Sachgerechter erscheint es daher, Verstöße gegen die Geheimhaltungspflicht den jeweiligen Aufsichtsbehörden der Diensteanbieter als Kontrollbefugnis anzuvertrauen. Zur Wahrnehmungsbefugnis für die datenschutzrechtlichen Rechte im Hinblick auf öffentlich einsehbare Daten des Verstorbenen vgl. unten IV. 2. b., S. 112.
115 Sie beeinflussen damit auch die Auslegung des Allgemeinen Persönlichkeitsrechts als eines sonstigen Rechts i.S.d. § 823 Abs. 1 BGB; vgl. BGHZ 13, 334 – Leserbriefe; BGHZ 24, 200 – Spätheimkehrer; BGHZ 26, 349 – Herrenreiter; BGHZ 30, 7 – Caterina Valente; BGHZ 31, 308 – Burschenschaft.

zu eröffnen. Denn darin läge eine unzulässige Abweichung vom gesetzlichen Grundmodell (§ 307 Abs. 1, 2 Nr. 1 BGB). Der Anbieter darf den Erben vielmehr nur dann den Zugriff eröffnen, wenn der Erblasser dem ausdrücklich zugestimmt hat oder mutmaßlich erkennbar zugestimmt hätte.

cc) Auflösung der Gemengelage zwischen vermögensrechtlichen und nichtvermögensrechtlichen Positionen eines digitalen Nachlasses

Der digitale Nachlass ist keine uniforme Masse. Er hat vielfältige Facetten und Bestandteile. Zu ihm gehören nicht nur höchstpersönliche Daten, die dem Zugriff der Erben grundsätzlich nicht zugänglich sein sollen. Vielmehr umfasst er auch vermögensrechtliche Positionen, nicht zuletzt vermögensrechtliche Bestandteile des Persönlichkeitsrechts,[116] Immaterialgüterrechte, beispielsweise das Urheberrecht an digital gespeicherten Bildern, die nicht dem Bereich höchstpersönlichen Schutzes unterfallen – schließlich auch geschäftliche Nachrichten, womöglich Geschäftsgeheimnisse, die in die Verfügungsgewalt des Arbeitgebers gehören. Diese können ein unterschiedliches rechtliches Schicksal fristen.

Sie sind aber in dem Nutzer-Account regelmäßig an einem Ort miteinander verwoben. Aus dem multifunktionellen Nebeneinander folgt eine Gemengelage:

---

116 In der Persönlichkeit kann ein bedeutender wirtschaftlicher Wert stecken. Deutlich wird das etwa an der Vermarktung des Lebens und Todes prominenter Persönlichkeiten, wie etwa *Lady Diana, Uwe Barschel* oder *Marlene Dietrich* etc. Nach Auffassung der zivilrechtlichen Rechtsprechung steht dem persönlichkeitsrechtlichen Abwehranspruch unabhängig vom verfassungsrechtlichen Schutzumfang auch ein vermögensrechtlicher Anspruch zur Seite (vgl. BGHZ 143, 214 [218]; BGH, NJW 2000, 2201; BGH, Urt. v. 31.5.2012, I ZR 234/10 – Gunter Sachs; dazu *Beuthien*, NJW 2003, 1220; *Claus* [Fn. 83], S. 23 ff.; *Frommeier*, JuS 2002, 13 [16]; *Götting*, NJW 2001, 585; *ders.*, GRUR 2004, 801; *Gregoritza*, Die Kommerzialisierung von Persönlichkeitsrechten Verstorbener, 2003, S. 108 f.; *Klingelhöffer*, ZEV 2000, 327; *ders.* ZEV 2002, 75; *T. Müller*, GRUR 2003, 31; *Ullmann*, WRP 2000, 1049 [1053]; *Wortmann*, Die Vererblichkeit vermögensrechtlicher Bestandteile des Persönlichkeitsrechts, 2005, S. 293 ff. – *Schack*, JZ 2000, 1060 [1061] dagegen lehnt die Vererbbarkeit vermögensrechtlicher Bestandteile ab). Die Verfassung steht einer solchen Ausweitung des einfachgesetzlichen Schutzes auf vermögensrechtliche Positionen keineswegs entgegen (vgl. BVerfG, NJW 2006, 3409). Im Gegenteil entspricht er durchaus dem Anliegen des Persönlichkeitsschutzes: Er ermöglicht den Erben als Inhabern der vermögenswerten Bestandteile des Persönlichkeitsrechts, gegen eine Beeinträchtigung des Lebensbildes des Verstorbenen durch eine unbefugte Nutzung vorzugehen. Er trägt auch dem Umstand Rechnung, dass die Vielfalt, das Ausmaß und die Intensität der Vermarktung der Persönlichkeit durch die verbesserten technischen Mittel und die wachsende Bedeutung der Medien zugenommen haben. Bei der Geltendmachung der vermögensrechtlichen Aspekte des Persönlichkeitsschutzes sind die Erben aber an den mutmaßlichen Willen des verstorbenen Trägers des Persönlichkeitsrechts gebunden; vgl. dazu z.B. *Ahrens*, ZEV 2006, 237 (238).

Die *personenbezogenen* Elemente stehen dem Zugriff der Erben nicht offen, sehr wohl aber der *vermögensrechtliche* Teil. Um diesen geltend machen zu können, muss der Erbe freilich auf den Account zugreifen können. Sonst wird das Erbrecht am vermögensrechtlichen Teil zur leeren Hülle.

Zur Auflösung dieses Dilemmas mag es prima vista angängig erscheinen, an den Adressaten der Nachricht sowie die Schutzrichtung der Geheimhaltungspflicht anzuknüpfen, also zwischen überwiegend geschäftlichen sowie privaten Accounts zu unterscheiden. Bei Ersteren gingen dann die Rechte auf die Erben des Verstorbenen (vorbehaltlich der Rechte Dritter) über; bei Letzteren nicht.[117] Eine Stütze findet diese Differenzierung in der Struktur der jeweils zugrunde liegenden Vertrauensbeziehung: In dem einen Fall ist sie tendenziell weniger, in dem anderen Fall in besonderer Weise auf die Geheimhaltung höchstpersönlicher sensibler Daten richtet.

Ein solches Entscheidungsraster erweist sich jedoch regelmäßig als zu grobmaschig: Soll der Erbe keinen Zugriff auf die höchstpersönlichen Informationen erhalten, dann muss das grundsätzlich für alle Daten aus dem Kernbereich höchstpersönlicher Lebensgestaltung gelten. E-Mail-Accounts werden heute regelmäßig gemischt genutzt.[118] Und auch das *eine* Geständnis eines Ehebruchs im überwiegend geschäftlichen Account kann ein Lebensbild verändern.

Bei solchen gemischten Nutzungen sollte – entsprechend dem Grundgedanken des § 100a Abs. 4 S. 2 StPO – unmittelbar nach der Art des betroffenen Gegenstandes, also der Art der betroffenen Tatsache, unterschieden werden. Zu trennen ist danach zwischen ganz oder überwiegend die Vermögenssphäre betreffenden und ganz oder überwiegend höchstpersönliche Sachverhalte betreffenden Daten und Nachrichten.[119]

Auch hier bleiben Grenzfälle multifunktioneller Verwendungszusammenhänge, die nicht bruchfrei voneinander scheidbar sind, sondern einer Ermessensentscheidung bedürfen. Das Dilemma lässt sich daher wohl – ähnlich wie im Falle der Einsichtnahme in die Krankenunterlagen, bei der die Entscheidung in die Hände des Arztes gelegt ist[120] – nicht anders auflösen als durch die treuhänderi-

---

117 In diese Richtung *Hoeren*, NJW 2005, 2113 (2114).
118 Der Arbeitgeber darf allerdings die private Nutzung von E-Mail-Accounts verbieten. Vgl. dazu und zu den Rechtsfolgen § 11 Abs. 1 Nr. 1 TMG; *Fülbier/Splittgerber*, NJW 2012, 1995 (1995); kritisch *Holzner*, ZPR 2011, 12 (13), der ein absolutes Verbot der Privatnutzung von geschäftlichen E-Mail-Accounts für kaum noch begründbar hält.
119 Vgl. zum lebzeitigen Zugriffsrecht des Arbeitgebers auf den (zulässigerweise) auch privat genutzten dienstlichen Account, insbesondere zur Eigenschaft des Arbeitgebers als Diensteanbieter i.S.d. § 3 Nr. 6 TMG: LAG Berlin-Brandenburg, NZA-RR 2011, 342; *Fülbier/Splittgerber* (Fn. 118), 1996 ff.
120 Der BGH gesteht dem Arzt dabei einen nicht justiziablen Spielraum zu. Der in Anspruch genommene Arzt sei „gewissermaßen selbst die letzte Instanz" BGH, JZ 1984, 279 (284 f.). Zu Recht kritisch mit Blick auf die Gefahr, dass der „Gott in Weiß" sich ange-

sche Einschaltung eines neutralen Dritten, sei es eines Testamentsvollstreckers, sei es des Diensteanbieters. Der digitale Nachlass mag für den Nutzer technisch unteilbar erscheinen, für den Diensteanbieter ist er es aber nicht zwingend. Dieser verfügt über die technischen Möglichkeiten einer Trennung und sollte (subsidiär, falls kein anderer unbefangener digitaler Totengräber bestellt ist oder in Betracht kommt) der Pflicht unterliegen, den Erben Zugang (nur) zu den vermögensrechtlichen Teilen des digitalen Nachlasses zu verschaffen. Er muss Vermögensrechtliches und Höchstpersönliches des Accounts sezieren. Bei der Entscheidung hat er den tatsächlichen bzw. mutmaßlichen[121] Willen des Erblassers umzusetzen. Das wird den Account-Betreibern einigen Aufwand abverlangen[122] (den diese in ihr Geschäftsmodell einpreisen [müssen]) und zugleich bei der Vielzahl sowie Mischstruktur der in vielen Accounts versammelten Nachrichten nicht ohne eine Toleranzschwelle der Pauschalierung zumutbar und realisierbar sein.

b) Öffentlich verfügbare Internetinformationen über den Verstorbenen, z.B. eines Internet-Blogs oder einer Website, und Wahrnehmung darauf bezogener datenschutzrechtlicher Rechte nach dem Tod

Wiewohl der Diensteanbieter den Erben nicht den vollständigen Zugriff auf den Account des Verstorbenen eröffnen darf, muss für die im Internet verfügbaren, für jedermann einsehbaren (Profil-)Daten des Verstorbenen, wie etwa Internet-Blogs oder persönliche Homepages, nicht das Gleiche gelten. Denn ihnen kommt aufgrund der bereits durch den Erblasser veranlassten Veröffentlichung kein besonderer Geheimhaltungsschutz zu.

---

sichts häufiger eigener Interessenkollisionen zum Richter in eigener Angelegenheit aufschwingt, *Bender* (Fn. 68), S. 390 ff., 414 ff.

121 Vgl. auch die ähnliche, wenngleich ethisch weitaus brisantere Wertung des Gesetzgebers in § 4 Abs. 1 S. 4 TPG.

122 Reduzieren können die Betreiber diesen Aufwand dadurch in legitimer Weise, dass sie das Nutzungsverhalten ihrer Kunden entsprechend lenken: So können sie etwa Unterpostfächer für private und geschäftliche Nachrichten vorsehen oder ihre Accounts gezielt auf private oder geschäftliche Nachrichten ausrichten, die dann durch gemeinsame Verwaltungsoptionen unkompliziert zusammengeführt, aber auch je nach Tageszeit (berufspolitisch wünschenswert) bewusst getrennt werden können. Oder sie können sich für den ihnen entstehenden Aufwand die Erhebung von Gebühren (insbesondere von den Erben) vorbehalten.

aa) Wahrnehmungsberechtigung der Angehörigen

Zu Lebzeiten stehen dem Betroffenen für seine personenbezogenen Daten die Rechte auf Auskunft, Berichtigung, Löschung oder Sperrung zu (§ 13 Abs. 7 sowie § 12 Abs. 3 TMG i.V.m. §§ 19, 20, 35 BDSG).[123] Diese Rechte können – der Effektivität des Datenschutzes wegen – durch Rechtsgeschäft weder ausgeschlossen noch beschränkt werden (§ 6 Abs. 1 BDSG i.V.m. § 12 Abs. 3 TMG).

Post mortem könnten die Erben in die Rolle des Erblassers schlüpfen und dessen Rechte aus dem BDSG wahrnehmen. Da diese Rechte ihrem Wesen nach eng mit der Person des Betroffenen verknüpft sind, halten manche diese allerdings wegen ihres höchstpersönlichen Charakters für nicht übertragbar und damit auch für nicht vererbbar.[124]

Das verfängt nicht. Auch andere Ausprägungen des Persönlichkeitsrechts, wie beispielsweise das Recht am eigenen Bild oder das vermögensrechtliche postmortale Persönlichkeitsrecht, sind vererbbar bzw. können nach dem Tod des Betroffenen von den Wahrnehmungsberechtigten ausgeübt werden, ohne dass die geschützte Persönlichkeit selbst sich weiter zu entfalten in der Lage wäre.[125]

Den Schutz personenbezogener Daten mit dem Tod still zu Grabe zu tragen,[126] hieße, das Grundanliegen des Persönlichkeitsschutzes im Datenschutzrecht geradezu zu pervertieren. Denn die Daten stünden dann den Diensteanbietern unbegrenzt als Verfügungsmasse zu Gebote. Anliegen des Datenschutzrechts ist es, den Achtungswert der Persönlichkeit in ihren relevanten Facetten gegen eine Beeinträchtigung zu schützen. Das bedingt eine Aufrechterhaltung von Schutzpositionen des Datenschutzes auch nach dem Tod, soweit sich in der weiteren Verwendung der Daten eine Persönlichkeitsverletzung realisieren kann. Ähnlich wie beim Schutz der Daten von Ungeborenen und Minderjährigen[127] lässt sich

---

123 Vgl. die nicht abschließende Aufzählung in § 6 BDSG. Insbesondere dem Auskunftsrecht kommt dabei eine besondere Bedeutung zu, da die Kenntnis des Betroffenen von über ihn gespeicherten Daten erforderlich ist, um überhaupt die anderen Rechte ausüben zu können. Vgl. AG Hamburg Altona, DuD 2005, 170 (171): „entscheidungsvorbereitendes Wissen". Siehe dazu auch § 13 Abs. 7 TMG, wonach der Anbieter eines Telemediendienstes zur ggf. elektronischen Auskunft gegenüber dem Nutzer verpflichtet ist; *Spindler/Nink*, in: Spindler/Schuster (Fn. 38), § 13 TMG Rn. 16. Hinzu kommen z.B. mögliche Schadensersatzansprüche aus §§ 7, 8 BDSG.
124 *Bergmann/Möhrle/Herb* (Fn. 66), BDSG, § 6 Rn. 12; *Gola/Schomerus*, in: dies. (Hrsg.) (Fn. 68), § 6 BDSG Rn. 3; *Schaffland/Wiltfang*, BDSG, 2011, § 6 Rn. 2.
125 Vgl. zur Vererblichkeit von Immaterialgüterrechten auch *Lehmann* (Fn. 83), S. 45 ff.; zur konstruktiven Herleitung der Wahrnehmungsbefugnis in ihren dogmatischen Begründungsansätzen *Claus* (Fn. 83), S. 60 ff.
126 Vgl. zu dieser Frage im Einzelnen oben S. 92.
127 Vgl. dazu bereits oben Fn. 55.

rechtspolitisch weniger darüber streiten, *ob* es eines solchen Schutzes bedarf, als darüber, *wer* diesen Schutz nach dem Tod wahrzunehmen berechtigt ist.

Da dem Erblasser bei öffentlich zugänglichen Profildaten – anders als bei höchstpersönlichen, nicht öffentlich zugänglichen Informationen – kein Geheimhaltungsinteresse gegenüber seinen Erben eigen ist, fehlt es in dieser Konstellation an einer Interessenkollision, die den Erben bzw. Angehörigen die legitime treuhänderische Wahrnehmung der postmortalen Persönlichkeitsrechte des Erblassers versagt.

Den sozialen Achtungswert des Verstorbenen und die Verfügungsgewalt über seine öffentlichen Daten können regelmäßig die Angehörigen am ehesten verteidigen, standen sie doch dem Toten besonders nahe. Es mangelt freilich (jenseits der Möglichkeit einer Vollmacht auf den Todesfall[128]) an gesetzlichen Regelungen, die die Person der Wahrnehmungsberechtigten als Wächter der Schutzrechte des Verstorbenen auf den Posten stellen. Sachgerecht erscheint insoweit eine Anleihe bei § 22 S. 3 KunstUrhG bzw. § 60 Abs. 1 UrhG. Diese sprechen den Angehörigen das Wahrnehmungsrecht[129] für die Verbreitung von Bildnissen des Verstorbenen zu. Die Interessenlagen beider Schutzmaterien sind vergleichbar.[130] Eine Schließung der Gesetzeslücke im Wege der analogen Anwendung der Vorschrift erscheint insoweit angezeigt. Eine solche Regelung sollte der Gesetzgeber auch ausdrücklich im TMG verankern. § 12 Abs. 3 TMG sollte daher um folgende Sätze 2 und 3 erweitert werden: „Datenschutzrechtliche Rechte nehmen nach dem Tod des Nutzers dessen Angehörige wahr. Angehörige im Sinne dieses Gesetzes sind der überlebende Ehegatte oder Lebenspartner und die Kinder des Nutzers und, wenn weder ein Ehegatte oder Lebenspartner noch Kinder vorhanden sind, die Eltern des Nutzers."

---

128 Diesen Rechten liegt der Gedanke zugrunde, dass die Rechtsordnung Gebote und Verbote für das Verhalten der Rechtsgenossen zum Schutz verletzungsfähiger Rechtsgüter auch unabhängig vom Vorhandensein eines lebenden Rechtssubjekts vorsehen und Unterlassungsansprüche durch jemanden wahrnehmen lassen kann, der nicht selbst Subjekt eines entsprechenden Rechts ist.
129 Es handelt sich dabei nicht um einen Vererbungstatbestand. Die Berechtigung bleibt dementsprechend von einer Ausschlagung der Erbschaft unberührt. Die Schutzansprüche fallen auch dann nicht in den Nachlass, wenn die Schutzberechtigten zugleich Erben sind.
130 Ein Unterschied besteht jedoch darin, dass der Erblasser die Internetdaten zu Lebzeiten bereits für diesen Zweck vorgehalten hat, während die Abbildung im Sinne des § 22 KunstUrhG erst nach dem Tod der Öffentlichkeit zur Verfügung gestellt wird. Gemeinsam ist beiden Materien aber das Schutzziel, die öffentliche Darstellung einer Person und die Verfügungsberechtigung über die insoweit bestehenden Daten nicht in die Verfügungsgewalt des Dateninhabers, sondern der Angehörigen zu legen.

bb) Zeitliche Dauer der Wahrnehmungsberechtigung

Der besondere Schutz einer Wahrnehmungsberechtigung besteht zeitlich nicht grenzenlos – vielmehr nur so lange, wie von einer gesteigerten Schutzbedürftigkeit des besonderen Ansehens und der Selbstdarstellung der Persönlichkeit ausgegangen werden kann. Das Schutzbedürfnis – und entsprechend die Schutzverpflichtung – schwinden in dem Maße, in dem die Erinnerung an den Verstorbenen verblasst und die Neugierde gegenüber seinen Privatgeheimnissen nachlässt.[131]

Wann diese Schwelle überschritten ist, lässt sich grundsätzlich nur im Wege einer politischen Dezision bestimmen.[132] Eine äußerste Grenze zieht nur das auf die staatliche Schutzpflicht gegründete verfassungsrechtliche Untermaßverbot sowie das die (mit dem postmortalen Persönlichkeitsrecht ggf. kollidierenden) Grundrechte Dritter schützende Übermaßverbot. Innerhalb dieses politischen Gestaltungskorridors kommt dem Staat eine Einschätzungsprärogative zu. Maßstab für die Festsetzung der Schutzfrist sollte dabei die Verletzbarkeit des postmortalen Persönlichkeitsrechts des Verstorbenen durch den Diensteanbieter und die Öffentlichkeit sein.

Einen analogiefähigen Anhaltspunkt kann die gesetzliche Regelung des § 22 S. 3 KunstUrhG bilden. Sie schützt Bildnisse des Verstorbenen für einen Zeitraum von zehn Jahren. Das allgemeine Urheberrecht wiederum befristet den Schutz sowohl für den originär urheberrechtlichen als auch den persönlichkeitsrechtlichen Aspekt auf einen Zeitraum von 70 bzw. 50 Jahren (§ 64 UrhG für den quivis ex populo bzw. §§ 82, 76 UrhG für den ausübenden Künstler).[133] Diese Regelung ist allerdings von einem anderen Schutzgedanken getragen: nämlich der Gewährleistung einer hinreichenden Schutzfrist für die wirtschaftliche Verwertung der geschützten Rechte.

Tauglichster Orientierungspunkt einer Fristenregelung ist der Zeitraum einer Generationenfolge, also nach überkommener Auffassung 30 Jahre.[134] Vorbild kann insoweit insbesondere § 5 Abs. 2 S. 1 BArchG sein.[135] Die Vorschrift verfolgt einen ähnlichen Schutzgedanken wie das Datenschutzrecht der digitalen

---

131 Dazu etwa *Claus* (Fn. 83), S. 105 ff.; *Schönberger* (Fn. 51), S. 27 ff. jeweils m.w.N.
132 St. Rspr. des BGH; vgl. BGHZ 50, 133 (140 f.); 107, 384 (392); *Bergmann/Möhrle/Herb* (Fn. 66), § 3 Rn. 6. Zu unterschiedlichen Lösungsmodellen vgl. etwa *K. Müller*, Postmortaler Rechtsschutz – Überlegungen zur Rechtssubjektivität Verstorbener, 1996, S. 68 ff.; *Luther* (Fn. 83), S. 171 ff.
133 BGHZ 50, 133 (140).
134 Anders aufgrund eines auf den Schutz der Persönlichkeitsrechte der Angehörigen bezogenen Ansatzes *Bizer*, NVwZ 1993, 653 (655 ff.).
135 Die Archivgesetze der Bundesländer weichen davon teilweise ab. Vgl. z.B. § 7 Abs. 1 LArchG NRW, das nicht auf den Tod des Betroffenen, sondern auf den Zeitpunkt der Entstehung der Unterlagen abstellt.

Hinterlassenschaften: 30 Jahre nach dem Tod besteht eine Gefahr besonderer Neugierde der Nachwelt gegenüber behördlichem Archivgut, das sich auf natürliche Personen bezieht, ebenso wie gegenüber den öffentlich verfügbaren Internetdaten Verstorbener regelmäßig nicht mehr. Gewöhnlich ist das engere soziale Umfeld der Freunde und Bekannten des Verstorbenen, die mit dessen Namen etwas verbinden können, häufig auch seine Kinder, dann den Weg alles Irdischen gegangen. Trotz der Schnelllebigkeit, aber angesichts der Unvergänglichkeit und der Sensibilität der im Internet hinterlegten Daten entspricht ein Zeitraum von 30 Jahren einer sachgerechten Abwägung der widerstreitenden Interessen.

3. Zwischenfazit

Auch wenn die Erben grundsätzlich in die vermögensrechtliche Nutzerstellung des Erblassers einrücken, ist es ihnen aus Gründen des postmortalen Persönlichkeitsschutzes versagt, auf Accounts zuzugreifen, die den Schutz privater Vertraulichkeit genießen und damit Einblick in die intimste Persönlichkeitssphäre des Verstorbenen erlauben. Die Zugangsinformationen eines Internet-Accounts sind grundsätzlich[136] höchstpersönlich. Die Rechte des Betroffenen bzw. die korrespondierenden Pflichten des Diensteanbieters auf Geheimhaltung seiner Nutzer-Account-Daten gehen entsprechend nicht mit dessen Tod unter, sondern bestehen fort. Daten aus der höchstpersönlichen Lebenssphäre und solche, die aus anderen Gründen mit der Person des Erblassers eng verbunden sind, unterfallen daher nicht dem normalen Erbgang.[137] Etwas anderes gilt nur, soweit ein abweichender tatsächlicher oder mutmaßlicher Wille des Erblassers zweifelsfrei erkennbar ist.

Gibt der Diensteanbieter die Zugangsinformationen an die Erben heraus, ohne dass dies dem ausdrücklichen oder mutmaßlichen Willen des Verstorbenen entspricht, macht er sich aber nicht nach § 202a StGB eines Ausspähens von Daten strafbar. Denn dieser Straftatbestand setzt die „Überwindung" von Sicherungen voraus, durch welche die Daten besonders geschützt sind.[138] Die Überwindung

---

136 Etwas anderes gilt etwa für den Zugang zu einem Online-Banking-Account. Dieser erschöpft sich grundsätzlich in einer vermögensrechtlichen Position, die im normalen Erbgang übergeht. Mittelbar ergeben sich zwar auch aus derartigen Transaktionen möglicherweise Einblicke in höchstpersönliche Lebensbereiche des Verstorbenen, z.B. verschwiegene Unterhaltspflichten. Die vermögensrechtlichen Positionen sind jedoch ohne diese personenbezogenen Einblicke nicht wahrnehmbar und damit nicht trennbar.
137 So auch *Hoeren*, NJW 2005, 2113 (2114); *Müller-Christmann*, in: BeckOK BGB (Fn. 22), § 1922 Rn. 24; *Schlüter*, in: Ermann (Hrsg.), BGB (Fn. 24), § 1922 Rn. 8.
138 *Lenckner/Eisele*, in: Schönke/Schröder (Fn. 82), § 202a Rn. 10a; *Weidemann*, in: BeckOK StGB, 20. Ed. 2012, § 202a Rn. 13; zu § 206 StGB siehe oben S. 89 mit Fn. 42.

impliziert nach der Vorstellung des Gesetzgebers einen „nicht unerheblichen zeitlichen oder technischen Aufwand", in dem sich die „strafwürdige kriminelle Energie" des Täters manifestiert.[139] Der Täter muss namentlich zu einer Zugangsart gezwungen sein, die der Verfügungsberechtigte erkennbar verhindern wollte und bestehende Sicherungen umgeht (Hacking).[140] Daran mangelt es im Falle der freiwilligen Herausgabe des Passworts durch den Berechtigten selbst[141] ebenso wie im Falle einer Herausgabe der Daten durch den Diensteanbieter. Der Diensteanbieter macht sich auch nicht nach § 202c Nr. 1 StGB strafbar. Er macht dem Erben zwar Passwörter zugänglich, die den Zugang zu geschützten Daten ermöglichen. Seine Tathandlung dient aber nicht der Vorbereitung einer Straftat des Hacking, die der Gesetzgeber mit dem Tatbestand selbstständig mit Strafe bedrohen will.[142] Der Diensteanbieter nimmt nämlich nicht eine eigene oder fremde Computerstraftat *i.S.d. § 202a StGB* in Aussicht.[143] Nicht ausgeschlossen ist aber die Verwirklichung eines Bußgeldtatbestandes im Sinne des § 16 Abs. 2 Nr. 3 TMG bzw. des § 43 Abs. 2 Nr. 3 BDSG i.V.m. § 12 Abs. 3 TMG.[144]

Die Pflicht zur Geheimhaltung höchstpersönlicher Zugangsdaten entbindet die Diensteanbieter nicht von der Pflicht, die Informationen zu den *vermögensrechtlichen Positionen,* auch vermögensrechtlichen Bestandteilen persönlichkeitsrechtlicher Positionen, an die Erben herauszugeben. Im Nutzungsvertrag vereinbarte Ausschlüsse der Vererbbarkeit der Rechtspositionen gehen aber vor.

Für die *öffentlich verfügbaren* personenbezogenen Informationen über den Verstorbenen, z.B. die Daten einer eigenen Homepage oder eines Internet-Blogs, nehmen die Angehörigen die datenschutzrechtlichen Löschungsrechte[145] wahr. Die insoweit ursprünglich dem Verstorbenen zustehenden Rechte erlöschen nicht mit dem Tod. Denn dem Grundgedanken des Datenschutzrechts entspricht es, den Schutz persönlicher Daten nicht auf die Lebenszeit des Betroffenen zu begrenzen, sie insbesondere nicht *post mortem* zur freien Verfügungsmasse mutieren zu lassen.

---

139 Vgl. die Begründung der Bundesregierung zum Entwurf eines Strafrechtsänderungsgesetzes zur Bekämpfung der Computerkriminalität, BT-Drucks. 16/3656, S. 10.
140 Vgl. BT-Drucks. 16/3656, S. 10.
141 BT-Drucks. 16/3656, S. 18.
142 BT-Drucks. 16/3656, S. 11.
143 Vgl. zum Erfordernis des Vorbereitens BT-Drucks. 16/3656 S. 19; *Eisele,* in: Schönke/Schröder (Fn. 82), § 202c Rn. 7.
144 Der Rekurs auf das BDSG erweist sich dabei als nicht unproblematisch, handelt es sich doch um einen Bußgeldtatbestand, der besonderen Anforderungen an die Normenklarheit unterworfen ist.
145 Dazu oben S. 113.

V. Rechtspolitische Desiderate

Der digitale Nachlass ist für den Unbedarften Grund zur Ratlosigkeit, für den Kundigen demgegenüber Anlass zum Handeln. Jeder tut gut daran, noch zu Lebzeiten Bestimmungen darüber zu treffen, was mit seinem digitalen Nachlass geschehen soll. Bislang machen die Menschen davon kaum Gebrauch – geschweige denn, dass sie sich darüber Gedanken machen, was mit ihren Datenfriedhöfen nach dem Tod geschehen soll. Sie halten es vielmehr mit *Epikur*: „Mit dem Tod habe ich nichts zu schaffen. Bin ich, ist er nicht. Ist er, bin ich nicht."

Franz Kafka war da vorausschauender. In seinem Testament hatte er verfügt, dass seine unveröffentlichten Manuskripte nach seinem Tod verbrannt werden sollen. Dass sich sein Freund und Nachlassverwalter *Max Brod* über diesen letzten Willen hinwegsetzte, entpuppte sich als Glücksfall der Kulturgeschichte. Wichtige Teile des Schaffens von *Kafka* wären uns sonst verborgen geblieben.

1. Wenn das Passwort aus dem Jenseits kommt…:
   Digitale Testamentsvollstrecker als (kritikwürdige) Antwort des Marktes auf die Herausforderungen digitaler Datenfriedhöfe

So bedeutsam wie das Oeuvre von *Kafka* ist der digitale Nachlass des durchschnittlichen Internetnutzers nicht. So gut geordnet wie der Nachlass zu *Kafkas* Zeit sind unsere diversen digitalen Identitäten im Zweifel auch nicht. Bei der Unzahl digitaler Fußspuren, die die Menschen im Internet hinterlassen, wächst es sich für die Erben in der Folge zu einer immer größeren Herausforderung aus, einen Überblick über die digitalen Identitäten zu behalten bzw. zu gewinnen.

Der junge Amerikaner *Jeremy Toemans* machte aus dieser Not eine Tugend:[146] Als sich seine Familie nach dem Tod seiner 94-jährigen Großmutter mit der Frage konfrontiert sah, wie denn die vielen digitalen Identitäten der technikbegeisterten alten Dame ermittelt werden sollten, brachte ihn das auf eine Geschäftsidee. Er gründete ein Internetunternehmen, das sich der Verwaltung von Passwörtern zu Internet-Accounts aller Couleur verschreibt und die hinterlegten Zugangsdaten im Todesfall an die zuvor dekretierten Vertrauenspersonen herausgibt. Anwender können in diesem Online-Datentresor Passwörter und Zugangsdaten zu sozialen Netzwerken, E-Mail-Konten und zum Online-Banking hinterlegen. *Legacy Locker*.com gilt heute als Marktführer unter den digitalen Nachlassverwaltern. Immer neue digitale Testamentsvollstrecker, wie z.B.

---

146 *Carolin Neumann*, Spiegel Online, Was nach dem Tod mit dem Facebook-Profil passiert, vom 17.03.2009, abrufbar unter:http://www.spiegel.de/netzwelt/web/0,1518,613708,00.-html (9.10.2012).

www.datainherit.com, *www.deathswitch.com*, *netarius.com*, strömen auf den Markt und bieten im Kampf gegen das private digitale Chaos ihre Dienste feil. Üblicherweise ist dort eine Vertrauensperson zu benennen, an welche die Daten herausgegeben werden sollen. Die Existenz solcher Passwort-Tresore ist ein Beleg für den bislang unbefriedigten Bedarf an einer praktikablen Verwaltung des digitalen Nachlasses.

Ob sie eine sachgerechte Antwort darauf bilden, steht auf einem anderen Blatt. Denn die Dienste bergen massive Risiken. Regelmäßig ist die Herausgabe der Account-Zugangsdaten an den digitalen Testamentsvollstrecker Voraussetzung für die Inanspruchnahme seiner Dienste. Die Herausgabe von Account-Zugangsdaten widerspricht aber allen Prinzipien der Geheimhaltung von Passwörtern. Sie setzt ein schier grenzenloses Gottvertrauen voraus, das zahlreiche ausländische Anbieter mit niedrigen Sicherheitsstandards nicht verdienen. In der Regel erhalten die Kunden auch weder Einblick in die Sicherheitsmechanismen noch haben sich bislang Gütesiegel, Qualitätskontrollen oder gar eine wirksame staatliche Aufsicht etabliert, die vertrauensbildende Orientierungsmarken setzen könnten.

Ob der Erblasser sein Leben eher aushaucht als der digitale Totengräber, ist auch nicht besiegelt. Erste Anbieter, wie *Ivedo* und *mywebwill*, haben bereits das Zeitliche gesegnet. Im Falle der Insolvenz des digitalen Bestatters ist weder die Funktionsfähigkeit des Dienstes noch in jedem Falle die Sicherheit der hinterlegten Daten gewährleistet. Nicht zuletzt stellt ein solcher Daten-Sarkophag, in dem massenhaft Kennwörter gespeichert sind, ein vorzügliches Angriffsziel für neuzeitliche digitale Grabräuber in Gestalt krimineller Hacker dar.

Auch ein Notar als klassischer Testamentsvollstrecker bietet nur bedingt eine zufriedenstellende Regelung digitaler Nachlasssorge. Denn es gehört zu den unumgänglichen Verhaltensregeln, sichere Passwörter nicht nur einmalig zu erstellen, sondern auch regelmäßig zu ändern. Unabhängig davon, ob man schon die Hinterlegung bei einem Notar als Sicherheitsrisiko einstufen will, erweist sich das Prozedere bei Einschaltung eines klassischen Testamentsvollstreckers daher zumindest als ausgesprochen unpraktisch.

2. Datennachlassmanagement, Profileinstellungen und Aktivierungsregeln als sachgerechte Mechanismen einer digitalen Testierfreiheit

Die Schwierigkeiten der Verwaltung des digitalen Nachlasses lassen sich zielgenauer und praktikabler auf anderem Wege bewältigen: durch Inpflichtnahme der Diensteanbieter für ein Einwilligungsmanagement und die digitale Testierfreiheit sichernde Profileinstellungen. Solche Verpflichtungen sollte der Gesetzgeber *de lege ferenda* etablieren.

a) Erklärungsmanagement

Bislang können die Nutzer in den Menüs sozialer Netzwerke nahezu alles regeln – nur eines regelmäßig nicht: den Umgang mit den persönlichen Daten nach dem Tod. Angesichts der damit verbundenen Vorwirkungen ist es integraler Bestandteil sachgerechten Persönlichkeitsschutzes, eine verlässliche Lösung auch für diese Zeit zu entwickeln. Wer nicht weiß, was mit seinen Daten nach seinem Tode passieren wird, sieht sich einer Unsicherheit in der Ausübung seines informationellen Selbstbestimmungsrechts ausgesetzt. Sofern die Vertragspartner dies nicht im Wege einer privatautonomen Regelung individualvertraglich gestalten, ist der Gesetzgeber im Interesse eines umfassenden Schutzes der Persönlichkeit legitimiert und aufgerufen, die Unsicherheit der Nachlasssorge zu beseitigen. Aus den Überlegungen zum postmortalen Persönlichkeitsschutz ergeben sich insoweit wesentliche Anforderungen an eine sinnvolle rechtspolitische Ausgestaltung:

Der Gesetzgeber sollte den Diensteanbietern abringen, den Nutzern schon beim Anlegen eines neuen Accounts die Möglichkeit zu eröffnen, explizite (zu jedem späteren Zeitpunkt änderbare) Vorgaben hinterlegen zu können, was mit den gespeicherten Daten im Todesfall geschehen soll. § 13 Abs. 4 TMG sollte um eine Nr. 3a ergänzt werden, der die Diensteanbieter verpflichtet sicherzustellen, dass „die Nutzer die Möglichkeit haben, Regelungen für die Verwendung ihrer personenbezogenen Daten nach dem Tod zu treffen". Ein Nutzer kann dann wählen zwischen der Weitergabe der Account-Daten an bestimmte Personen, der unverzüglichen Löschung des Accounts mitsamt aller hinterlegten Daten oder der Sperrung und Umschaltung in einen Kondolenzmodus.[147] Letzterer erweist sich insbesondere für soziale Netzwerke als eine sachgerechte Gestaltungsoption. Denn lebenden wie verstorbenen Nutzern kann daran gelegen sein, die Bekanntschaften zu Personen, mit denen sie zu Lebzeiten verbunden waren, weiterhin in dem Netzwerk abzubilden. Ein Kondolenzmodus ermöglicht es, die digitale Erinnerung an den Verstorbenen wach zu halten und gleichzeitig die Daten des Betroffenen nach seinem Tod weiterhin verwendbar zu belassen, ohne den Eltern oder sonstigen nahen Angehörigen Zugang zu sensiblen personenbezogenen Daten des Verstorbenen zu eröffnen.

Den ambivalenten Wünschen der Account-Inhaber, die je nach Art und Inhalt der mit den Zugängen verknüpften Daten unterschiedlich ausfallen und vollkommen gegensätzlich sein können, lässt sich so durch eine präferenzorientierte

---

147 Diese Lösung ist auch passgenauer und präferenzkompatibler als die pauschale Löschungspflicht, die der Bundesrat in § 13 Abs. 4 S. 1 Nr. 4 TMG seines Entwurfs zur Änderung des Telemediengesetzes – allerdings auch ohne unmittelbaren Bezug zum Ableben eines Nutzers – vorgesehen hat; BT-Drucks. 17/6765, S. 5 und 9.

Eröffnung von Handlungsoptionen angemessen gerecht werden. Das trägt der Grundintention des postmortalen Persönlichkeitsschutzes in besonderer Weise Rechnung. Dessen Aufgabe besteht darin, das Geheimhaltungsvertrauen der Lebenden gegen eine Gefährdung ihrer Persönlichkeitsentfaltung bei der Bewegung in der „digitalen Welt" durch die ungewollte postmortale Offenbarung von Telemediendienstgeheimnissen zu immunisieren. Dem ist schon vorgebeugt, wenn sichergestellt ist, dass der Einzelne zur Erklärung darüber aufgefordert wird, welche Teile des digitalen Lebens nach dem Tode offen gelegt werden und welche nicht – und darüber hinaus eine sachgerechte persönlichkeitsschützende Grundentscheidung als Reserveregelung für den Fall getroffen wird, dass der Bürger sein lebzeitiges Selbstbestimmungsrecht ungenutzt lässt.[148] Der Bereich, in dem der Einzelne sich gegebenenfalls einer Selbstzensur unterwirft, wird dadurch berechen- und handhabbar.

Die technische Verpflichtung auf ein Datennachlassmanagement sollte eine Aktivierungsfunktion der Diensteanbieter flankieren: „(…) Sofern der Nutzer keine Erklärung über die Verwendung seiner personenbezogenen Daten nach dem Tod getroffen hat, fordert der Diensteanbieter ihn in regelmäßigen Abständen zu einer entsprechenden Erklärung auf, soweit dieser dem nicht widerspricht" (§ 13 Abs. 4 Nr. 3a S. 2 TMG-E). Dem Diensteanbieter obliegt es dann, den Account als digitaler Totengräber in den postmortalen Zustand zu versetzen. Treffen die Nutzer gleichwohl keine Verfügung, sollte die verfassungsrechtliche Wertung zum Tragen kommen, nach welcher die Personenbezogenheit der in den Accounts hinterlegten Daten den Erben eine Account-Autopsie im Zweifel verschließt,[149] den Angehörigen aber die Wahrnehmung der datenschutzrechtlichen Rechte im Hinblick auf die im Internet öffentlich verfügbaren personenbezogenen Informationen anvertraut ist.[150]

aa) Erklärungsmanagement als „Nudge"

Eine solche Lösung entspricht in der Sache dem (durchaus nicht unumstrittenen[151]) rechtsphilosophischen Regelungskonzept des liberalen Paternalismus.[152]

---

148 Zur Rechtslage im Falle fehlender Erklärung des Verstorbenen hinsichtlich der Bestattungsart, einer Organentnahme bzw. einer Sektion vgl. etwa *Schönberger* (Fn. 51), S. 92 ff., 163 ff., 187 ff.; *Müller*, Postmortaler Rechtsschutz – Überlegungen zur Rechtssubjektivität Verstorbener, 1996, S. 121 ff.; BSG, NZS 2006, 43 (46 f.).
149 Vgl. dazu oben IV. 2. a. bb., S. 100.
150 Vgl. dazu oben IV. 2. b., S. 112.
151 Berechtigt ist durchaus die Kritik, dass der liberale Paternalismus tatsächlich weniger liberal ist, als er sich gibt. Denn er unterstellt den Menschen, dass Präferenzentscheidungen, die für sie langfristig negative Folgerungen zeitigen können, kurzfristig aber einen

Sein Bestreben ist es, staatliche Regelungsziele, die sich auf der Grundlage privatautonomer Gestaltung der Vertragspartner bisher nicht in einer hinreichenden bzw. erwünschten Weise einstellen, durch staatliche Induzierung selbstregulativer Wahlhandlungen zu erreichen. Die Bürger sollen individuelle Präferenzentscheidungen, die sie infolge von Unwissenheit, Nachlässigkeit oder zeitlichen Inkonsistenzen schädigender Verhaltensweisen etc. häufig unterlassen, ohne staatlichen Zwang, aber auf der Grundlage eines staatlichen „Nudge" (also eines „Schubsers") treffen und damit zur Erreichung von Gemeinwohlzielen und sachgerechten Regelungsergebnissen beitragen.

Einer Aufforderung zur Offenbarung der Präferenzen hinsichtlich des Umgangs mit den eigenen digitalen Hinterlassenschaften kann insoweit eine geeignete Anschubfunktion zukommen. Dem gleichen Grundgedanken ist die jüngst gesetzlich etablierte Entscheidungs- bzw. Erklärungslösung zur Organentnahme verschrieben.[153] Sie soll mitmilfe eines solchen „Schubsers" die bislang noch klaffende Lücke zwischen der grundsätzlich vorhandenen hohen Spendenbereitschaft und der tatsächlichen Spendentätigkeit schließen bzw. verkleinern.

bb)　Erklärungsmanagement versus Erklärungspflicht vor dem Spiegel der Verfassung

Erklärungspflichten gehen mit Eingriffen in die Grundrechte der Bürger einher. Sie berühren namentlich die durch Art. 2 Abs. 1 GG verfassungsrechtlich ge-

> Genuss oder Gewinn versprechen, z.B. das Rauchen, der Verzicht auf frühzeitige Altersvorsorge, nicht den tatsächlichen Präferenzen der Menschen entsprechen. Dafür fehlt es aber an validen und objektivierbaren Indikatoren. Begreift man den liberalen Paternalismus demgegenüber als ein staatliches Regulierungskonzept, das auf die Erreichung guter gesamtgesellschaftlicher Ergebnisse auf der Grundlage von „abgenötigten" Präferenzentscheidungen mithilfe sanften staatlichen Drucks hinwirkt, präsentiert er sich im Verhältnis zu anderen Rationalisierungskonzepten, insbesondere staatlichen Wahlentscheidungen, durchaus, je nach Regelungskontext, als attraktive und grundrechtsschonende Governance-Alternative; vgl. zur Kritik am Modell des liberalen Paternalismus auch *Eidenmüller*, JZ 2011, 814 (819 f.); mit dem Modell hingegen sympathisierend *Smeddinck*, Die Verwaltung 2011 (44), 375 ff. *Kirste* (JZ 2011, 805 ff.) schlägt eine Differenzierung zwischen einem harten und einem weichen Paternalismus vor.
152　Vgl. dazu *Sunstein/Thaler*, Nudge, 2009.
153　Sie besteht darin, potenzielle Organspender in regelmäßigen Abständen mit der Frage zu konfrontieren, ob sie im Falle ihres Todes ihre Organe zu spenden bereit sind. Jeder Bürgerin und jedem Bürger bleibt es aber weiterhin freigestellt, eine Erklärung zur Organ- und Gewebespende abzugeben. Das Gesetz betont diese Entscheidungsautonomie ausdrücklich (§ 2 Abs. 2a Transplantationsgesetz). Die Regelung ist von dem Gedanken des Respekts vor der individuellen Entscheidung getragen, sich nicht erklären zu wollen (vgl. Entwurf eines Gesetzes zur Regelung der Entscheidungslösung in Transplantationsgesetz, BT-Drucks. 17/9030, S. 17).

schützte Privatautonomie. Diese verbürgt auch die (negative) Freiheit, keine Verfügungen für den Fall des Todes zu treffen oder sich mit den damit verbundenen Folgen gar nicht auseinanderzusetzen. Gesetzlich begründete Erklärungspflichten sind daher rechtfertigungsbedürftig, insbesondere Verhältnismäßigkeitsanforderungen unterworfen. Die verpflichtende Einräumung der *Möglichkeit*, letztwillige Verfügungen über den digitalen Nachlass zu treffen (in Verbindung mit der Aufforderung zur Abgabe einer Nachlasserklärung und einer gesetzlichen „Reserveregelung" für den Fall des Ausbleibens einer Erklärung), erweist sich insofern gegenüber einer Erklärungspflicht als grundrechtsschonender. Sieht der Gesetzgeber für den Fall einer fehlenden individuellen Erklärung des Erblassers eine gesetzliche Ausfallregelung (namentlich sachgerechterweise die Nichtweitergabe der Account-Daten an die Nachfahren) und einen obligatorischen Hinweis des Diensteanbieters auf die Folgen einer Nicht-Erklärung vor, führt er die Rechtsfragen des digitalen Nachlasses einer ebenso grundrechtsadäquaten wie effektiven Regelung zu.

b)   Aktivierungsregeln

Ein Problem beseitigt das Einwilligungsmanagement freilich nicht: Es verfügt zwar, was im Todesfall mit den Daten geschieht. Es sichert aber nicht, dass der Anbieter von dem Tod erfährt. In der Regel ist den Erben gerade unklar, welche Accounts überhaupt zu den digitalen Hinterlassenschaften gehören. Anders als für den Großteil der Vermögensgegenstände der Offline-Welt existieren hinsichtlich der Accounts meist keine Aufzeichnungen – allenfalls E-Mails mit Anmeldebestätigungen oder Ähnliches, die die Adressaten nicht selten wieder löschen. Um den digitalen Nachlass vollständig zu erfassen, bedürfte es eines „Account-Inventars". Statt durch Dienste wie *legacylocker.com* lässt sich dieses Ziel aber auch durch Aktivierungsregeln der Anbieter sicherstellen, die bei längerer Inaktivität des Nutzers Nachfragen an den Account-Inhaber bzw. benannte Vertrauenspersonen richten, bzw. durch die vorsorgende Benachrichtigung der Vertrauenspersonen über ihre Einsetzung als digitaler Testamentsvollstrecker und die damit verbundene Bitte, im Todesfall Kontakt mit dem Diensteanbieter aufzunehmen.

VI.   Fazit

Unsere Schritte werden verstummen, unsere digitalen Fußspuren aber bleiben. Das Recht, sie verwischen zu dürfen, ist im digitalen Zeitalter wichtiger Bestandteil des Persönlichkeitsschutzes. Die Diensteanbieter dürfen den Erben den

Schlüssel zum digitalen Postfach des Erblassers daher grundsätzlich nicht aushändigen, es sei denn, die Herausgabe entspricht dessen ausdrücklichem oder mutmaßlichem Willen.

Die Gerichte in den USA haben im Falle des Soldaten *Justin Ellsworth*[154] anders entschieden. Sie verurteilten *Yahoo*, den Eltern des Soldaten den Zugang zu dessen Account vollständig einzuräumen. Deutsche Gerichte sollten dem Geheimhaltungsvertrauen Verstorbener entsprechend dem Stellenwert des Persönlichkeitsschutzes in unserer Verfassung ein höheres Gewicht einräumen. Sie sollten den Angehörigen den Zugang zum Account grundsätzlich verwehren, soweit nicht lediglich vermögensrechtliche Rechtspositionen im Raum stehen. Deren Durchsetzung müssen die Diensteanbieter als „Tresorverwalter" den Erben ermöglichen.

Die Idee des Rechts auf informationelle Selbstbestimmung (Art. 2 Abs. 1 i.V.m. Art. 1 Abs. 1 GG) und Privatheit auf Distanz (Art. 10 Abs. 1 GG) würde wie eine Seifenblase zerplatzen, wenn sich die Nutzer nicht darauf verlassen könnten, dass ihre Daten auch nach ihrem Tode nur denjenigen zugänglich gemacht werden, denen sie diese zugänglich machen wollten. Die Entfaltung der Persönlichkeit im Informationszeitalter wäre namentlich erheblich gehemmt, müssten Nutzer befürchten, ihre personenbezogenen Daten würden nach ihrem Tode zum Spielball der Nachwelt.

Um Zweifelsfälle und Unsicherheiten bei der Behandlung des digitalen Nachlasses ebenso schonend wie präferenzkompatibel *de lege ferenda* auszuschließen bzw. zu minimieren, sollte der Gesetzgeber die Diensteanbieter zu einem Einwilligungsmanagement und zu Profileinstellungen für das digitale Vermächtnis verpflichten, welche die Ausübung der Verfügungsmacht für die Zeit nach dem Tod sichern. § 13 Abs. 4 TMG sollte um eine Nr. 3a ergänzt werden, welche die Nutzer Regelungen für die Verwendung ihrer personenbezogenen Daten nach dem Tod zu treffen befähigt, und die Diensteanbieter verpflichtet, die Nutzer in regelmäßigen Abständen zur Abgabe einer ggf. noch ausstehenden Erklärung über die Verwendung ihrer Daten nach dem Tod aufzufordern. § 13 Abs. 4 Nr. 3 TMG sollte dann ergänzend klarstellen, dass die Diensteanbieter „Erben den Zugang zu persönlichen Nachrichten nur verschaffen dürfen, wenn der Erblasser das ausdrücklich verfügt hat".[155]

---

154 Vgl. dazu bereits oben Fn. 2.
155 Ein (grundsätzlich denkbarer und *de lege lata* durchaus rechtlich erforderlicher) Rekurs auf den mutmaßlichen Willen des Erblassers ist im Falle des hier vorgeschlagenen Einwilligungsmanagements regelmäßig nicht mehr erforderlich. Der Wille ergibt sich dann nämlich aus den ausdrücklichen, im Profil hinterlegten postmortalen Verfügungen des Nutzers. Entsprechend entfällt auch die häufig bestehende Unsicherheit in der Ermittlung des mutmaßlichen Willens.

Was für die durch ein Passwort als Geheimhaltungsschutz gesicherten Account-Daten eines Verstorbenen gilt, hat nicht in gleicher Weise für die im Internet *öffentlich einsehbaren Daten*, z.B. einer privaten Homepage, Gültigkeit. Für sie und die auf sie bezogenen datenschutzrechtlichen Rechte kommt den Angehörigen ein zeitlich (sinnvollerweise auf 30 Jahre) befristetes Wahrnehmungsrecht zu.

VII. Ausblick – Online-Communitys für Tote?

Der digitale Nachlass ist nicht nur weitgehend juristisches Neuland. Er ist auch, wie an dem Boom digitaler Testamentsvollstrecker deutlich wird, ein sich etablierender Markt. Was in der Offline-Welt nicht funktioniert – unsterblich zu werden –, wird im Cyberspace Realität. Dass mancherorts bereits Grabsteinen Quick Responce-Codes (QR-Codes) eingraviert werden, die Links zu einer Online-Präsenz des Verstorbenen, etwa einer eigens für den Verstorbenen eingerichteten Trauerseite oder einem Wikipedia-Eintrag o.ä., preisgeben, gibt nur einen ersten Vorgeschmack auf den Friedhof sowie das Requiem der Zukunft. Auch Plattformen für die digitale Unsterblichkeit wie *Stayalive.com* schießen gegenwärtig wie Pilze aus dem Boden: Menschen können sich dort zu Lebzeiten ein virtuelles Mausoleum errichten; Angehörige können Fotoalben und Kondolenzbücher anlegen und Beileidbekundungen auf den Weg bringen. Bei *DeadSoci.al* können Lebende für die Zeit nach ihrem eigenen Tod Videos, Audio- oder Textnachrichten „aus dem Jenseits" zur Versendung über soziale Netzwerke vorbereiten. Diese Form der Digitalisierung ist weniger ein Sargnagel der Pietät als eine Erscheinungsform einer Exterritorialisierung der Erinnerungs- und Bestattungskultur. Die Trauerkultur erfährt einen grundlegenden Wandel: Das digitale Leichenbegängnis trägt dazu bei, die räumliche Verbannung von Tod und Trauer aus dem gesellschaftlichen Alltag abzuschwächen. Das Internet wird zur Gedenkstätte. Die Trauer des digitalen Zeitalters hat ein anderes Gesicht und neue Ausdrucksformen. Es entsteht eine entgrenzte, virtuelle Zone der Verarbeitung, des Trostes und der Erinnerung. An einem ändert die virtuelle Grabpflege freilich nichts. Die schönste Gedenktafel, die ein Mensch bekommen kann, wird auch weiterhin nicht im Internet zu finden sein. Sie „steht in den Herzen der Mitmenschen" (*Albert Schweitzer*).

Die Kontrolle durch die Datenschutzbeauftragten – Handlungsgrenzen und Handlungsmöglichkeiten, insbesondere im Lichte des neuen EU-Rechts

Thilo Weichert

Der mir vorgegebene Titel meines Beitrages nimmt die Zukunft vorweg. Ich soll die Datenschutzkontrolle von Social Media im Lichte des neuen EU-Rechts betrachten, also eines Rechtes, das es bisher nur als Entwurf gibt. Diese Aufgabe kann ich nur halbwegs befriedigend erfüllen, wenn eine schonungslose Bestandsaufnahme des alten Rechts erfolgt. Hinsichtlich des neuen Rechts ist noch vieles Spekulation, sowohl was die Rechtssetzung, als auch was den Vollzug betrifft. Sehen Sie mir bitte außerdem nach, dass ich mich nicht auf das Recht beschränke und beschränken kann. Rechtsvollzug hat viel mit Ökonomie, Politik, mit Kultur, Erziehung und Psychologie zu tun. Dies gilt generell, besonders aber beim Datenschutz, erst recht beim Datenschutz bei Social Media. Hier haben wir es weitgehend mit Soft Law nicht im Sinne von disponiblem, aber von dispopniertem Recht zu tun.

Dass dies so ist, lässt sich einfach am Beispiel Facebook darlegen. Dies lässt sich aber auch an Vorgängerkonflikten erläutern, an denen meine Dienststelle, das Unabhängige Landeszentrum für Datenschutz Schleswig-Holstein, also das ULD, beteiligt war:

Die Social Media-Debatte ging in Deutschland so richtig 2008 los mit Google Street View – dem globalen Blick des US-Internet-Konzerns vor die eigene Haustür und in den eigenen Garten. Dass das Recht auf informationelle Selbstbestimmung von den deutschen Aufsichtsbehörden gegenüber Google einigermaßen befriedigend durchgesetzt werden konnte, lag weniger an der Überzeugungskraft aufsichtsbehördlicher Argumente, sondern am allgemeinen Widerstand gegen die Pläne in der Bevölkerung, der durch die persönliche Betroffenheit von Tausenden vor allem von Mittelschicht-Hausbesitzern ausgelöst und zuletzt sogar von der Politik aufgegriffen wurde. Wir Aufsichtsbehörden, allen voran mein Hamburger Kollege, mussten und konnten diesen Widerstand dann in eine rechtliche Form pressen. Ausschlaggebend für die Nachgiebigkeit Googles war hier, dass es sich bei Street View eher um eine Spielerei und einen Eyecatcher handelte, der das zentrale Geschäftsmodell des Konzerns nicht in Frage stellte.

Dies war schon völlig anders bei Google Analytics, dessen Rechtswidrigkeit das ULD im Sommer 2008 feststellte und den Webseitenbetreibern in Schleswig-Holstein als datenschutzrechtlich unbestritten verantwortliche Stellen kommunizierte. Die Gründe der Rechtswidrigkeit waren diejenige, die seitdem – auch bei Facebook – immer wieder vorliegen:

- Mangelnde Transparenz der personenbezogenen Datenverarbeitung für die Nutzenden,
- ungenügende Wahlmöglichkeiten, etwa beim Setzen von Cookies oder zum Ausschluss des Erstellens von Nutzungsprofilen,
- unwirksame allgemeine Geschäftsbedingungen sowie Privacy Policies und formell völlig unzulängliche Vertragsgestaltungen, etwa bei der Auftragsdatenverarbeitung,
- daraus folgend unwirksame Betroffeneneinwilligungen,
- fehlende Rechtsgrundlagen für die Datenübermittlung ins insofern „datenschutzfreie" Ausland, hier die USA,
- die fehlende Kontrollierbarkeit der Datenverarbeitung – durch die den Auftrag erteilende Webseitenbetreiber ebenso wie durch zuständige Aufsichtsbehörden.
- Google benötigt die erlangten Daten, um diese für die interessengenaue Platzierung von Werbeangeboten des Unternehmens zu nutzen, was wiederum eine, ja sogar die wichtigste Grundlage des Geschäftsmodells darstellt.

Google zeigte sich auch bei Analytics kompromissbereit, ohne aber, so zumindest unsere Sicht, den rechtlichen Anforderungen voll zu genügen. Für dieses Nachgeben sehe ich folgende Gründe: Die Konkurrenz auf dem Markt der teilweise auch kostenfrei angebotenen Analysetools ist groß. Negativschlagzeilen hätten die Kundschaft vertrieben, insbesondere nachdem wir im ULD mit Piwik einen Anbieter identifizieren konnten, dessen Angebot vollständig mit deutschem Datenschutzrecht in Einklang zu bringen ist. Mit ausschlaggebend war wahrscheinlich auch die Erwägung Googles, dass Papier geduldig ist, dass insbesondere weder von den Webseitenbetreibern noch von den deutschen Aufsichtsbehörden kontrolliert werden kann, ob die personenbezogenen Daten in den USA rechtskonform verarbeitet werden. Das teilweise Einlenken war wohl auch der Motivation geschuldet, die Karte des Schwarzen Peters beim Datenschutz an den Konkurrenten Facebook weiterzugeben, der mit seinem sozialen Netzwerk noch offensichtlicher als Google Datenschutzrechte ignorierte und weiterhin ignoriert.

Damit sind wir beim sozialen Netzwerk Facebook, dessen Fanpages und Social Plugins, also insbesondere deren "Gefällt mir"-Buttons, wir im August 2011 ausführlich begründet als illegal brandmarkten. Wir mobilisierten seitdem das gesamte dem ULD verfügbare rechtliche Instrumentarium, um den rechtswidrigen Zustand zu beheben, bis heute anscheinend ohne Erfolg. Beim Börsengang in wenigen Tagen wird das datenschutzwidrige Geschäftsmodell Zuckerbergs vergoldet werden; unseren bisherigen Bemühungen bleibt vorläufig der durchgreifende Erfolg versagt.

Gegenüber öffentlichen Stellen, die Fanpages nutzten, sprachen wir Beanstandungen aus, also Feststellungen der Rechtswidrigkeit. Dies beeindruckte nur eine öffentliche Stelle, die ihre Fanpage abstellte. Insbesondere der Ministerpräsident von Schleswig-Holstein, sämtliche betroffenen Ministerien und die Industrie- und Handelskammer des Landes üben bis heute Gesetzesungehorsam, mit zwei verblüffenden rechtlichen Argumenten: Das erste Argument ist, dass man nicht verantwortlich sei für das, was man tut – ein anscheinend in der Politik äußerst beliebtes Argumentationsmuster. Hilfsweise wird vorgetragen, alle anderen würden doch ebenso die Facebook-Angebote nutzen; die Untersagung wäre eine wettbewerbsverzerrende Ungleichbehandlung, zudem seien die Fanpages doch so billig und nützlich.

Zwar kenne ich als Jurist die normative Kraft des Faktischen, doch nur aus Lebenserfahrung, nicht aber als verbindliches Recht, also quasi kurzfristig produziertes nicht Gewohnheits-, sondern Gewöhnungsrecht. Die Bindung insbesondere der Verwaltung an Recht und Gesetz wird damit ersetzt durch Opportunitätserwägungen – und das im grundrechtsrelevanten Bereich. Derartige Praktiken sind üblich in Bananenrepubliken; in demokratischen freiheitlichen Rechtsstaaten sollte dies nicht so sein. Da ich hoffte, dass das Parlament das Ignorieren parlamentarisch erlassener Gesetze nicht tolerieren würde, riefen wir den Landtag von Schleswig-Holstein an verbunden mit der Bitte, seine Kontrollfunktion gegenüber der Exekutive wahrzunehmen. Dieses Ansinnen des ULD wurde vom Innen- und Rechtsausschuss mit zwei Erwägungen zurückgewiesen: Die Rechtswidrigkeit sei ja unter Juristen nicht unbestritten. Außerdem wolle man ein für Dezember 2011 versprochenes Gutachten der Innenministerkonferenz abwarten, das auch Ende April 2012 noch nicht vorliegt.

Das unqualifizierte juristische Bestreiten ist ein beliebtes Mittel zur Beibehaltung eines rechtswidrigen Status quo bei Social Media. Ich bin immer wieder verblüfft, welche qualifizierten juristischen Kolleginnen und Kollegen sich hierfür hergeben. Dass das Parlament aber die eigene Bewertungsmacht zugunsten einer noch nicht einmal geäußerten möglichen Meinung einer Innenministerkonferenz aufgibt, also derjenigen, die bewertet werden sollen, ist schon ein seltsamer Vorgang und eher Ausdruck eigener Hilflosigkeit angesichts insbesondere der rechtlichen und technischen Komplexität, der Kapitulation vor der Faktizität des Rechtsverstoßes - oder einfach der Komplizenschaft.

Die Instrumente der Datenschutzaufsichtsbehörden im nicht-öffentlichen Bereich sind zwingender. Da gibt es zunächst die Bußgeldverfahren. Davon nahm das ULD bisher bei Facebook Abstand, weil damit der Rechtsweg zu den ordentlichen Amtsgerichten eröffnet würde, die keine qualifizierte Rechtssicherheit herstellen könnten. Bußgeldverfahren gegen einzelne Facebook-Nutzende hätten zudem die Grundsatzfrage in Detailkonflikte verdrängt.

Deshalb nutzte das ULD das erst 2009 neu ins Bundesdatenschutzgesetz eingeführte Instrument der Untersagungsverfügung nach § 38 Abs. 5 BDSG und erließ Verwaltungsakte gegen repräsentative Einrichtungen bzw. Unternehmen. Inzwischen liegen drei Anfechtungsklagen gegen das ULD vor, leider lassen zwei Klagebegründungen seit über drei Monaten auf sich warten.

Um keinen einseitigen Eindruck entstehen zu lassen. Unser Interesse ist es nicht, uns als scharfe Datenschützer zu profilieren. Das ULD versteht sich als konstruktive Datenschutzbehörde, die nur im Not- und Ausnahmefall die eigenen Sanktionsmöglichen nutzt. Bevorzugt werden von uns präventive Aktivitäten, die wir in Sachen Datenschutz bei sozialen Netzwerken seit geraumer Zeit vorantreiben.

Seit Jahren sind wir im Bereich der internationalen Grundlagenforschung für mehr Datenschutz im Netz aktiv, etwa zur Entwicklung von datenschutzfördernden Credentials, von Identitätsmanagement oder vertrauenswürdigem Cloud Computing. Das ULD geht in die Schulen des Landes, um bei unseren Kindern persönlichkeitsrechtliche und technische Kompetenz weiterzuentwickeln. In Vorträgen und Diskussionen versuchen wir, die Sensibilität der relevanten Player sowie der allgemeinen Öffentlichkeit zu erhöhen. Über Pressearbeit, durch Fachartikel und durch eigene Nutzung des Internet versuchen wir unsere Ideen, Bewertungen und Lösungsansätze zu verbreiten und populär zu machen. Im Düsseldorfer Kreis, in Arbeitskreisen, in der Konferenz der Datenschutzbeauftragten des Bundes und der Länder sowie in der Artikel 29-Arbeitsgruppe der europäischen Datenschutzbehörden und den zugehörigen Untergruppen koordinieren wir die Aufsichtstätigkeit und verabreden Standards. Wir versuchen, auf die Standardisierung bei ISO/IEC im Interesse des Datenschutzes Einfluss zu nehmen. Und was mir sehr am Herzen liegt: Mit unserem Angebot von Gütesiegel- und Auditverfahren, insbesondere auch dem European Privacy Seal, wollen wir datenschutzfreundliche Lösungen auf dem Markt belohnen und entwickeln so – auch und gerade im Online-Bereich – nebenbei Anforderungskriterien und Standards.

Schließlich: Wir versuchen, Einfluss auf den Gesetzgeber zu nehmen, das ULD beispielsweise mit einem ausformulierten Entwurf zum Internetdatenschutz im Herbst 2010. Dieser Entwurf adressierte einige zentrale Problempunkte der Datenschutzkontrolle, die ich hier als Thesen präsentieren möchte:

- Die Anwendbarkeit der Datenschutzkontrolle muss sich am adressierten Markt ausrichten.
- Die technischen Standards müssen sich an den Prinzipien "Privacy by Design" und "Privacy by Default" orientieren.

- Die Transparenz für die Nutzenden muss sich verbessern und an deren Bedürfnisse und Möglichkeiten angepasst werden.
- Es bedarf materiell-rechtlicher wie prozeduraler Normen zum Ausgleich des Datenschutzes mit den verfassungsrechtlich ebenso geschützten Grundrechten, insbesondere der Meinungs- und der Informationsfreiheit.
- Die Kooperation und Koordination der Datenschutzaufsicht muss rechtlich und technisch verbessert werden.
- Die Sanktionsmöglichkeiten sind auszuweiten.

Zwar enthält der schwarz-gelbe Koalitionsvertrag aus dem Jahr 2009 zum Thema Digitalisierung erfreuliche positive Ansätze. Doch wurde davon hinsichtlich des Datenschutzes seitdem nichts umgesetzt. Schienen im Jahr 2010 noch die Reformbemühungen der EU-Kommission eher wenig zielgerichtet, so schaffte sie es mit ihrem Vorschlag für eine Datenschutz-Grundverordnung im Januar 2012, die Fachwelt sowie die Öffentlichkeit positiv zu überraschen. Sämtliche der sechs von mir oben formulierten Thesen werden normativ aufgegriffen. Meine Ursprungsbefürchtung bzgl. der europäischen Neuregelung haben sich ins Gegenteil verkehrt: Statt einer ungenügenden Berücksichtigung der Online-Kommunikation erfolgte eine derart starke Betonung, dass viele der neuen Regelungen nicht mehr richtig auf klassische Formen der Datenverarbeitung passen.

Aber das soll hier und heute nicht unser Problem sein. Ich kann auch in der mir verfügbaren Zeit nur einige Highlights des Silberstreifens am europäischen Horizont aufzählen:

- Orientierung am Marktprinzip und damit vollständige Einbeziehung der bisher bei Social Media dominierenden US-Unternehmen,
- Zurückführung der Erlaubnistatbestände auf – konkret ausfüllungsbedürftige – Grundregeln,
- Sonderschutzregelungen für Kinder und Jugendliche, also für eine Gruppe, die im Netz besonders aktiv und gefährdet ist,
- weiterentwickelte und technikangepasste Transparenzregelungen,
- das Recht auf Vergessenwerden,
- das Recht auf Portabilität, auch "Datenübertragbarkeit" genannt,
- rechtliche Grenzen für den Einsatz von Analysetools zum Tracken, Scoren und Profilen,
- Privacy by Design und Privacy by Default,
- Breach Notification, also die Benachrichtigung bei Datenlecks.

Nicht näher eingehen kann ich auf die im Ansatz richtigen, aber hinter unseren deutschen Standards zurückbleibenden Regelungen zum technischen und organisatorischen Datenschutz, also etwa zum Datenschutzbeauftragten, zur Datenschutzfolgeabschätzung oder zu einer noch nicht aufgenommenen Orientierung an Schutzzielen.

Bevor ich zu den Kontrollregelungen komme, lassen Sie mich zwei weitere allgemeine Bemerkungen zur Grundverordnung machen:

Es besteht politischer Konsens bei allen außer der EU-Kommission, dass die Befugnisse ebendieser Kommission – im Bereich der Kontrolle sowie der Normsetzung durch delegierte Rechtsakte – definitiv zu weit gehen.

Die Alternative dazu ist aber nicht der Rückfall auf die detaillistische Regelungsstrategie, in die viele deutsche Datenschützerinnen und Datenschützer verliebt zu sein scheinen. Die Alternative sind nachgeordnete Regelungen in Form von Standards und Auslegungshinweisen des neuen Europäischen Datenschutzausschusses einschließlich regulierter Selbstregulierung, wie sie sogleich von Alexander Roßnagel detaillierter dargestellt wird.

Für die Datenschutzkontrolle wird die Grundverordnung massive Verbesserungen bringen. Dies gilt selbst für die oft geschmähte und kritisierte One-Stop-Shop-Regelung, die durch die Kohärenzregeln und durch den Umstand geteilter Verantwortlichkeit, wie sie für Social Media geradezu klassisch ist, nicht zu einer Entmündigung der Aufsicht vor Ort führen wird. Die Kohärenzregelungen kommen äußerst bürokratisch daher. Werden sie aber, wie von uns Datenschutzbehörden gefordert, vom Wasserkopf der Überaufsicht durch die EU-Kommission befreit, so habe ich keine durchgreifenden Bedenken, sondern wegen ihrer hohen Verbindlichkeit eher positive Erwartungen.

Niemand sollte sich Illusionen dazu machen: Die neuen Kontrollregelungen verursachen Aufwand, auch in Bezug auf Finanzen, Technik und Personal. Dies ist nun einmal der Preis für mehr Einheitlichkeit und Rechtssicherheit. Diese werden auch erreicht durch die erweiterten Beschwerde- und Klagemöglichkeiten von Betroffenen und Verbänden sowie durch die kurzfristigen Reaktionsnotwendigkeiten von Aufsichtsbehörden. Gerade im Bereich der Social Media können so Vollzugsdefizite abgebaut werden, wie sie derzeit etwa in Irland bei Facebook offensichtlich sind, wo eine personell dürftig ausgestattete Aufsichtsbehörde, die unter massivem politischen Druck steht sowie unter dem dauernden Druck des drohenden Arbeitsplatzverlustes bei Abwanderung der IT-Unternehmen, zugleich nur begrenzte Kontroll- und Sanktionsmöglichkeiten zur Verfügung hat. Daraus resultiert, dass einem Unternehmen wie Facebook, trotz qualifizierter Beschwerden wie denen des österreichischen Studenten Max Schrems, bisher keine wirksamen Grenzen gesetzt werden.

Sie können sich vorstellen, dass die Sanktionsmöglichkeiten wie eine Geldbuße in Höhe von bis zu 500.000 Euro oder 1% des weltweiten Jahresumsatzes völlig neue ökonomische Perspektiven für unsere Aufsichtstätigkeit eröffnen.

Bei der europäischen Grundverordnung wird es sich um in Europa geltendes Recht handeln, das ebenso wie – und vielleicht noch mehr als – die bisherige

Richtlinie Auswirkungen auf die Rechtssysteme außerhalb Europas haben wird. Stark wird vor allem die Vorbildwirkung auf die USA sein. Dort wird derzeit eine spannende Diskussion über Tracking von Verbraucherdaten bei Social Media geführt. Die Obama-Administration sah sich schon veranlasst, eine "Consumer Privacy Bill of Rights" zu veröffentlichen, um die Hoheit über die Datenschutzdiskussion nicht völlig an Europa abgeben zu müssen. Aus den USA kommen die großen Social Media- und Internet-Diensteanbieter Google, Apple, Facebook, Microsoft, Amazon, die weiterhin auf dem europäischen Markt präsent sein wollen. Deren kontrollfreie Zeit geht perspektivisch nicht nur mit der Grundverordnung zu Ende, sondern auch schon durch die heutigen in allen EU-Mitgliedstaaten zunehmenden Kontrollen der Aufsichtsbehörden wie auch durch zunehmende öffentliche und administrative, also von der FTC durchgeführte Kontrollen in den USA. In dieser Situation haben die europäischen Datenschutzbehörden einen strategischen Auftrag: Durch Erhöhung des Kontrolldrucks können nicht nur die US-Unternehmen zu einer Reduzierung des Vollzugsdefizites gebracht werden, sondern zugleich lassen sich die Marktmacht der europäischen Unternehmen stärken und der politische Druck auf den US-Gesetzgeber zur Verabschiedung valider Datenschutzregeln erhöhen. Die Erhöhung des Kontrolldrucks darf dabei nicht singulär nur Facebook und Google treffen, sondern muss flankiert werden durch Thematisierung des regulatorischen Umfeldes, zu dem insbesondere auch die Safe Harbor-Prinzipien und die sicherheitsbehördlich begründeten Datenübermittlungen in die USA gehören, also PNR, SWIFT, Patriot Act, FISA – um nur einige Buzz-Kürzel zu nennen. Diese Dynamik funktioniert nicht ohne öffentlichen politischen Diskurs über den US-Datenschutz und nicht ohne Kommunikation mit den Datenschützern in den USA.

Lassen Sie mich schließlich zu einer Eingangsbemerkung zurückkehren, die mindestens so wichtig ist wie eine qualifizierte Regulierung in der Datenschutz-Grundverordnung. Datenschutz bei Social Media bleibt – mehr als in jedem anderen Bereich – ein kulturelles und ein kommunikatives Thema. Deshalb sind auch die vielen proaktiven Aufgaben von Aufsichtsbehörden so wichtig. Deshalb ist eine Bewältigung eines Hauptproblems der internationalen Zusammenarbeit so wichtig: die sprachliche Qualifizierung aller Aufsichtsbehörden zusätzlich zur eigenen Muttersprache – in Englisch – da ohne eine gemeinsame Sprache die direkte Kommunikation nicht möglich ist und sein wird. "Amtssprache ist Deutsch" gehört gerade bei Social Media einer nicht mehr zurückzuholenden Vergangenheit an.

Die Kommunikation ist zugleich eine weitere Erfolgsvoraussetzung bei der Datenschutzkontrolle: der Respekt vor regionalen Datenschutzkulturen. Dies bedeutet nicht, dass weltweit etablierte Terms of Use oder Privacy Policies - etwa von Facebook – oder gar "technical code" an die Stelle demokratisch legitimierten Grundrechtsschutzes treten sollen. Wohl heißt es, dass eine Harmonisierung nicht von einem Tag zum nächsten realisiert werden kann und dass wir etwa dem anglo-amerikanischen Common Law den Respekt zollen müssen, den wir umgekehrt für unsere detaillistische Herangehensweise an das Datenschutzrecht erwarten.

Selbstregulierung – das Selbstregulierungsabkommen für soziale Netzwerke und generelle Überlegungen

Susanne Dehmel

I. Das aktuelle Projekt Social Media Kodex

1. Ausgangslage und Historie

In den letzten Monaten und Jahren schlugen die Diskussionen in Deutschland zur datenschutzrechtlichen Bewertung einzelner sozialer Netzwerke teils hohe Wellen. Datenschutzbeauftragte der Bundesländer und auch die Bundesministerin für Verbraucherschutz äußerten unterschiedlich scharfe Kritik an einzelnen Netzwerken. So wurden z.B. mangelnde Transparenz, uninformierte Einwilligungen und einzelne technische Features wie z.B. der Like-Button von Facebook kritisiert. Im Streit stand auch die Frage der Anwendbarkeit deutscher Datenschutzbestimmungen auf soziale Netzwerke mit Sitz in einem anderen EU-Mitgliedsstaat und Mutterkonzern in den USA.

Im Juni letzten Jahres legte der Bundesrat einen Gesetzentwurf vor, der einige dieser Probleme angehen sollte. Vorgesehen war eine Änderung des Telemediengesetzes. Aus BITKOM-Sicht waren die Vorschläge nicht zielführend, da sie weder inhaltlich befriedigend waren noch die eigentlichen Adressaten – v.a. ausländische Netzwerke – erreicht hätten (der Streit um die Anwendbarkeit deutschen Rechts wäre damit nach wie vor nicht behoben gewesen). Jedoch hätten die vorgeschlagenen Regelungen andere Diensteanbieter an Stellen behindert, die wahrscheinlich gar nicht beabsichtigt waren. Die Bundesregierung sah das ähnlich und hat daher den Vorschlag nicht unterstützt.

Dann erwarteten alle gleichzeitig voller Spannung die Pläne der EU-Kommission für eine neue EU-Datenschutzgesetzgebung, die ausdrücklich zum Ziel haben sollte, das Recht an die heutigen Verhältnisse anzupassen und die Rechte der Nutzer zu stärken. Es war jedoch klar, dass bis zum Inkrafttreten einer EU-Verordnung noch viel Zeit vergehen würde.

Bundesinnenminister Friedrich äußerte am 08.09.2011: "Ich strebe mittelfristig einen allgemeinen Kodex für soziale Netzwerke an, der Regelungen zu Datensicherheit, sicheren Identitäten sowie Aspekten des Daten-, Verbraucher- und Jugendschutzes enthält". Die Inhalte der Selbstverpflichtung sollen breit gefächert sein und aktuelle Fragen einbeziehen. Sie reichen von einer Stärkung der Medienkompetenz bis hin zu den Verfahren der Datenübermittlung.

Es folgten am 02.11.2011 eine Gesprächsrunde im Bundesministerium des Innern (BMI) und der Auftrag an die Freiwillige Selbstkontrolle Multimedia (FSM), die Erarbeitung eines Kodex für Social Communities zu den Themen Jugendschutz, Datenschutz und Verbraucherschutz zu koordinieren. Die FSM bot sich hierfür insofern an, als sich unter ihrem Dach bereits eine Reihe von deutschen Anbietern schon seit 2009 mit dem Web 2.0 Kodex mit Schwerpunkt Jugendschutz verpflichtet hatten.

Mit Beschluss vom 08.12.2011 äußerte sich der Düsseldorfer Kreis zu den inhaltlichen Anforderungen, die aus Sicht der Aufsichtsbehörden durch einen solchen Kodex erfüllt werden sollten. Es folgten zahlreiche Gespräche mit Vertretern der unterschiedlichen betroffenen Interessengruppen.

Zur CeBIT 2012 informierten BMI und FSM darüber, dass die Verhandlungen unter Beteiligung des Bundesministeriums des Innern und der anderen betroffenen Ressorts der Bundesregierung zügig fortgesetzt würden, um zeitnah einen erfolgreichen Abschluss zu erzielen. Auch die Fortsetzung des Kontakts zum Düsseldorfer Kreis wurde bestätigt.

2. Beteiligte

An den Beratungen über einen Kodex beteiligen sich die Unternehmen Facebook Germany GmbH, Google Inc. ;LinkedIn Corporation, Lokalisten Media GmbH, StayFriends GmbH, VZ Netzwerke Ltd., wer-kennt-wen.de GmbH, XING AG. Koordiniert wird die Arbeit der Unternehmen an der Selbstverpflichtung durch die Freiwillige Selbstkontrolle Multimedia (FSM) und BITKOM hat beratende Funktion. Als Hauptansprechpartner der Aufsichtsbehörden haben sich Dr. Alexander Dix, Datenschutzbeauftragter Berlin, und Ulrich Lepper, Datenschutzbeauftragter NRW und Vorsitzender des Düsseldorfer Kreises, bereit erklärt. Die FSM führt parallel eine Vielzahl von Gesprächen mit Vertretern anderer Interessengruppen und mit politischen Vertretern.

3. Status

Der Düsseldorfer Kreis und die Bundesregierung haben den Unternehmen eine Reihe von Themen genannt, welche im Rahmen der Kodex-Erarbeitung angesprochen oder geregelt werden sollten. Unter den diskutierten Themen sind:

- Privatsphäreeinstellungen,
- Datensicherheit,
- Transparenz und Kontrolle für den Nutzer,
- Wahrung der besonderen Belange zum Schutz jüngerer Nutzer,
- Angemessenes Risikomanagement, z. B. effiziente Meldemöglichkeiten für unangemessene Inhalte,
- Nutzerfreundliche Prozesse des Abmeldens von einem sozialen Netzwerk und des Löschens der dort gespeicherten Nutzerdaten,
- Berücksichtigung des informationellen Selbstbestimmungsrechts von Nichtnutzern und
- Transparenz hinsichtlich der gespeicherten Daten.

4. Ausblick

In weiteren Arbeitssitzungen der beteiligten Unternehmen sollen in diesem Jahr die möglichen Inhalte des Kodex erörtert werden und die Umsetzbarkeit geklärt werden. Ebenso sollen weitere Gespräche mit den Vertretern der Aufsichtsbehörden und den zuständigen Ressorts geführt werden, um ein gemeinsames Verständnis über Inhalte zu erzielen.

II. Bisherige Erfahrungen

1. Bestehende Selbstverpflichtungen

Es gibt bereits eine Reihe von Selbstregulierungsprojekten, die mit unterschiedlichen Schwerpunkten und in unterschiedlicher Ausgestaltung erarbeitet und teilweise auch bereits umgesetzt wurden. Dazu gehören:

- Der Web 2.0 Kodex der FSM von 2009 zur Verbesserung des Kinder- und Jugendschutzes, Verbraucherschutzes und Datenschutzes,
- der Datenschutzkodex Geodatendienste (März 2011) des BITKOM bzw. des neu gegründeten Vereins Selbstregulierung Informationswirtschaft e.V. (SRIW e.V.),

- der Europäischer PIA Framework zu RFID (April 2011) und
- der Rat für Datenschutz in der Online-Werbung (Juni 2011) ZAW in Kooperation mit BVDW zur Umsetzung einer Europäischen Selbstverpflichtung zu Online Behavioural Advertising.

Die Umstände und Erfahrungen dieser Selbstverpflichtungen sind unterschiedlich. Der Web 2.0 Kodex der FSM wurde innerhalb eines Jahres erarbeitet und ist inzwischen allgemein anerkannt. Der Datenschutzkodex für Geodatendienste wurde unter politischem Druck innerhalb weniger Monate erarbeitet. Er wurde jedoch bislang von den Datenschutzbeauftragten der Länder nicht vollständig anerkannt, weil er nicht alle Forderungen von ihnen umsetzt. Das PIA Framework für RFID wurde in enger Zusammenarbeit mit der EU-Kommission auf europäischer Ebene entwickelt. Das OBA Vorhaben läuft ebenfalls schon länger auf europäischer Ebene und wird momentan in den einzelnen Mitgliedstaaten umgesetzt.

2. Bewertung des § 38a BDSG:

Im Bundesdatenschutzgesetz gibt es zurzeit eine Anknüpfung für Selbstverpflichtungen zum Datenschutz, den § 38a BDSG. Danach können Verbände oder Unternehmen, die einen Kodex entwickelt haben, diesen der zuständigen Aufsichtsbehörde vorlegen, welche dann die Vereinbarkeit mit dem BDSG prüft und diese bestätigt.

Theoretisch könnte die Anerkennung einer Selbstverpflichtung nach § 38a BDSG durch die zuständige Aufsichtsbehörde mehr Rechtssicherheit für Unternehmen bei Unterzeichnung eines Kodex schaffen. Tatsächlich aber gibt es bis heute noch keine einzige fertige, nach § 38a BDSG anerkannte Selbstverpflichtung im Datenschutz. Es gibt ein Verfahren der Versicherungswirtschaft, welches sich aber bereits über Jahre hinzieht. Dafür gibt es vermutlich mehrere Gründe. Zum einen gibt es noch Unklarheiten bezüglich der Auslegung des § 38a BDSG. So ist umstritten, inwieweit die Entscheidung der zuständigen Aufsichtsbehörde auch für die anderen Datenschutzbehörden bindend ist. In der Regel werden sich die Datenschutzbehörden zwar zuvor abstimmen, jedoch nicht in einem formellen Verfahren. Außerdem ist ungeklärt, inwieweit Regelungen über die gesetzlichen Anforderungen hinausgehen müssen bzw. diese konkretisieren müssen. Insgesamt lässt sich feststellen, dass sich § 38a BDSG in der Praxis noch nicht so bewährt hat, wie bei Einführung erhofft. Daher lohnt es sich, noch einmal grundsätzlich darüber nachzudenken, welche Gründe im Datenschutz für Selbstregulierung sprechen könnten und welche Voraussetzungen für eine erfolgreiche Selbstregulierung gegeben sein sollten.

III. Generelle Überlegungen zur Selbstregulierung im Datenschutz

1. Ausgangslage

In der Informationsgesellschaft gibt es ständig neue datenverarbeitende Anwendungen, die Interessenskonflikte auslösen können (und werden). Legislative Prozesse im Bereich Datenschutz sind oft politisch schwierig und sehr langwierig. Die Durchsetzbarkeit nationaler Gesetzgebung ist beschränkt, was insbesondere bei digitalen, ortsunabhängigen Diensten zu berücksichtigen ist. Immer wieder aufkommende politische Forderungen nach Einzelgesetzen widersprechen dem grundsätzlichen Ziel der Schaffung einer übersichtlichen, technikneutralen Rahmengesetzgebung. Bis auf § 38a BDSG verfügen wir bislang über keinen klaren Rahmen für Selbstverpflichtungen im Datenschutz. Es stellt sich daher die Frage, wie solch ein Rahmen für Selbstverpflichtungen im Datenschutz aussehen müsste, um die Situation für alle Beteiligten zu verbessern.

2. Grundlegende Bestandteile einer Selbstregulierung

Bei Schaffung einer Selbstregulierungsstruktur sind mindestens 4 Punkte zu klären:

- Welchen Anwendungsbereich soll die Struktur und welchen Anwendungsbereich soll die einzelne Selbstverpflichtung haben?
- Wie werden die Umsetzung der Selbstverpflichtungen und deren Kontrolle organisiert?
- Soll es ein Beschwerdeverfahren geben und wie wird dieses ausgestaltet?
- Welche Sanktionen gibt es im Falle von Verstößen gegen die Vorgaben aus der Selbstregulierung?

3. Erfolgsfaktoren aus Unternehmenssicht

Soll ein Selbstregulierungsmodell erfolgreich sein, kommt es darauf an, dass sich eine kritische Masse von Unternehmen selbst verpflichtet. Es muss also so angelegt sein, dass es für Unternehmen attraktiv ist, daran teilzunehmen. Ein Anreiz für Unternehmen kann darin liegen, dass sie mehr Rechtssicherheit erhalten bzw. sie durch Beitritt zu einer Selbstverpflichtung und der Einhaltung der damit verbundenen Pflichten das Risiko von Sanktionen durch die Aufsichtsbehörden reduzieren können. Ein weiterer Vorteil – gerade vor dem Hintergrund der föderalen Struktur der Aufsichtsbehörden in Deutschland – könnte in der Einigung auf eine einheitliche Rechtsauslegung durch die unterschiedlichen Datenschutzbehörden anlässlich einer Selbstverpflichtung liegen. Weiterhin wäre es für Unternehmen attraktiv, schneller Klarheit über neu aufkommende rechtliche Fragen zu bekommen, die anlässlich neuer Produkte oder Services entstehen. Eine zentrale Anlaufstelle wäre für Unternehmen ebenfalls ein attraktives Angebot. Die Selbstregulierung soll gerade als Ergänzung zu gesetzlichen Regelungen dienen und somit klarstellende Funktion zu andernfalls möglicherweise strittigen Fragen der Rechtsauslegung erfüllen. Dabei ist zu erwarten, dass nicht immer von Anfang an Einigkeit über die Auslegung der gesetzlichen Vorgaben besteht. Daher sollte über Konfliktlösungsmechanismen und Wege zur Klärung strittiger Rechtsfragen nachgedacht werden. Diese sind so auszugestalten, dass die Erzielung zeitnaher Ergebnisse möglich ist.

4. Perspektive der Aufsichtsbehörden

Für die Aufsichtsbehörden kann sich Selbstregulierung im Datenschutz ebenfalls positiv auswirken. Denn sie zwingt Unternehmen, sich mit ihren internen Prozessen aus datenschutzrechtlicher Sicht auseinander zu setzen. Wenn ein Unternehmen sich freiwillig zu bestimmten Vorgaben verpflichtet, wird es vorher sicherstellen, dass es diese auch umsetzen kann. Die Möglichkeit, dies vorher abzuklären und die Freiwilligkeit der Verpflichtung führen in der Regel zu einer größeren Akzeptanz innerhalb des Unternehmens und dient so dem Datenschutz. Selbstregulierung kann den sachlichen Dialog zwischen Aufsichtsbehörden und einzelnen Branchen generell fördern. Aufsichtsbehörden haben so die Möglichkeit, einzelne Branchen direkt und frühzeitig auf Datenschutzaspekte hinzuweisen. Entwickeln sich in bestimmten Bereichen Missstände, bietet Selbstregulierung die Möglichkeit schneller zu reagieren, als dies meist im politischen Prozess möglich ist. Sie kann Ressourcen sparen, indem sie die Aufsichtsbehörden insofern entlastet, als sich Unternehmen kollektiv auf bestimmte Vorgaben verpflichten. Die Aufsichtsbehörden müssen dann nur noch die Fälle prüfen, in denen es Anhaltspunkte gibt, dass dies nicht der Fall ist, ansonsten können sie sich auf diejenigen konzentrieren, die sich darauf nicht verpflichtet haben. Unter Umständen kann die Selbstregulierung auch effektiver sein als ein Gesetz, da hierdurch auch Unternehmen gebunden werden können, die nicht der inländischen Gesetzgebung unterliegen würden.

Zu den strukturellen Nachteilen der Selbstregulierung gehört aus Sicht der Aufsichtsbehörden, dass sie nur diejenigen bindet, welche sich verpflichten. Weiterhin prüfen die Aufsichtsbehörden grundsätzlich nur gesetzliche Vorgaben und nicht selbst gegebenen Regelungen der Unternehmen. Außerdem müssen Regelungen durch Selbstverpflichtungen und deren Akzeptanz mit der grundsätzlichen Unabhängigkeit der Aufsichtsbehörden in Einklang gebracht werden.

Auch die effektive Durchsetzung der Verpflichtungen aus der Selbstregulierung muss geklärt sein.

Digitale Aufklärung – Medienkompetenz als Bildungsaufgabe

Edgar Wagner

I. Digitale Revolution

Seit zwei Jahrzehnten erleben wir mit wachsender Geschwindigkeit und in globalen Dimensionen die Transformation von der Industrie- in eine digitale Gesellschaft. Diese Entwicklung ist noch nicht abgeschlossen und ihre Konsequenzen im Einzelnen noch nicht absehbar.

Eine Folge ist allerdings offenkundig. Wir hinterlassen im Netz und außerhalb davon bewusst und unbewusst endlose Datenspuren. Wer die Fähigkeiten und Möglichkeiten dazu hat, kann in ihnen lesen wie in einem Buch, wie in einem intimen Tagebuch.

Das Flaggschiff der digitalen Wirtschaft, Facebook, gehört zu den eifrigsten Spurenlesern und Datensammlern und seine Mitglieder – mittlerweile mehr als 900 Millionen Menschen – zu den fleißigsten Spuren- und Datenlieferanten. Pro Monat schließen sie 125 Milliarden Freundschaften, pro Tag laden sie 300 Millionen Fotos hoch und aktivieren 3,2 Milliarden Mal den Like-Button. Daten ohne Ende, eingesammelt mit zum Teil fragwürdigen, zum Teil rechtswidrigen Methoden, von Kindern ebenso wie von zum Teil arglosen Erwachsenen.

Aber Facebook ist mit dem Erreichten nicht zufrieden. „Ein paar hundert Millionen Mitglieder sind ja ganz nett – so Sheryl Sandberg, die Vizechefin von Facebook – aber wir wollen die ganze Welt vernetzen". Und als vor wenigen Wochen Timeline vorgestellt wurde, lautete die Losung: „Wir wollen Euer ganzes Leben." Von jedem Erdenbürger das ganze Leben, jedenfalls dessen digitales Abbild, das ist das Ziel von Facebook und zu diesem Ziel sind die Facebook-Verantwortlichen mit Macht unterwegs.

Wurde in Folge der industriellen Revolution die Arbeitskraft der Menschen ausgebeutet, so vermitteln zumindest Facebook und Co. den Eindruck, dass im Zuge der digitalen Revolution die Privatsphäre vieler Menschen ausgebeutet wird.

Im industriellen Zeitalter folgten dieser Ausbeutung soziale Gegenbewegungen, Arbeiterparteien, Gewerkschaften und Bildungsvereine. Sieht man sich heutzutage um, könnte man den Eindruck gewinnen, als gäbe es derzeit niemanden, der sich gegen die Ausbeutung der Privatsphäre zur Wehr setzte. Aber dieser Eindruck täuscht. Soziale Protestbewegungen im digitalen Zeitalter organisieren sich anders, funktionieren anders und haben auch andere Wirkungsweisen, als die sozialen Verbände des industriellen Zeitalters. Aber sie sind trotzdem da und beginnen sich auch zu artikulieren.

Am Anfang steht ein österreichischer Student, der von Facebook erfahren will, welche Daten von ihm gespeichert werden. Dann folgt harsche Kritik, auch aus der Netzgemeinde, etwa vom Chaos Computer Club. Und schließlich kommt es zu Protesten von 36.000 Usern, die sich gegen die geplante Änderung der Nutzungsbedingungen von Facebook zur Wehr setzen. Die Verbraucher sind offenbar dabei, zu lernen, wie groß ihre Macht im digitalen Zeitalter ist. Dafür müssen sie sensibilisiert werden und dafür müssen sie auch ein Bewusstsein entwickeln.

II. Digitale Aufklärung

Aber es geht in diesem Zusammenhang nicht nur um Machtfragen. Bei Kindern und Jugendlichen, die erst noch auf ihre Rolle als Verbraucherinnen und Verbraucher vorzubereiten sind, geht es zunächst um Bildungsfragen, um Verbraucherbildung, um das Recht auf Verbraucherbildung, das von der Generalversammlung der Vereinten Nationen bei der Verabschiedung der Guidelines for Consumer Protection im Jahre 1985 in den Katalog der Verbrauchergrundrechte aufgenommen wurde.

Die Verbraucherbildung ist deshalb auch Gegenstand der schulischen Bildung, wobei das Bildungsministerium in seiner Richtlinie aus dem Jahre 2010 neben der Finanz- und Konsumkompetenz ausdrücklich auch den Datenschutz zu den Kernbereichen der Verbraucherbildung zählt.

Das ist eine relativ neue Einsicht und geht auf entsprechende Initiativen der Datenschutzbeauftragten des Bundes und der Länder zurück, die im Oktober 2009 in einer Entschließung erstmals von der Notwendigkeit sprachen, „die Fähigkeit und Bereitschaft der Bürgerinnen und Bürger, insbesondere von Kindern und Jugendlichen, zu fördern, verantwortungsvoll mit ihren eigenen Daten und respektvoll mit den Daten anderer Menschen umzugehen".

Diese Forderung ist mittlerweile auch bei den politisch Verantwortlichen angekommen. In Rheinland-Pfalz etwa einigten sich im Januar 2011 alle Fraktionen des Landtags auf eine Entschließung, die den Datenschutz ausdrücklich als Bildungsaufgabe bezeichnet. Ähnliches gilt auch für andere Landesparlamente und für den Bundestag, so dass man zweifellos festhalten kann, dass es mittlerweile einen breiten politischen Konsens darüber gibt, den Datenschutz mit Blick auf die digitale Entwicklung als Bildungs- und Erziehungsaufgabe zu verstehen und auch zu praktizieren.

III. Digitales Bildungskonzept

Welche Konsequenzen folgen aus dieser Einsicht? Was sind die Inhalte eines Bildungskonzepts zum Datenschutz? Sechs Themenkreise will ich in diesem Zusammenhang kurz ansprechen.

Es geht zunächst um die Grundlegung, das heißt um den Wertekanon, der dem Datenschutz zugrunde liegt, um das Recht auf einen persönlichen Lebens- und Rückzugsbereich, um die Chance auf Vergessen, um die Herrschaft über die eigenen Daten und insoweit auch um den Datenschutz als „elementare Funktionsbedingung eines demokratischen Gemeinwesens", wie es das Bundesverfassungsgericht mehrfach formuliert hat.

Es geht zum Zweiten darum, ein Bewusstsein für die Funktionsbedingungen des digitalen Zeitalters zu entwickeln, dafür, dass die Leitwährung im digitalen Zeitalter nicht Euro und Dollar sind, sondern private Daten und persönliche Informationen, dafür, dass wir im digitalen Zeitalter nicht erst dann gläsern werden, wenn wir durch einen Nacktscanner laufen, dafür, dass das Netz nichts vergisst und dafür, dass auch die im Netz gespeicherten Daten nicht vor unbefugtem Zugriff sicher sind.

Es geht zum Dritten um neue Risiken, die mit diesen digitalen Funktionsbedingungen verbunden sind, um individuellen Risiken für den einzelnen Nutzer, wie um Risiken, die Facebook und Co. für die Gesellschaft insgesamt zur Folge hat.

Und es geht viertens um die Vermittlung der Datenschutzrechte und die Möglichkeiten, sich im Netz selbst zu helfen, das heißt konkret

- sich in sozialen Netzwerken angemessen zu verhalten,
- sichere Passwörter zu wählen,
- E-Mails zu verschlüsseln,
- Cookies zu löschen,
- alternative Suchmaschinen zu nutzen und
- über die sonstigen Möglichkeiten des Selbstdatenschutzes Bescheid zu wissen.

Bei allen Bemühungen um digitale Selbstverteidigung darf fünftens nicht außer Acht gelassen werden, dass es auch im Internet nicht nur um Datenschutzrechte, sondern auch im Datenschutzp f l i c h t e n geht. Das Web 2.0 verleiht Macht, nicht zuletzt wegen seiner scheinbaren Anonymität. Damit muss verantwortungsvoll umgegangen werden. Das gilt insbesondere für die Daten und Informationen über Dritte. Über diese Daten darf nicht beliebig verfügt werden, sie sind zu respektieren. Es geht also auch um die Entwicklung einer Online-Ethik, um eine digitale Moral. Auch sie entsteht nicht von alleine, auch sie muss anerzogen werden.

Auch wenn es dabei insgesamt um sehr viel Prinzipielles und Grundsätzliches geht, kann man es nicht bei allgemeinen Informationen und allgemeinen Ratschlägen belassen.

Es muss sechstens immer um konkrete Konsequenzen und konkrete Handlungsanleitungen gehen, um aktuelle Antworten auf die sich ständig ändernden Herausforderungen, die das Internet mit sich bringt. Wenn also die Nutzungsbedingungen von Facebook geändert werden sollen, muss man sich damit auseinandersetzen, wenn Google seine verschiedenen Dienste zusammenfügt, muss man die datenschutzrechtlichen Konsequenzen thematisieren und wenn ein zu Unrecht Verdächtigter im Internet zum Gegenstand von Lynch-Aufrufen wird, kann man daran nicht vorbeigehen.

Das Internet ist konkret, schnell und flexibel. Und genauso müssen auch die Aufklärungs- und Informationsbemühungen zum Datenschutz sein: konkret, schnell und flexibel.

Fasst man diese Anforderungen in einem Wort zusammen, dann geht es beim Datenschutz als Bildungsaufgabe um die Vermittlung von D a t e n s c h u t z k o m p e t e n z .

IV. Datenschutzkompetenz

Sosehr im Bildungsbereich der Begriff der „Medienkompetenz" zu Hause ist, so wenig ist es aber der Begriff der „Datenschutzkompetenz". Jedenfalls ist er dort noch nicht etabliert. Allzu oft werden Medienbildung und Medienkompetenz noch in den überkommenen Kategorien gedacht und insbesondere auf Forderungen des Jugendmedienschutzes reduziert. Liest man den Zwischenbericht der Enquetekommission „Internet und digitale Gesellschaft" des Deutschen Bundestags zur Medienkompetenz, muss man auf den gut 50 Drucksachenseiten schon sehr genau suchen, um dort überhaupt den Begriff „Datenschutz" zu finden. Das ist kein Einzelfall, sondern die Regel.

Umso wichtiger ist es, dass die Kultusministerkonferenz in ihrem Beschluss vom März 2012 über die Medienbildung in der Schule, der von Datenschutzseite angeregt worden war, auch das Thema Datenschutz – wenn auch nur knapp – behandelt. Immerhin findet sich dort folgender Satz:

> „Medienbildung befähigt zur Datensparsamkeit und zur Vermeidung von Datenspuren und fördert die digitale Sicherheit der persönlichen Kommunikation. Insoweit trägt Medienbildung auch zur eigenverantwortlichen informationellen Selbstbestimmung und zum persönlichen Datenschutz bei."

Ich bin mir aber sicher, dass selbst diese Passage nicht in den Beschluss der KMK aufgenommen worden wäre, wenn wir sie den zuständigen Stellen nicht geradezu aufgedrängt hätten. Im Übrigen ist es bezeichnend, dass folgender, ebenfalls von den Datenschutzbeauftragten vorgeschlagener Satz, aus dem Text gestrichen wurde: „In unserem digitalen Zeitalter gehört der selbstverantwortete Datenschutz zu den Wesensmerkmalen von Medienkompetenz."

Dass dieser Satz gestrichen wurde zeigt das ambivalente Verhältnis der Medienwissenschaftler und Bildungspolitiker zum Datenschutz.

Was will ich damit sagen? Auch wenn Medienkompetenz in aller Munde ist, heißt das noch nicht, dass im Rahmen der vielen Regierungsprogramme und Schulprojekte zur Medienkompetenz auch Datenschutzfragen und Datenschutzthemen behandelt werden. Sieht man von der besonderen Thematik des Cybermobbing ab, wird der von mir angesprochene Themenkatalog zum Datenschutz in aller Regel nur dann im schulischen Unterricht behandelt, wenn die Schulen über eine in Datenschutzfragen versierte Lehrkraft verfügen. Dies ist aber eher die Ausnahme.

Es macht die Sache nicht einfacher, dass in der bildungs-, medien- und netzpolitischen Diskussion außer der Medien- und der Datenschutzkompetenz noch eine weitere Kategorie eine Rolle spielt, die sog. Informationskompetenz, die sich wiederum von der Medienkompetenz und einer – ebenfalls noch ins Spiel gebrachten – Internetkompetenz unterscheiden soll. Letztlich leiden alle Versuche, diese Kompetenzbereiche stärker im schulischen Unterricht zu verankern, daran, dass sie keine klaren Konturen haben, unterschiedlich definiert werden und vor allem durch die jeweiligen Erfahrungshorizonte begrenzt sind. Deshalb kann man als Datenschützer zwar feststellen, dass die Datenschutzkompetenz Teil der Medien- und der Informationskompetenz ist. Die Wortführer der medienpolitischen Diskussion nehmen diese Feststellung aber kaum zur Kenntnis.

V. Bildungspolitische Forderungen

Daraus möchte ich einige bildungspolitische Forderungen zum Datenschutz ableiten:

- Bundesweit muss dem Datenschutz im schulischen Unterricht ein größeres Gewicht beigemessen werden, als dies zurzeit der Fall ist.
- Dies setzt voraus, dass der Datenschutz als integraler Bestandteil von Medienkompetenz ausdrücklich in den Bildungsstandards und Lehrplänen verankert wird.

- Notwendig ist außerdem, dass die datenschutzrechtlichen Lerninhalte bewertungs- bzw. prüfungsrelevant ausgestaltet werden.
- Hinzukommen muss, dass Medien- und Datenschutzkompetenz entweder in einem eigenständigen Schulfach oder in einem Fächerspektrum mit einer begrenzten Zahl von Leitfächern verpflichtend zu verankern ist.
- Medien- und Datenschutzkompetenz muss außerdem zum verbindlichen Gegenstand der Lehrerausbildung gemacht werden, was die Ausarbeitung entsprechender curricularer Anforderungen notwendig macht.
- Das Gleiche gilt für die Fort- und Weiterbildung von Lehrerinnen und Lehrer; auch sie muss stärker als bisher auf den Datenschutz bezogen werden.
- Schließlich sind den Eltern wirkungsvolle Hilfestellungen in den ihre Kinder betreffenden Datenschutzfragen zu geben.

Mir fehlt die Zeit, meine Damen und Herren, diese Forderungen im Einzelnen zu begründen. Lediglich zu der Frage eines eigenständigen Unterrichtsfachs möchte ich ein paar Anmerkungen machen.

Mir ist bewusst, dass es hier im Lande keine Überlegungen gibt, Verbraucherbildung oder Medienkompetenz oder gar Datenschutzkompetenz als eigenes Unterrichtsfach zu konzipieren. Die Themen sind so komplex und so multidisziplinär wie der Alltag der Schülerinnen und Schüler. Andererseits: Wenn man Medienkompetenz – nach Lesen, Schreiben und Rechnen – als vierte Kulturtechnik bezeichnet, muss man daraus auch die notwendigen schulischen Konsequenzen ziehen.

Vor diesem Hintergrund ist es bemerkenswert, dass der netzpolitische Kongress der CSU Anfang des Jahres ausdrücklich für die Vermittlung von Medien- und Informationskompetenz in einem eigenen Schulfach eingetreten ist. „Hier geht es" – heißt es in diesem Beschluss – „darum, die Möglichkeiten des Internet aufzuzeigen und dabei darauf hinzuweisen, welche Gefahren und welche Chancen und Vorteile damit verbunden sein können. Den Schülern muss zum einen eine grundsätzliche Sensibilität im Umgang mit ihren persönlichen Daten gegeben und zum anderen ein digitaler Instinkt vermittelt werden, der seriöse von unseriösen Inhalten unterscheidet. Dazu gehört auch der geschulte Umgang mit Computer-Tauschbörsen und die Einbeziehung externer Experten, Tutoringmodelle unterstützen den versierten Umgang mit dem Netz."

VI. Unterrichtsangebote der Datenschutzbeauftragten

Es wird seine Zeit dauern, bis der Datenschutz und Fragen der Datenschutzkompetenz ihren angemessenen Platz im schulischen Unterricht gefunden haben. Die Datenschutzbeauftragten des Bundes und der Länder zählen es zu ihren Aufgaben, mitzuhelfen, die Defizite bei der Vermittlung von Datenschutzkompetenzen abzubauen. Das beginnt bei der Erstellung von Unterrichtsmaterialien, schließt die Fortbildung von Lehrkräften ein und endet bei der Durchführung von Unterrichtseinheiten zum Datenschutz. Auf all diesen Feldern sind die Datenschutzbeauftragten der Länder – mit unterschiedlichen Schwerpunkten – aktiv.

Das gilt besonders für Rheinland-Pfalz, wo der Landesdatenschutzbeauftragte eingebunden ist in das Regierungsprogramm „Medienkompetenz macht Schule", auf dessen Grundlage die Schulen im Lande mit großem finanziellen Aufwand mit Rechnern, Software, White Boards und dergleichen ausgestattet werden. Die Zahl, der in dieses Projekt angebundenen Schulen wächst kontinuierlich; mittlerweile ist es jede vierte rheinland-pfälzische Schule. Dies gilt auch für die aufgrund dieses Programms ausgebildeten Jugendmedienschutzberater. 1500 Lehrkräfte sind in diesem Sinne bisher weitergebildet worden. Ähnliches gilt auch für die jugendlichen Medienscouts.

Datenschutzkompetenz wird aber vor allem durch vierstündige Datenschutzworkshops vermittelt, die meine Mitarbeiterinnen und Mitarbeiter zusammen mit 20 speziell ausgebildeten Honorarkräften in den weiterführenden Schulen des Landes durchführen. Die Nachfrage ist groß. Seit September 2010 haben wir an mehr als 100 Schulen über 300 Workshops durchgeführt und auf diese Weise nahezu 10.000 Schülerinnen und Schüler in Datenschutzfragen unterrichtet. Mit finanzieller Unterstützung der Landesregierung werden wir diese Zahl in den beiden kommenden Jahren verdreifachen, wobei wir dazu übergehen, die Workshops jetzt auch an den 800 Grundschulen des Landes anzubieten. Auf der Grundlage von altersgerechten pädagogischen Konzepten stellen wir dabei in den Grundschulen wie in den weiterführenden Schulen die Themen in den Mittelpunkt dieser Unterrichtseinheiten, die ich eingangs bereits angesprochen habe: Grundwerte, digitale Zusammenhang und Risiken, Rechte und Pflichten und die Möglichkeiten des Selbstdatenschutzes.

Die große Nachfrage offenbart die Defizite, die in den Schulen bestehen, und der Ablauf der Workshops die Defizite, die bei den Schülerinnen und Schülern festzustellen sind. Auf Dauer werden diese Defizite aber nur dann nachhaltig zu beseitigen sein, wenn die Schulen die entsprechende Aufklärung nach Maßgabe konkreter Lehrpläne und mit datenschutzrechtlich vorgebildeten Lehrkräften selbst übernehmen. Die Unterstützung der Datenschutzbeauftragten bleibt ihnen gewiss.

VII. Erste Erfolge

Was sind die Ergebnisse all dieser Anstrengungen? Ich habe schon darauf hingewiesen, dass sich mittlerweile der Widerstand gegen selbstherrliche Verhaltensweisen von Facebook vergrößert. Ich will auch noch darauf aufmerksam machen, dass die bisherigen Anstrengungen – in den Schulen und im außerschulischen Umfeld – auch darüber hinausgehende Erfolge vorweisen: Nach der JIM-Studie 2010 hat die Zahl jener Jugendlichen zugenommen, die in sozialen Netzwerken besser auf ihre Privatsphäre achten. Diese und andere Studien zeigen aber auch, dass noch sehr viel zu tun ist. Daran wird sich angesichts der rasanten digitalen Entwicklung auf absehbare Zeit nichts ändern. Datenschutz als Bildungsaufgabe bleibt eine Daueraufgabe.

Facebook - Gefahr oder Chance?[1]

Silvio Horn

I. Einleitung

Facebook ist mit derzeit über 900 Millionen Nutzern[2] das mit Abstand größte soziale Online-Netzwerk der Welt. Durch den Börsengang des gleichnamigen amerikanischen Unternehmens am 18. Mai 2012 ist dieses Internet-Phänomen in den Fokus einer breiten Öffentlichkeit gerückt. Während sich zuvor ein relativ kleiner Kreis von Experten – zum Beispiel Pädagogen oder Fachleute auf dem Gebiet des Datenschutz-, Urheber- oder Medienrechts – in Fachzeitschriften oder auf Tagungen zu Gefahren von Online-Netzwerken äußerten, erschienen im Vorfeld und Nachgang des Börsengangs zahllose Veröffentlichungen zu der Frage, was ein Online-Netzwerk eigentlich ist, welche Vor- und Nachteile mit der Nutzung verknüpft sind und welche Auswirkungen aus dem Börsengang resultieren könnten. Durch die mediale Aufbereitung ist auch und vor allem für die Generation der sogenannten „Digital Immigrants", also jene von der „Generation Facebook"[3] mitunter bedauerten Menschen, die sich noch an eine Zeit ohne Internet und Smartphones erinnern können und die in der Regel Facebook weder kennen noch nutzen, erstmals umfassend Wissen zum Thema vermittelt worden. Es stehen angesichts der vorhandenen Probleme nunmehr auch interessante Vorschläge – wie beispielsweise die Einführung von Medienscouts an Schulen oder die Schaffung eines Unterrichtsfaches „Internet" – in der öffentlichen Debatte.

Diese Seminararbeit gibt zunächst einen Überblick zu Social Media, erläutert die Funktionsweise von Facebook und geht dabei auch auf die Mitbewerber *twitter, XING, Google+, YouTube & Co.* ein; ein kurzer Exkurs befasst sich mit den Auswirkungen des Web 2.0 auf unser Kommunikationsverhalten; beleuchtet Fa-

---

1 Die nachfolgende Abhandlung entstand im Sommersemsester 2012 als Seminararbeit an der Deutschen Universität für Verwaltungswissenschaften im Seminar „Information und Kommunikation – Werkzeuge für Bürgerbeteiligung" unter Leitung von Univ.-Prof. Dr. Hermann Hill.
Der Verfasser ist Referent in der Polizeiabteilung des Innenministeriums Mecklenburg-Vorpommern. Die im Beitrag vertretenen Auffassungen geben die persönliche Meinung des Autors wieder.
2 https://newsroom.fb.com/content/default.aspx?NewsAreaId=22 (1.6.2012, 22 Uhr).
3 Vergleiche hierzu u.a. das gleichnamige Buch von *Oliver Leistert* und *Theo Rohleder*.

cebooks Probleme mit dem deutschen und europäischen Datenschutzrecht und geht der Frage nach, welche Chancen und Risiken mit der Nutzung von Facebook für private Nutzer und öffentliche Verwaltungen verbunden sind; versucht schließlich eine Antwort darauf zu finden, ob öffentliche Verwaltungen einen Facebook-Account haben sollten und wenn ja, was dabei zu beachten ist.

Der Einsatz von Facebook in Politik und Wirtschaft wird nicht betrachtet, ebenso urheberrechtliche Fragestellungen.

II. Von der informationellen Selbstbestimmung zur informationellen Selbstdarstellung – Wie Social Media die Gesellschaft verändert.

1. Überblick zu Social Media

Als Social Media (häufig synonym auch Social Web, Web 2.0) werden „Programme und Systeme (bezeichnet), die menschliche Kommunikation und soziale Interaktion über das Internet unterstützen und fördern."[4] Dabei sind der Vielfalt der Gestaltungsformen durch die nahezu unbegrenzten Möglichkeiten des Internets keine Grenzen gesetzt. Und so ist es ebenso verblüffend wie begrüßenswert, dass heute technisch ausgefeilte Web-Lösungen mit einer niedrigen Mitmachschwelle (in der Regel) kostenlos im Netz zur Verfügung stehen, an die vor einigen Jahren noch nicht zu denken war. Diese Angebote werden von über einer Milliarde Menschen weltweit dankbar angenommen, indem diese über die nachfolgend aufgezählten Portale in ganz unterschiedlicher Art und Weise miteinander interagieren, sich also mitteilen und austauschen und hierzu Texte, Fotos und Videos veröffentlichen. Dabei stehen nicht nur sachliche Informationen im interaktiven Fokus, sondern auch und zu großen Teilen menschliche Emotionen, Stimmungen, Meinungen.

Social Media ermöglicht dabei verschiedene Formen der sozialen Interaktion: Neben der reinen Information (Mitteilen, Benachrichtigen) geht es vor allem um Kommunikation (Austausch) und Vernetzung (Aufbau und Pflege von Beziehungen), schließlich spielen aber auch Beteiligung (Teilhabe an Entscheidungsprozessen) und Kollaboration (gemeinsames Erzeugen von Inhalten) eine wichtige Rolle. Insbesondere das gemeinsame Erzeugen von User Generated Content ist ein prägendes Merkmal von Social Media in Abgrenzung zu bloßen Netzgemeinschaften wie dem Internet.

Dementsprechend vielfältig begegnet uns Social Media in Gestalt von verschiedenen technischen Plattformen und Web-Anwendungen, die in der Regel

---

4 *Köhler*, Internetfalle, S. 251.

jeweils eine bestimmte Form der Interaktion präferieren: Online-Netzwerke (z.B. Facebook, Google+, XING), (Micro-)Blogs (z.B. twitter, Wordpress), Foren, Podcasts, Life-streams, Bookmarks, Communities (z.B. Flickr, YouTube) oder auch Wikis.[5] Globale Social-Media-Marktführer sind Facebook, twitter und Youtube; kontinental betrachtet gibt es individuelle Plattformen mit ebenfalls beträchtlichen Nutzerzahlen, die in Deutschland weitgehend unbekannt oder unbedeutend sind (z.B. Orkut in Brasilien, Zing.vn in Vietnam, Hi5 in Thailand und Kambodscha oder LinkedIn, das XING des englischsprachigen Raums). In Deutschland einst bekannte Online-Netzwerke wie z.B. *studiVZ und MeinVZ, Stayfriends, wer-kennt-wen* haben insbesondere im Zuge der Prosperität von Facebook an Bedeutung verloren oder werden gar eingestellt.[6] Dass Social Media ständig im Fluss ist, wird auch an Neuentwicklungen wie Diaspora deutlich: Diese neue Online-Plattform (Start für Mitte 2012 geplant) soll ähnliche Funktionalitäten wie Facebook & Co. anbieten, den Nutzern aber weitgehende Selbstkontrolle über Daten und Inhalte gewähren.

Die Angebote werden in der Regel als personalisierte und geschlossene Systeme betrieben, d.h. die Beteiligung erfordert eine persönliche Anmeldung und erfolgt damit nicht – wie im Internet allgemein üblich – anonym. Dieser Grundsatz wird allerdings dadurch durchbrochen, dass Aliasnamen verbreitet sind.

Die Finanzierung der Infrastruktur und des Betriebes erfolgt weitgehend über Werbung, einige Dienste (z.B. bei XING) sind kostenpflichtig. Facebook hat durch den Börsengang im Mai 2012 Emissionserlöse von rund 16 Mrd. US-Dollar generiert.[7]

2. Was ist und wie funktioniert Facebook?

Facebook ist eine im Jahre 2004 vom US-Amerikaner Mark Zuckerberg erdachte und zunächst im Netzwerk der Harvard-Universität betriebene Online-Plattform, die sowohl einzelnen Privatpersonen und Gruppen von diesen, aber auch Körperschaften des öffentlichen und des privaten Rechts die Möglichkeit der Präsentation von Informationen sowie zur Kommunikation bietet. Integriert sind Dienste (z.B. eMail, Chat, Videotelefonie) und Anwendungen (z.B. Spiele). Nutzer müssen mindestens 13 Jahre alt sein und einige Informationen verbindlich angeben (Name, Vorname, eMail-Adresse, Geschlecht, Geburtsdatum). Weitere persönli-

---

5   Eine gute Übersicht zu den Social-Media-Plattformen gibt *Köhler*, Internetfalle, S. 34ff.
6   http://www.spiegel.de/netzwelt/web/netz-fuer-schueler-keine-hoffnung-mehr-fuer-studivz-a-838115.html, (26.6.2012, 21 Uhr).
7   Quelle: *Financial Times Deutschland* vom 21.5.2012 (S. 8).

che Informationen sind zwar fakultativ, aber nachdrücklich erwünscht,[8] etwa zu Hobbys, Interessen, politischen und religiösen Einstellungen, zur Ausbildung, zu Arbeitsplätzen, Orten, Geschmäckern und sonstigen Vorlieben und dergleichen mehr. In einem festen Seitenlayout kann der Nutzer Informationen über und von sich in Form von Text, Geoinformationen, Bildern oder Videos bereitstellen. So entsteht nach und nach ein persönliches Profil des Nutzers. Die Informationen werden chronologisch abgelegt; dazu hat Facebook die Gestaltung in Form der „Timeline" eingeführt.

Der Nutzer kann u.a. Gruppen Gleichgesinnter gründen, zu Veranstaltungen einladen, Kommentare abgeben, Informationen anderer Nutzer oder auch Produkte, Dienstleistungen, Orte, Veranstaltungen „liken", d.h., „ein Gefallen daran" ausdrücken; Seiten von Körperschaften (z.B. Künstler, Behörden, Firmen) kann man als Fan beitreten. Die Möglichkeit, das Missfallen auszudrücken, besteht bei Facebook nicht, lediglich in Form von Kommentaren.

Facebook bietet zahlreiche Optionen, die Sichtbarkeit der Informationen oder auch die Verwendung der Daten durch individuelle Einstellungen zu personalisieren. Grundsätzlich wird durch das bei Facebook übliche (jedoch im Internet verpönte) Opt-out-Verfahren[9] ein Profil bei der Einrichtung als „öffentlich" ausgestaltet; dies bedeutet, jeder Facebook-Nutzer kann die Informationen einsehen. Als alternative Einstellungsoptionen bietet Facebook unter anderem die Kategorien „Freunde", „Freunde von Freunden" und „Nur ich" an. Zentraler Begriff des Netzwerkes und „Knotenpunkt"[10] aller Funktionen der Website ist die „Freundschaft", womit Facebook die Beziehung zwischen zwei Objekten (in der Regel Personen) des Netzwerkes herstellt.[11] Die Freundschaft kommt durch Bestätigung von „Freundschaftsanfragen" zustande.

Facebook nutzt zur Refinanzierung ein im Internet weit verbreitetes und zudem überaus erfolgreiches Geschäftsmodell: Die kostenfreie Bereitstellung eines Dienstes oder einer technischen Plattform wird durch Werbung finanziert. Für Werbekunden ist Facebook aus zwei Gründen besonders interessant:

---

8   Bei der Einrichtung des Profils wird der Nutzer stufenweise animiert, möglichst viele Informationen von sich preiszugeben; bei zurückhaltender Eingabe persönlicher Daten erscheint zur visuellen Verdeutlichung des unterdurchschnittlichen Profils ein nur mäßig anwachsender Fortschrittsbalken; er suggeriert, dass Nutzer mit wenigen Angaben nicht leicht als Freund gefunden werden.
9   http://www.zeit.de/digital/internet/2012-06/facebook-mail (4.7.2012, 14 Uhr)
10 Steinschaden, Phänomen Facebook, S. 14
11 Nach dem gleichen Prinzip funktionieren sog. semantische Wissensnetze (vgl. u.a. www.i-views.de), die u.a. auch bei Nachrichtendiensten eingesetzt werden, allerdings mit dem Unterschied, dass zu den dortigen Objekten zunächst Informationen beschafft werden müssen.

Zum Einen können in Kenntnis individueller Präferenzen, die die Nutzer dem Betreiber der Seite freiwillig (!) zur Verfügung stellen, zielgruppengenaue, ja sogar persönlich zugeschnittene Produktwerbungen platziert werden.

Zum Anderen setzt Facebook auf einen ebenso einfachen wie erfolgreichen Mechanismus von Empfehlungen: Sofern Nutzer bestimmte Produkte oder Informationen mit dem „gefällt mir" – Button angeklickt haben, erscheint für alle (vernetzten) Freunde sichtbar eine Meldung dazu im Liveticker. Dieser läuft permanent – nach einem von Facebook nicht veröffentlichten Algorithmus – im rechten Frame des Bildschirms und enthält dann Meldungen wie „Steffen Müller gefällt Fruchtmilch". Zudem erscheint mitunter auch Produktwerbung mit dem eben beispielhaft angeführten Zusatz und Bild des Users im Werbeblock der Facebook-Seite (neben dem Ticker). Diese Art der Produktplatzierung ist deswegen überaus interessant für Hersteller, weil Kunden bei der Kaufentscheidung der Meinung von Konsumenten ein deutlich höheres Gewicht bemessen als der Eigenwerbung von Firmen. Das Vertrauen in Produkt-Empfehlungen von Freunden ist noch höher als das von Konsumenten allgemein: Weltweit vertrauen 90 Prozent[12] aller Befragten derartigen Empfehlungen aus dem Freundes- und Bekanntenkreis.

Facebook ist damit zu einem „*kommerziellen Transmissionsriemen*"[13] geworden; Freunde sind vernetzte Konsumenten.

3. Wer nutzt Facebook, wie oft und warum?

„Menschen sind soziale Wesen mit sozialen Ordnungen und Beziehungen, denen Bedürfnisse nach Gemeinsamkeit, Anerkennung, Aufmerksamkeit genauso immanent sind wie Neugier, Selbstdarstellung oder die eigene Positionierung innerhalb eines sozialen Konstrukts."[14] Diese Beschreibung des Menschen als soziales Wesen erklärt sehr anschaulich, warum soziale Netzwerke so großen Zuspruch finden und so rasant wachsen. Dort nämlich können Menschen – ganz ihrem Wesen folgend – sich austauschen und ihr Beziehungsgefüge zu anderen Menschen pflegen; zudem noch unabhängig von Zeit und Raum und damit nahezu keinerlei Erreichbarkeitsbeschränkungen unterworfen. Nach einer aktuellen BITKOM-Untersuchung[15] sind in Deutschland 74 Prozent der Internetnutzer in mindestens einem sozialen Netzwerk angemeldet. In Deutschland hat Facebook

---

12 *Wahnhoff*, Wa(h)re Freunde, S. 84.
13 *Adamek*, Facebook-Falle, S. 136.
14 *Skibicki*, Internet 2020, S. 10.
15 http://www.bitkom.org/files/documents/SozialeNetzwerke.pdf (22.6.2012, 14 Uhr).

rund 24 Millionen Nutzer[16] und liegt damit weltweit auf Platz 10. Während Männer (52 %) und Frauen (48 %) annähernd gleichmäßig vertreten sind, differenziert der Nutzungsgrad innerhalb der verschiedenen Altersgruppen stark.[17]

Abbildung 1: Facebook-Nutzer in Deutschland nach Alter

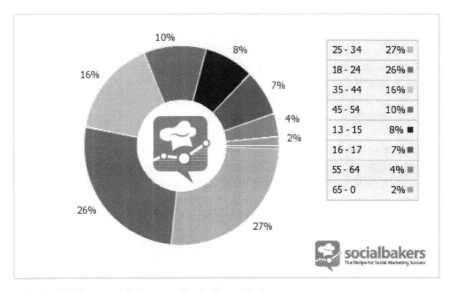

Quelle: http://www.socialbakers.com/Facebook-statistics/germany

Mehr als zwei Drittel der deutschen Nutzer sind demnach jünger als 35 Jahre (Gruppe der 13- bis 34- Jährigen = 68 %).

Knapp drei Viertel der aktiven Facebook-Mitglieder sind täglich eingeloggt und aktiv. Über 40 Prozent halten sich mehr als eine Stunde täglich auf Facebook auf. Damit ist Facebook das mit Abstand am intensivsten genutzte Online-Netzwerk.[18]

Die Gründe für die Nutzung von sozialen Netzwerken sind vielfältig. Nach der BITKOM-Untersuchung dient die Netzwerknutzung primär dem Austausch und der Kontaktpflege mit Freunden. Aber auch das Kennenlernen von neuen Freunden und Bekannten spielt für viele (37 %) eine Rolle. Mehr als jeder Vierte (28 %) nutzt die sozialen Netzwerke außerdem als Informationskanal, um sich

---

16 http://www.allFacebook.de/userdata/?period=1month (22.6.2012, 13:30 Uhr).
17 http://www.socialbakers.com/Facebook-statistics/germany (22.6.2012, 13 Uhr).
18 http://www.bitkom.org/files/documents/SozialeNetzwerke.pdf (22.6.2012, 14 Uhr).

über das aktuelle Tagesgeschehen auf dem Laufenden zu halten. Hinsichtlich der genutzten Funktionen zeigt sich folgende Rangfolge:

1. Kommunikation mit Freunden (Nachrichten schreiben/chatten)   79/60 %
2. Informieren zu Veranstaltungen und Hochladen von Fotos   50 %
3. Spielen von Social Games   25 %

Unternehmen, politische Organisationen und Behörden nutzen soziale Netzwerke sowohl zur eigenen Präsentation als auch, um mit Kunden oder Bürgern in den Dialog treten zu können. Für einige Branchen (z.B. die Musikindustrie) besteht aus Marketinggesichtspunkten nahezu eine Verpflichtung, über Social Media mit der Zielgruppe in Kontakt zu treten.

In der öffentlichen Verwaltung hält das Netzwerk erst langsam Einzug; empirische Befunde zum Verbreitungsgrad sind nicht bekannt. Ein Grund für das verspätete und kleinschrittige „Engagement" der öffentlichen Verwaltung könnte sein, dass die „*Prozesse der Verwaltung (...) auf die Dynamik und Schnelligkeit von Social Media nicht ausgelegt* (sind)."[19]

Facebook-Auftritte von Verwaltungen sind insbesondere wegen der datenschutzrechtlichen Probleme umstritten. Andererseits haben öffentliche Verwaltungen längst die Potentiale von Social Media erkannt. Hinzu kommt, dass die breite Durchdringung unserer Gesellschaft mit Social Media-Angeboten sogar eine Erwartungshaltung[20] entfaltet, dass auch staatliche Stellen sich im Web 2.0 präsentieren. Und so ist es auch nicht verwunderlich, dass Bürger bei entsprechenden Behörden-Accounts sich durch zahlreiche „Gefällt-mir"-Angaben artikulieren und sich beispielsweise mit ihrer Heimatstadt auf Facebook identifizieren.

4. Exkurs: Der Einfluss von Internet und Social Media auf unser Kommunikationsverhalten

Was für viele „Digital Natives",[21] also Menschen, die nach 1980 und damit zu einer Zeit aufgewachsen sind, als es digitale Technologien bereits gab, selbstverständlich ist – nämlich (u.a. in Online-Netzwerken) nahezu ständig verfügbar und zudem mit eigenen Informationen für ihre Umwelt präsent zu sein, bewerten viele Menschen der Generation 40+ kritisch bzw. gar als nicht erstrebenswert. Sie diagnostizieren unter anderem bei Jugendlichen eine Reizüberflutung und

---

19 *Mitterhuber*, Social Media, S. 93.
20 *Arndt*, Social Media, S. 113.
21 *Eisel*, Internet und Demokratie, S. 44.

Verkümmerung sozialer Kompetenzen – vor allem verursacht durch die stetig wachsende Internetnutzung. Dieser Befund täuscht nach Ansicht des Verfassers nicht: Gefühle zu äußern, Wichtiges von Unwichtigem zu trennen, Anderen aufmerksam zuhören zu können, Lob oder Kritik sachlich ausgewogen vortragen oder im Diskurs entwickeln zu können – dies sind einige der sozialen Fähigkeiten und Fertigkeiten, die Vertreter der Generation Internet nicht mehr oder nur noch unterentwickelt besitzen.

Das Internet betrachten viele Digital Natives als soziales Medium: Hier informieren und bilden sie sich; kommunizieren sie mit ihrer Umwelt. Dabei unterscheiden sie laut John Palfrey (Harvard) und Urs Gasser (St. Gallen) aber nicht zwischen einer

> „…Online- und einer Offline-Identität. Weil diese Identitätsformen simultan existieren und so eng miteinander verbunden sind, … errichten und kommunizieren (sie) ihre Identitäten gleichzeitig in der realen Welt und in der digitalen Welt."[22]

Die Folgen dieses Wandels für unsere Bildung, Kultur und Demokratie beschreibt Reiter.[23]

Herkömmliche (vor allem gedruckte) Quellen des Wissens (Zeitungen, Fachbücher, Lexika, in Grenzen auch Hörfunk und Fernsehen) verlieren zunehmend an Bedeutung; an ihre Stelle tritt das volatile, fehlerbehaftete und flüchtige Wissen des Internets; zudem werden Meinungen zunehmend mit Fakten verwechselt.

Durch die Produktivität des Internets entsteht (auch) ein unübersichtlicher Datenmüll, ein nicht zu bewältigender Informationsüberfluss. Statt Reflektion und Selektion (des gedruckten Wortes) bestimmt das Tempo der Meinungsäußerung und damit zwangsläufig Oberflächlichkeit unsere Kommunikation.

Informations-Eliten bilden sich heraus, weil diese noch über Zugang zu (den kostenpflichtigen) Quellen des Wissens verfügen. Derjenige hat schließlich Einfluss und Macht (z.B. PR-Agenturen), der Meinungen erzeugen oder manipulieren kann.

Dieser drastische Befund trifft nach Auffassung des Verfassers zu großen Teilen zu, wenngleich die positiven Einflussfaktoren der digitalen Welt auf unsere Kommunikation nicht verschwiegen werden dürfen. Hier ist insbesondere auf die radikale Veränderung von Publikationsmöglichkeiten und damit von Kommunikationswegen durch das Internet hinzuweisen:

In der Vor-Web2.0-Ära herrschte die eindimensionale Informationsverbreitung (Ein-Sender-viele-Empfänger-Modell) vor.

---

22 Zitiert bei: *Reiter*, Dumm 3.0, S. 58.
23 *Reiter*, Dumm 3.0, S. 35f.

Abbildung 2: Altes Kommunikationsmodell - Die Macht der Medien

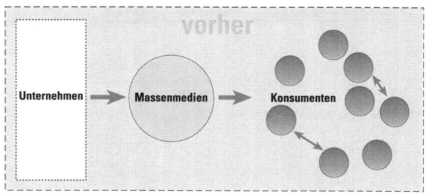

Quelle: *Mühlenbeck/Skibicki*, Verbrauchermacht, S. 16.

Wenige (Medienunternehmen, Politiker, Redakteure) kontrollierten, welche Inhalte, zu welchem Zeitpunkt und in welcher Form veröffentlicht wurden; in totalitären Systemen ein übliches Verfahren der Beschränkung.

Heute gilt hingegen das Prinzip „many-to-many", d.h. Viele kommunizieren mit Vielen.[24] Jeder Internetuser verfügt über die Produktionsmittel von (herkömmlichen) Massenmedien und kann frei von der Kontrolle durch sie oder Unternehmen publizieren - auch über deren Produkte!

---

24 http://www.perspektive-mittelstand.de/Unternehmenskommunikation-Web-20-gleich-Kommunikation-20-Teil-1/management-wissen/982.html (27.6.2012, 17 Uhr).

Abbildung 3: Kommunikationsmodeele in Zeiten des Web 2.0

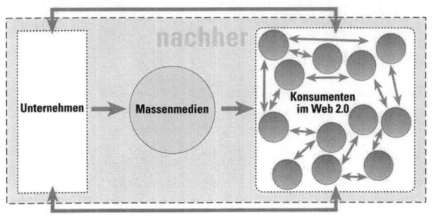

Quelle: *Mühlenbeck/Skibicki*, Verbrauchermacht, S. 16.

Diese „Revolution der Kommunikation" hat gesellschaftliche Umbrüche möglich gemacht (z.B. in nordafrikanischen Staaten). Sie könnte mittelfristig auch zu einer „Sozialisierung jeglicher Kaufprozesse"[25] führen (Social Commerce), da Märkte durch die Veränderung der Publikationsmöglichkeiten auf den Social Media-Plattformen *„nicht mehr reale oder virtuelle Plätze* (sind)*, auf denen Anbieter und Nachfrager zusammentreffen, sondern Märkte sind „Gespräche" unter Menschen, in denen Unternehmen gern vorkommen möchten."*[26]

III. Das Recht auf Vergessenwerden – Facebooks Probleme mit dem Datenschutz

1. Facebook und Datenschutz – ein Widerspruch in sich?

Facebook erhebt und verarbeitet die Daten der Nutzer und weist darauf in seinen Allgemeinen Geschäftsbedingungen,[27] Datenverwendungsrichtlinien[28] und Bestimmungen zur Cookie-Verwendung[29] hin. Allerdings sind diese Regelungen meist überaus unbestimmt, wie z.B. die Formulierung „Wir speichern Daten solange dies erforderlich ist." dokumentiert. Dennoch müsste jeder User wissen,

25 *Skibicki*, Internet 2020, S. 17.
26 *Skibicki*, Internet 2020, S. 12.
27 http://www.Facebook.com/legal/terms (27.6.2012, 19 Uhr).
28 http://www.Facebook.com/about/privacy/ (26.6.2012, 23:30 Uhr).
29 https://www.Facebook.com/help/cookies/ (27.6.2012, 18 Uhr).

dass seine Daten nicht nur (auf amerikanischen Servern) gespeichert, sondern auch und vor allem zu Werbezwecken intensiv ausgewertet und schließlich zu kommerziellen Zwecken an Dritte weitergegeben werden. Nutzer und Betreiber der Plattform schließen einen „Pakt".[30] Facebook stellt Menschen kostenlos eine hochmoderne Internet-Plattform zur Verfügung, mit deren Hilfe sie Teil eines weltweiten Beziehungs-Netzwerkes sein können; Nutzer gewähren dafür Zugriff auf persönliche Daten und Inhalte und übertragen umfassende Rechte zu deren Verarbeitung. Bei wohlwollender Betrachtung liegt hier eine klare Vereinbarung auf der Grundlage von Freiwilligkeit vor – keiner der über 900 Millionen User wurde gezwungen, bei Facebook Mitglied zu werden. Kritiker dieses Verfahrens kommen hingegen zu dem Schluss, dass persönliche Daten zum Produkt werden[31] bzw. Profile die virtuelle Währung sind.[32]

Datenschutz und das „Wesen" von Facebook stehen scheinbar in einem antagonistischen Widerspruch, denn: Konstitutionelle Grundlage des Netzwerkes ist es, dass Menschen in höchstem Maße persönliche Informationen von sich preisgeben. Nur so lassen sich Beziehungen im Netzwerk aufbauen und abbilden. Mark Zuckerberg begründet den Paradigmenwechsel im Datenschutz damit, dass *„Privatsphäre nicht mehr zeitgemäß"*[33] sei. Zu konstatieren ist hierbei, dass dieser Wandel bei der jüngeren Generation bereits mit großen Schritten vollzogen ist (wird). Vor diesem Hintergrund ist heute nur schwer die Aufregung nachzuvollziehen, als vor rund 30 Jahren der Staat im Rahmen einer Volkszählung Daten seiner Staatsbürger erheben wollte. Das Bundesverfassungsgericht wurde angerufen und hat mit seinem berühmten Urteil vom 15.12.1983 die Grundzüge des Grundrechts auf informationelle Selbstbestimmung ausgestaltet.[34]

2. Der rechtliche Rahmen

Die Mitgliedstaaten der Europäischen Union haben sich im Jahre 1995 auf Grundsätze zum Schutz personenbezogener Daten verständigt und die „Richtlinie 95/46/EG des Europäischen Parlaments und des Rates zum Schutz natürlicher Personen bei der Verarbeitung personenbezogener Daten und zum freien Datenverkehr" (Amtsblatt Nr. L 281 vom 23/11/1995 S. 0031 – 0050) verabschiedet. Dies geschah allerdings zu einer Zeit, als das Internet noch weit davon

---

30 Assoziationen zu *Goethes* „Dr. Faust" sind hier beabsichtigt.
31 *Köhler*, Internetfalle, S. 103.
32 *Wanhoff*, Wa(h)re Freunde, S. XVIII.
33 http://www.spiegel.de/netzwelt/web/0,1518,671083,00.html (2.7.2012, 15 Uhr).
34 BVerfGE 65,1, NJW 1984, 419; NVwZ 1984, 167L – Volkszählungsurteil.

entfernt war, ein Mitmachnetz der heutigen Form mit zahlreichen Social-Media-Plattformen zu sein.

In Umsetzung der europarechtlichen Vorgaben unterliegen personenbezogene Daten in Deutschland einem besonderen Schutz: Grundsätzlich gilt für deren Erhebung, Speicherung und Verarbeitung – anders als etwa in den USA – ein Verbot mit Erlaubnisvorbehalt. Nach § 4 Bundesdatenschutzgesetz (BDSG) sind Erhebung, Verarbeitung und Nutzung personenbezogener Daten nur zulässig, soweit eine Rechtsvorschrift dies erlaubt oder anordnet oder der Betroffene eingewilligt hat.

An die Einwilligung knüpft das deutsche Recht strenge Maßstäbe. Demnach muss es sich um eine freie Entscheidung handeln, wobei der Betroffene auf den „vorgesehenen Zweck der Erhebung, Verarbeitung oder Nutzung sowie, soweit nach den Umständen des Einzelfalles erforderlich oder auf Verlangen, auf die Folgen der Verweigerung der Einwilligung hinzuweisen" ist (§ 4a Abs. 1 BDSG). Die Einwilligung bedarf dem Grunde nach der Schriftform.

Das Telemediengesetzes (TMG) flankiert diese Regelungen des BDSG im Falle der Datenerhebung und -verarbeitung durch Betreiber von Internetseiten. Auch hiernach ist ein Erlaubnisvorbehalt für Art, Umfang und Zwecke der Erhebung und Verwendung personenbezogener Daten sowie für deren Verarbeitung normiert (§13 TMG). Im Falle der Erstellung von Nutzungsprofilen zu Zwecken der Werbung, Marktforschung oder bedarfsgerechten Gestaltung der Telemedien steht den betroffenen Nutzern nicht nur ein Informations- sondern ein Widerspruchsrecht zu (§ 15 Abs. 3 TMG).

Im Fall von Facebook ist ferner zu beachten, dass die Daten in die USA transferiert, dort gespeichert und verarbeitet werden. Regelungen zum Datentransfer in das Ausland trifft § 4b BDSG: Hiernach ist für den Datenaustausch mit Stellen außerhalb der Europäischen Union (lediglich) vorgeschrieben, dass dieser „unterbleibt, soweit der Betroffene ein schutzwürdiges Interesse an dem Ausschluss der Übermittlung hat, insbesondere wenn (…) ein angemessenes Datenschutzniveau nicht gewährleistet ist." (§ 4b Abs. 2 BDSG). Das von den Mitgliedstaaten der Europäischen Union im Sinne von § 4b BDSG für den Datenaustausch mit den USA abgeschlossene Safe-Harbor-Abkommen vom 26.7.2000 zielt zwar auf die Einhaltung von Mindeststandards des Datenschutzes ab. Allerdings bleiben diese Regelungen zum Einen weit hinter den tragenden Grundsätzen des deutschen Datenschutzrechts (Zweckbindung, Erforderlichkeit, Transparenz, Datensparsamkeit)[35] zurück; zum Anderen werden selbst diese Mindestnormen in der Praxis von der in den USA ansässigen Firma Facebook nicht konsequent eingehalten.[36]

---

35 Erd, Datenschutzrechtliche Probleme sozialer Netzwerke, S. 20.
36 *Wahnhoff*, Wa(h)re Freunde, S.39f.

3. Facebooks zweifelhafte Praktiken der Datenerhebung und -verwendung

Und so geben einige Praktiken der Datenerhebung und -verarbeitung von Facebook Anlass zu deutlicher Kritik. Nachfolgend werden – ohne Anspruch auf Vollständigkeit und Rangfolge – einige dieser Sachverhalte aufgeführt:

- Facebook verwendet das sog. Opt-Out-Verfahren für sämtliche Funktionen im Netzwerk. Demnach gelten u.a. keine Beschränkungen hinsichtlich der Sichtbarkeit und Verwendung der Daten oder mit Blick auf einzelne Funktionen. Aktuell (Juni 2012) steht Facebook wegen dieser Praxis in der Kritik, weil für alle Nutzer zwangsweise eine Facebook-eigene eMail-Adresse eingeführt wird.[37] Nutzer müssen daher aktiv werden, um ihre Profile so einzustellen, dass ein Mindestmaß an Schutz der persönlichen Daten gewährt ist. Hinzu kommt, dass die Optionen zur individuellen Konfiguration des Profils nur bei intensiver Befassung richtig anzuwenden sind, da sie tief im System liegen und zudem an verschiedenen Stellen platziert sind.
- Über Änderungen der Richtlinien und Regeln des Systems oder der Datenverwendung informiert Facebook nur spärlich. Obwohl die gezielte Information aller Mitglieder technisch problemlos möglich wäre, exkulpiert sich Facebook mit dem bloßen Verweis auf die Information an zentraler Stelle.[38] In der Vergangenheit hat dieses umstrittene Vorgehen u.a. dazu geführt, dass Nutzer von Änderungen der Datenverwendungsrichtlinie nichts erfuhren und so verborgen eingestellte Informationen plötzlich öffentlich sichtbar waren.[39]
- Facebook setzt Änderungen bestehender Regelungen, etwa zur Verwendung der Daten, rigoros und ohne Beteiligung der Vertragspartner um. Gegen Änderungen können Nutzer zwar protestieren, wie zuletzt gegen die längere Speicherung von Daten. Verhindern können Nutzer die Änderungen faktisch nicht, da das hierfür erforderliche Quorum von 30 Prozent[40] unerreichbar hoch ist (30% sind gegenwärtig rund 300 Mio. Nutzer). Seit dem 10. Juni 2012 gelten z.B. neue Regelungen zur Datenspeicherung, nachdem „lediglich" 0,04 Prozent der Facebook-Nutzer (rund 350.000 User) dagegen protestiert hatten.[41] Nunmehr gilt u.a. eine deutlich längere, unbestimmte Speicherdauer.

---

37 http://www.zeit.de/digital/internet/2012-06/Facebook-mail (27.6.2012, 18 Uhr).
38 http://www.Facebook.com/about/privacy/other (27.6.2012, 17:25 Uhr).
39 http://www.n-joy.de/multimedia/Facebookskandale101.html (29.6.2012, 14 Uhr).
40 http://www.Facebook.com/about/privacy/other (27.6.2012, 17:25 Uhr).
41 http://www.bild.de/news/ausland/Facebook-datenschutz/nach-kleiner-abstimmungsbeteiligung-neue-Facebook-regeln-24574194.bild.html (27.6.2012, 17:20 Uhr).

- Facebook nutzt äußert zweifelhafte Praktiken zur Datenerhebung – nicht nur bei Mitgliedern, sondern auch bei Dritten. So wird durch die Funktion „Freundefinder" Zugriff auf das persönliche eMail-Postfach der Nutzer eröffnet. Dazu wird der Nutzer aufgefordert, das persönliche Passwort anzugeben[42] – ein datenschutzrechtlicher „Super-GAU"! Facebook kann damit ungehindert Adressbücher ausspähen und Zugriff auf Daten unbeteiligter Dritter erlangen. Die gewonnenen Daten werden von Facebook verwendet für Einladungen zu Facebook.
- Tests haben bewiesen, dass Passwörter bei diesen Abfragen trotz Zusicherung von Facebook unverschlüsselt übertragen wurden, problemlos ausgelesen werden konnten und somit schutzlos gegen kriminelle Verwendung waren.[43]
- Auf den Schutz personenbezogener Daten wird insgesamt zu wenig hingewiesen; so können Fotos von Personen, die kein Mitglied bei Facebook sind, gleichwohl ohne deren Zustimmung veröffentlicht werden. Datenschutzrechtliche Prüfungen werden grundsätzlich auf den Nutzer abgewälzt, etwa in der Frage, ob Personen auf Fotos markiert werden wollen oder nicht.
- Die von Facebook verwendete Technik der Gesichtserkennung lässt vor dem Hintergrund des US-amerikanischen Rechts die Möglichkeit zu, dass Daten – etwa zu Zwecken der Strafverfolgung – an US-Sicherheitsbehörden weitergegeben, ausgewertet und gespeichert werden.
- Der „Gefällt mir"-Button, derzeit auf rund 350.000 Websites eingebunden, ist ein Trojaner für Empfehlungsmarketing. Die erzeugten Cookies bleiben in der Regel zwei Jahre auf dem PC gespeichert und registrieren jeden Besuch. Damit wird jede Netzbewegung dokumentiert, auch rückwirkend, wenn man sich später bei Facebook anmeldet und vorher bereits auf Seiten mit sog. Facebook-Social-PlugIn gewesen ist. Laut Marit Hansen vom Landeszentrum für Datenschutz Schleswig-Holstein wird ein umfassendes Sozial- und Psychoprofil[44] erstellt.
- Facebook erfasst bei Verwendung von mobilen Endgeräten Aufenthaltsorte, sodass mittels dieser Geoinformationen umfassende Bewegungsprofile entstehen.
- Facebook speichert Daten, ohne dass klar ist, welche Datensätze angelegt, wo und wie lange sie gespeichert werden. Prominent ist der Fall des österreichischen Studenten Max Schrems, Sprecher der Gruppe *europe-versus-facebook (http://www.europe-v-facebook.org/)*. Schrems verlangte von Facebook die Herausgabe aller über ihn gespeicherten Informationen und er-

---

42 http://www.n-joy.de/multimedia/Facebookskandale101.html (27.6.2012, 18 Uhr).
43 http://www.n-joy.de/multimedia/Facebookskandale101.html (27.6.2012, 18 Uhr).
44 Zitiert in: Adamek, Facebook-Falle, S. 78.

hielt ein Dokument von 1222 Seiten. Hieraus wurde ersichtlich, dass Facebook nicht nur zahllose Daten unbemerkt vom Nutzer gesammelt, sondern viele dieser Daten trotz aktivierter Löschfunktion nicht gelöscht, sondern lediglich unsichtbar gemacht hatte.[45] Nach Recherchen von *europe-versus-facebook* werden von jedem Nutzer ca. 85 Datensätze angelegt.[46] Hierbei handelt es sich nicht nur um Informationen, die der Nutzer selbstverantwortet in seinem Account veröffentlicht hat. Facebook speichert weit mehr, so unter anderem Inhalte von Chats und Nachrichten, Listen von Veranstaltungen (unabhängig davon, ob der Eingeladene teilgenommen oder aber abgesagt hat), Verbindungen zu Seiten, die dem Nutzer "gefallen" und deren ID, Aufenthaltsorte (bestimmt aus letztem „checkin", letzter Markierung auf einem Foto, letzte besuchte Veranstaltung oder IP-Adresse von verwendeten IPhoneApps), Liste aller Sitzungen (IP-Adresse, Zeit, Ort und diverse Browserinformationen).[47]

Die Informationspolitik von Facebook steht dabei im krassen Widerspruch zu der propagierten Transparenz: So antwortet Facebook auf Datenanforderungen u.a. nicht innerhalb des vorgeschriebenen Zeitraumes von 40 Tagen, sondern verweist Nutzer neuerdings auf ein "Download Tool", das aber nur rund ein Viertel der Datensätze herausgibt.[48]

4. Reform der EU-Datenschutzrichtlinie 95/46/EG

Diese aktuelle Entwicklung ist vor dem Hintergrund der von der Europäischen Kommission angekündigten Reform der Datenschutzrichtlinie 95/46/EG mehr als bedenklich. EU-Justizkommissarin Viviane Reding hat im Januar 2012 auch mit Blick auf die am Fall des Österreichers Max Schrems deutlich gewordene unkontrollierte Datensammlung und -speicherung von sozialen Netzwerken angekündigt, das „right to be forgotten and to erasure", das „Recht auf Vergessenwerden", einführen zu wollen.[49] Laut EU-Kommission sollen soziale Online-

---

45 http://www.faz.net/aktuell/feuilleton/debatten/soziale-netzwerke-auf-Facebook-kannst-du-nichts-loeschen-11504650.html (2.6.2012, 16:45 Uhr).
46 http://www.europe-v-Facebook.org/fb_cat1.pdf (2.6.2012, 17 Uhr).
47 http://www.europe-v-Facebook.org/DE/Datenbestand/datenbestand.html (2.6.2012, 17:15 Uhr).
48 http://www.europe-v-Facebook.org/DE/Daten_verlangen_/daten_verlangen_.html (2.6.12, 9 Uhr).
49 http://ec.europa.eu/justice/data-protection/document/review2012/factsheets/3_en.pdf (2.6.2012, 18 Uhr).

Netzwerke künftig verpflichtet werden, *„die Menge der erfassten und verarbeiteten personenbezogenen Daten der Benutzer auf ein Mindestmaß zu begrenzen."*

Ferner sollen

> „die für die Verarbeitung Verantwortlichen (…) ausdrücklich verpflichtet (werden), die personenbezogenen Daten zu löschen, wenn die betroffene Person das Löschen ausdrücklich verlangt und kein anderer legitimer Grund vorliegt, die Daten aufzubewahren."

(Artikel 16 des Vorschlags für eine „RICHTLINIE … zum Schutz natürlicher Personen bei der Verarbeitung personenbezogener Daten durch die zuständigen Behörden zum Zwecke der Verhütung, Aufdeckung, Untersuchung oder Verfolgung von Straftaten oder der Strafvollstreckung sowie zum freien Datenverkehr".)[50] Ob diese Neuregelung durchgesetzt werden kann, bleibt abzuwarten, zumal das für den Datenübermittlungsverkehr mit dem außereuropäischen Ausland geltende Safe-Harbor-Abkommen keinen wirksamen Schutz gewährt.

5. Bundesdatenschutzgesetz: Backgroundchecks einschränken

Auch in Deutschland gibt es aktuelle Entwicklungen: Vor dem Hintergrund von Bespitzelungsskandalen bei privaten (z.B. LIDL) und öffentlichen Unternehmen (z.B. Deutsche Bahn) plant die Bundesregierung (seit 2009), den Beschäftigtendatenschutz neu zu regeln. Hier ist unter anderem vorgesehen, Arbeitgeber dazu zu verpflichten, Bewerber auf etwaige Backgroundchecks in Online-Netzwerken hinzuweisen.[51] Bislang ist die durchaus gängige (und in den USA ausufernde) Praxis, im Vorfeld von Bewerbungen Profile in Social Media-Plattformen zu recherchieren, eine rechtliche Grauzone. Streng genommen sind derartige Recherchen bereits als Datenerhebung im datenschutzrechtlichen Sinn zu betrachten.

---

50 http://eur-lex.europa.eu/LexUriServ/LexUriServ.do?uri=COM:2012:0009:FIN:DE:PDF (2.6.2012, 18:20 Uhr).

51 Entwurf der Bundesregierung für den neuen §32b Abs. 6 Bundesdatenschutzgesetz (Quelle: http://www.bmi.bund.de/cae/servlet/contentblob/1286172/publicationFile/95297/Entwurf_Beschaeftigtendatenschutz.pdf, abgerufen am 20.6.2012, 17 Uhr): „Beschäftigtendaten sind unmittelbar bei dem Beschäftigten zu erheben. Wenn der Arbeitgeber den Beschäftigten vor der Erhebung hierauf hingewiesen hat, darf der Arbeitgeber allgemein zugängliche Daten ohne Mitwirkung des Beschäftigten erheben, es sei denn, dass das schutzwürdige Interesse des Beschäftigten an dem Ausschluss der Erhebung das berechtigte Interesse des Arbeitgebers überwiegt. Bei Daten aus sozialen Netzwerken (…) überwiegt das schutzwürdige Interesse des Beschäftigten; (…) dem Beschäftigten ist auf Verlangen über den Inhalt der erhobenen Daten Auskunft zu erteilen."

IV. Chancen und Risiken von Facebook

1. Der private User

Mit Facebook verfügt der Nutzer über ein technisch ausgereiftes und dennoch kostenloses Medium für Information, Kommunikation und Partizipation im Internet. Es ermöglicht die weitgehend redaktionsfreie Interaktion mit vielen Menschen, vor allem die raum- und zeitunabhängige Pflege von Beziehungen. Diesen Vorteilen stehen aber u.a. die unter Abschnitt III.1. aufgezeigten Risiken für die Privatsphäre gegenüber. Die Folge der Datensammlung: Das von Facebook erstellte Persönlichkeitsprofil wird nicht nur zu kommerziellen Zwecken verwendet, sondern bietet zudem die Möglichkeit, des (unkontrollierbaren) Ausspähens, etwa durch Versicherungen und Banken (auch Schufa), Arbeitgeber,[52] Regierungsvertreter (z.B. im Iran) oder staatliche Behörden. Da das Internet nicht vergisst, stehen Facebook-User häufig vor dem Dilemma, wie sie ihre einst veröffentlichten Daten wieder beseitigen können; dieser Aufgabe widmen sich neuerdings sogenannte Reputationsmanager oder –agenturen.[53] Die technische Möglichkeit der ausufernden Datennutzung wird auch durch rechtliche „Webfehler" begünstigt: Während E-Mails und Telefonate dem Fernmeldegeheimnis nach dem Telekommunikationsgesetz unterliegen, sind Daten (z.B. Nachrichten) in sozialen Netzwerken wesentlich schwächer geschützt: Soziale Netzwerke werden als Internetseiten eingestuft und fallen somit (lediglich) unter den Schutzbereich des Telemediengesetzes.[54] Bekannt geworden sind schwere Eingriffe in die Persönlichkeitsrechte auf Facebook, etwa durch Cybermobbing in Form des Anlegens von gefälschten Accounts oder durch Posting kompromittierender Fotos, die wie im Fall der 15-jährigen Engländerin Holly Grogan gar zum Freitod führten.[55] Erwähnt sei auch der aktuelle Mord-Fall „Lena" aus Osnabrück, in deren Folge ein 18-jähriger über Facebook zur Lynchjustiz gegen einen Unschuldigen aufrief.[56] Schließlich soll hier noch Erwähnung finden, dass Facebook auch zu einer Vereinzelung oder auch Stigmatisierung von Menschen, zum Verlust sozia-

---

52 Nach einer dimap-Umfrage (2009) haben von rund 500 Unternehmen 36% bei Stellenbesetzungen vorher in Netzwerken nach den Bewerbern recherchiert, 39% von diesen luden einzelne Bewerber nach der Recherche nicht zum Termin ein; zitiert bei: *Adamek*, Facebook-Falle, Seite 46.
53 z.B. www.deinguterruf.de.
54 Wahnhoff, Wa(h)re Freunde, S.41.
55 http://www.stern.de/digital/online/selbstmord-nach-cyber-mobbing-1510308.html (29.6.12, 13 Uhr).
56 http://www.stern.de/panorama/aufruf-zur-lynchjustiz-in-emden-Facebook-hetzer-erhaelt-warnschuss-vor-den-bug-1834123.html (29.6.2012, 19 Uhr).

ler Kompetenzen und zur Verkümmerung kommunikativer Fähigkeiten führen kann.

2. Die öffentliche Verwaltung

Für öffentliche Verwaltungen können u.a. folgende Chancen mit einem Auftritt bei Facebook verknüpft sein:

- Ein Facebook-Account kann einen Beitrag zu einem modernen Image der Verwaltung und des Standortes leisten.
- Zusätzliche Informationen schaffen Transparenz für den Bürger und somit mehr Akzeptanz für getroffene Verwaltungsentscheidungen.
- Die Präsenz eröffnet Möglichkeiten der Beteiligung und führt damit zu mehr Bürgerzufriedenheit und einer Stärkung der Demokratie.
- Mit Facebook erreicht die Verwaltung jüngere Bevölkerungsschichten, die herkömmliche Internetangebote oder Printmedien nicht mehr oder weniger häufig frequentieren,[57] somit wird die Reichweite des Verwaltungshandelns erhöht.
- Das Medium ermöglicht eine zielgruppengenaue Ansprache und Informationsvermittlung.
- Die Verwaltung kann schneller agieren und reagieren als bei Nutzung herkömmlicher Medien, mobile Endgeräte ermöglichen zudem eine ortsunabhängige Kommunikation und Redaktion von Beiträgen.
- Ein Auftritt stärkt die eigenen Steuerungsmöglichkeiten (u.a. für Presse- und Öffentlichkeitsarbeit sowie Stadt- und Veranstaltungsmarketing); für die Verbreitung von Informationen besteht keine Abhängigkeit von Externen.
- Die Interaktion mit den „Fans" der Seite bietet die Chance zur Weiterentwicklung und Optimierung der Verwaltung, Kommentare auf Meldungen geben der Verwaltung ein Stimmungsbild auf ihr Handeln, das sie mit herkömmlichen Methoden nicht oder nur mit einem hohen Ressourceneinsatz erreichen kann. Facebook kann ein elektronisches Bürgeramt sein.
- Verweise von Facebook auf andere Web-Aktivitäten und behördliche Angebote steigern deren Frequentierung.

Diesen Vorteilen stehen aber auch Herausforderungen und Risiken gegenüber (nicht abschließend):

---

57 *Arndt*, Social Media, S. 110; Die Frequentierung des Facebook-Auftritts der Stadt Moers und der allgemeinen Internetpräsenz www.moers.de verhält sich diametral zum Alter.

- Die Einrichtung und der Betrieb eines Facebook-Accounts erfordern die Bereitstellung von qualifiziertem Personal und Sachmitteln.
- Ein schnelles Antwortverhalten auf Beiträge der User wird erwartet und ist sicherzustellen; dies stellt die Verwaltung vor eine Herausforderung, weil mitunter zeitaufwendige Abstimmungsprozesse innerhalb der hierarchischen Verwaltung und ggf. sogar eine politische Legitimation erforderlich sind.
- Behördliche Account-Betreuer laufen Gefahr, Berufliches und Privates zu vermengen; zudem stellt sich das Problem, welche Arbeitszeitregelungen für Redakteure getroffen werden (die Facebook-Gemeinde ist vor allem abends aktiv).
- Ein Facebook-Auftritt birgt durch Kommentare die Gefahr des Kontrollverlusts; negative Bewertungen sind nicht zu unterbinden. Dies bedeutet zugleich einen (Teil-) Verlust der eigenen Kommunikationshoheit.[58]
- Facebook-Seiten sind nicht geeignet für strukturierte Bürgerbeteiligung[59] oder die Darstellung umfangreicher Themen; eine strukturierte Diskussion zu komplexen Fragestellungen ist in der Regel nicht möglich und bedarf der Umleitung auf andere Ressourcen (Medienbruch).
- Es ist eine zielgruppenrelevante, junge, weniger formelle Ansprache erforderlich, die nur schwer kompatibel mit der Verwaltungssprache ist.

Die Hansestadt Hamburg hat die Potentiale von Facebook für ihren Auftritt in Form einer SWOT-Analyse dargestellt.[60]

---

58 *Boll-Grund/ Pöttering*, Facebook-Auftritt für Braunschweig, S. 131.
59 *Arndt*, Social Media, S. 112.
60 Social Media in der Hamburgischen Verwaltung – Hinweise, Rahmenbedingungen und Beispiele, http://www.hamburg.de/contentblob/2882174/data/social-media-in-der-hamburgischen-verwaltung.pdf (29.6.2012, 16 Uhr).

Abbildung 3: Beispiel für SWOT-Analyse Facebook

Stärken	Schwächen
• einfach zu nutzen und einzurichten • kostenlos • hoher Bekanntheitsgrad, steigende Mitgliederzahlen (> 600 Millionen Nutzer weltweit, 74 Sprachen[10]) • sehr loyale Nutzergruppe, überwiegend tägliche Nutzung • Mitglieder und Besucher können Inhalte einsehen • es sind alle Altersgruppen vertreten (der überwiegende Teil der Mitglieder ist <40 J.[11]) • unterschiedliche Darstellungsmöglichkeiten (facebook-Fanseiten, facebook-Gruppen etc.) • Apps für Smartphones verfügbar • quantitative Auswertung des Nutzerverhaltens von facebook-Fanseiten wird zur Verfügung gestellt	• es sind Mängel bei der Sicherheit und dem Datenschutz aufgetreten • Medium ist nicht werbefrei, teilweise wird kontextbezogen geworben • sehr dynamische Anpassung des Frontends (Layout, Features etc.) • es werden sehr kurzfristige Reaktionszeiten erwartet • für die Betreuung oder Prüfung von Nutzerkommentaren sind ausreichende Personalressourcen zu berücksichtigen • die Nutzer erwarten ständig neue Inhalte
Chancen	Risiken
• Vernetzung mit „Freunden" kann Reichweite erzeugen • Bürgerinnen und Bürger können dort abgeholt werden, wo sie kommunizieren • es können Meinungen zu Themen mit einer hohen Alltagsrelevanz eingeholt werden (z. B. Abstimmungen und Umfragen) • das Interesse an der Verwaltung kann geweckt werden	• dem kurzfristigen Reiz des „Dabeiseins" muss eine konsequente Weiterführung des Auftritts folgen, ansonsten kann ein Image-Verlust drohen • mithilfe der Kommentarfunktionen können angemeldete Nutzer Inhalte veröffentlichen, die den Interessen der Verwaltung entgegen stehen • bei der Nutzung von Apps von Drittanbietern werden möglicherweise Daten weitergeleitet

Quelle: Social Media in der Hamburgischen Verwaltung – Hinweise, Rahmenbedingungen und Beispiele, S. 25.

V. Sollen öffentliche Verwaltungen einen Facebook-Auftritt haben? Versuch der Abwägung am Praxisbeispiel

1. Landespolizei Mecklenburg-Vorpommern auf Facebook

Neben der Polizei Hannover, die mit rund 106.000 Fans eine enorme Resonanz zu verzeichnen hat, ist auch die Landespolizei Mecklenburg-Vorpommern auf Facebook präsent.[61] Immerhin rund 14.000 „Gefällt mir"-Angaben hat dieser Auftritt bislang erreicht. Die öffentlich zugängliche Seite wurde am 29.8.2011 – zunächst probeweise – eingerichtet.

Neben Nutzer- und Datenschutzhinweisen enthält die Fan-Page Vermisstenmeldungen, Zeugenaufrufe, Stellenausschreibungen und zielgruppenorientierte Pressemitteilungen. Laut Auskunft[62] des zuständigen Landeskriminalamtes wird vor Einstellung von Beiträgen geprüft, ob diese eine breite Öffentlichkeit ansprechen. Bei Fahndungen erfolgt eine Abwägung zwischen den schutzwürdigen Interessen der Tatbeteiligten und der Schwere des Deliktes. Personengebundene

---

61 https://www.Facebook.com/pages/Polizei-Mecklenburg-Vorpommern/251784841515524.
62 Nicht-öffentliche Quelle: eMail des LKA M-V an den Verfasser vom 3.7.2012.

Daten werden nicht gepostet. Die Facebook-Seite wird als Ergänzung zu bereits bestehenden Polizeiauftritten im Internet (z.B. die Internetwache[63] mit weitreichenden Funktionen wie z.B. Online-Anzeige) angesehen. Die Seite enthält Rückmeldungen an die Freunde-Gemeinde zu abgeschlossenen oder laufenden Ermittlungen und zudem Hinweise an die Facebook-User, die zu einer höheren Sicherheit beitragen sollen (z.B. Warnung vor gefälschten Online-Rechnungen). Mit dem Facebook-Auftritt soll die Zielgruppe der 18- bis 34-jährigen erreicht werden, da diese ihre Informationen zumeist nicht mehr aus den klassischen Medien beziehen, sodass die darin veröffentlichten Aufrufe nach Zeugenhinweisen, Vermisstenmeldungen oder auch Präventionshinweise nicht wahrgenommen werden. Diese Altersgruppe spielt nach Auffassung des LKA aber in fast allen Kriminalitätsfeldern eine große Rolle, sei es als Tatverdächtiger, Opfer oder Zeuge. Über Facebook bestehe die Möglichkeit, einige von ihnen zu erreichen. Weitere Ziele des Auftritts sind die Verbesserung des Bürgerkontaktes und der Öffentlichkeitsarbeit.

2. Die Kritik der Datenschützer

Datenschützer kritisierten den Auftritt von Landespolizeien massiv. Hierbei wird u.a. von Thilo Weichert, dem schleswig-holsteinischen Datenschutzbeauftragten, beklagt, dass

„Bürger animiert werden, Daten rauszugeben, ohne dass ansatzweise die Vertraulichkeit dieser Information gewährleistet ist. Das heißt: andere Sicherheitsbehörden können mitlesen, und (…) Facebook kann mitlesen."[64]

Weiterhin ziehen Kritiker u.a. die Schlussfolgerung, dass die Veröffentlichung von Daten dazu führen könne, dass Verdächtige durch Fahndungsaufrufe lebenslang an den Pranger gestellt[65] seien, obwohl sie nicht die Täter waren. Hinzu kommt eine – nachvollziehbare – „atmosphärische" Verstimmung der Datenschützer, weil einerseits deutsche Behörden vor Facebook warnen, während auf der anderen Seite sogar deutsche Sicherheitsbehörden um Zuspruch für eigene Facebook-Auftritte werben.

---

63 http://www.polizei.mvnet.de/cms2/Polizei_prod/Polizei/de/start/._Informationen/Internetwache/index.jsp abgerufen am 27.6.2012 (29.6.2012, 18 Uhr).
64 http://www.ndr.de/ratgeber/netzwelt/imkFacebook101.html (30.5.2012, 11:30 Uhr).
65 http://www.ndr.de/regional/niedersachsen/hannover/Facebook719.html (29.6.2012, 19 Uhr).

3. Evaluation des Facebookauftritts durch die Landespolizei M-V

Die Landespolizei Mecklenburg-Vorpommern hat die Testphase evaluiert[66] und bewertet den Facebook-Auftritt als Erfolg. Das Ansehen der Landespolizei sei positiv beeinflusst worden. Die Möglichkeit der direkten Interaktion mit Bürgern wird dabei als „absolutes Novum" bezeichnet. Facebook habe durch zielgruppengerechte Öffentlichkeitsarbeit zur Erhöhung der Intensität polizeilicher Fahndungsmaßnahmen geführt. Beispielhaft wird der Fall eines vermissten 12-jährigen Jungen angeführt: Innerhalb von vier Stunden sei der Beitrag auf Facebook 2.500-mal geteilt und so zahlreichen Menschen bekannt gemacht worden. In der Folge seien viele Hinweise zum Aufenthaltsort eingegangen. Durch Verteilung der Meldung wurde ein hoher Fahndungsdruck erzeugt; dies habe dazu geführt, dass der Junge selbständig in die Betreuungseinrichtung zurückkehrte. Die Zugriffsstatistik habe gezeigt, dass die Zielgruppe der 18- bis 34-jährigen tatsächlich mit dem Facebook-Auftritt erreicht wurde.

Erfolge in der polizeilichen Arbeit können mit der Kausalkette: „Der Gewalttäter ist jung, der Zeuge ist auch jung – und das Facebook-Publikum eben auch."[67] begründet werden. Auch Niedersachsen will daher an dem Weg festhalten, über Facebook direkt mit den Bürgern in den Kontakt zu treten. Gleichwohl sollen vor dem Hintergrund der Kritik der Datenschützer die Fahndungsinformationen nicht mehr unmittelbar in Facebook gepostet, sondern dort lediglich Verweise auf die Seiten der Landespolizei platziert werden sollen. Die Fahndungsdaten sollen so auf inländischen Servern gespeichert und vor Missbrauch und Auswertung durch unberechtigte Dritte geschützt sein.

4. Entscheidungskriterien für Facebook-Auftritte

Die Erfahrungen der Landespolizei zugrundegelegt, könnten folgende Haupt-Kriterien bei der Entscheidung herangezogen werden, ob öffentliche Verwaltungen einen Facebook-Account einrichten sollten:

- Dem Auftritt stehen keine grundlegenden (datenschutz-) rechtlichen Hemmnisse entgegen; personelle und materielle Ressourcen sind verfügbar; Professionalität und Konstanz des Auftritts sind sichergestellt.
- Das Angebot leistet einen Beitrag zur Effizienzsteigerung des behördlichen Handelns; die Aufgabenstellung wird damit z.B. autark, besser oder schnel-

---

[66] Nicht-öffentliche Quelle: LKA M-V, Evaluierungsbericht, S.1.
[67] http://www.ndr.de/ratgeber/netzwelt/imkFacebook101.html (30.5.2012, 11:30 Uhr).

ler erreicht (z.B. medienunabhängige Informationen über aktuelle Verkehrslage).
- Für einzelne behördliche Aufgabenstellungen wird mit dem Auftritt insbesondere die Reichweite und Zielgruppengenauigkeit für Information, Kommunikation und Partizipation deutlich gesteigert (z.b. gezielte Information von Schulabgängern über Ausbildungsplätze).
- Für den Bürger ist ein Mehrwert mit dem Facebook-Auftritt verknüpft, etwa in Form von schnellerer und einfacherer Information und Kommunikation mit staatlichen Stellen (Veranstaltungsinformation, Behördenführer).

VI. Zusammenfassung und Ausblick

Facebook in der öffentlichen Verwaltung ist als Teilbereich von Open Government zu verstehen, dem offenen Verwaltungs- und Regierungshandeln. Die Öffnung der Verwaltung gegenüber der Bevölkerung und der Wirtschaft führt zu „*mehr Transparenz, mehr Teilhabe, mehr Zusammenarbeit (...)*".[68] Ihren politischen Widerhall finden diese Zielstellungen u.a. im Regierungsprogramm „Vernetzte und transparente Verwaltung"[69] der Bundesrepublik. Auf dem deutschen IT-Gipfel am 7.12.2010 hieß es dazu: „*Open Government kann mit seinen drei Aspekten (...) den Zusammenhalt aller gesellschaftlichen Gruppen in Deutschland fördern und die Demokratie unterstützen.*"[70] Letztlich vollzieht sich in der Verwaltung das, was sich in der Gesellschaft schon lange etabliert hat: Das Internet hat unsere Gesellschaft, unser Leben verändert. Die zunehmende Technisierung vieler staatlicher, gesellschaftlicher und privater Lebensbereiche macht demnach auch vor Verwaltungen nicht halt. „*Open Government ist* (damit) *die logische Fortentwicklung des demokratischen Gemeinwesens auf der Grundlage des heute technisch Machbaren.*"[71] Hierin liegen die Chancen von Social Media: Nicht nur, dass man viele Bürger mit Facebook schnell und einfach erreichen kann. Vertrauen in Politik und Verwaltung kann durch moderne Information, Kommunikation und bestenfalls auch Kollaboration gestärkt oder wieder zurückerlangt werden. Facebook-Auftritte von Behörden können dazu einen Beitrag leisten.

---

68 *Pasutti*, Open Government, S. 41.
69 http://www.bmi.bund.de/SharedDocs/Downloads/DE/Themen/OED_Verwaltung/ModerneVerwaltung/regierungsprogramm_verwaltung.pdf;jsessionid=D241DA5A0EB3B6BCDA89F13A63B6591F.2_cid239?__blob=publicationFile (1.7.2012, 11 Uhr).
70 Zitiert bei: *Kubicek*, Open Government, S. 62.
71 *Pasutti*, Open Government, S. 47.

Die Frage, ob Facebook mehr eine Gefahr oder doch eher eine Chance darstellt, kann für die öffentliche Verwaltung mit einer relativ einfachen Antwortformel beantwortet werden:

Verwaltung sollte Chancen erkennen und Potentiale nutzen, ohne dabei zu versäumen, Risiken zu kennen und so Fehler zu vermeiden.

Behördenauftritte bei Facebook können in erheblichem Maße dazu beitragen, vor allem jüngere Staatsbürger wieder oder erstmals mit Anliegen der Verwaltung oder der Gesellschaft zu erreichen.

Dabei muss zwingend zuvor innerbehördlich ein gründlicher Abwägungsprozess stattfinden, welche Ziele mit welchen Mitteln erreicht werden sollen. Einen Facebook-Account ohne Frage nach dem „Warum, Womit und Wie" einzurichten, etwa allein deswegen, weil der Bürgermeister oder Minister es will oder aber, um dem allgemeinen Trend zu folgen, kann sich schnell als kolossaler Fehltritt erweisen und eventuell als schwerer Imageschaden auswachsen. Verwaltungen brauchen also eine auf ihre Bedürfnisse individuell abgestimmte Social-Media-Strategie. Hilfreich bei den Entscheidungs- und Umsetzungsprozessen sind Social-Media-Guides, wie z.B. der von der Freien und Hansestadt Hamburg oder der Entwurf des Deutschen Städte- und Gemeindebunds.[72]

Abschließend ist festzuhalten, dass die Politik dann stärker regulierend eingreifen muss, wenn Facebook seine Plattform nicht so betreibt, dass den datenschutzrechtlichen Rahmenbedingungen in Europa genüge getan ist. Die neue EU-Datenschutzrichtlinie ist ein richtiger Schritt in diese Richtung. Nutzer müssen originäre Rechte an den eigenen Daten, wie das des Löschens, zurück erhalten. Darüber hinaus bedarf es ergänzender internationaler Regelungen.

Es bleibt abzuwarten, ob Facebook nach dem Börsengang noch radikaler versuchen wird, die gesammelten Daten gewinnbringend zu vermarkten. Hierbei scheint paradoxerweise gerade der Börsengang zu einer Sensibilisierung vieler Nutzer für Belange des Datenschutzes geführt zu haben. Erste Tendenzen der stärkeren Kommerzialisierung Facebook-eigener Angebote sind zu erkennen, etwa in der Entwicklung eines proprietären Facebook-Handys oder im Aufbau eines Facebook-App-Stores. Es ist davon auszugehen, dass die bislang werbefreie Nutzung von Facebook auf Smartphones bald abgeschafft wird, denn: Immer mehr User sind mobil online, dieses Werbepotential wartet auf Erschließung. Nicht nur bedenklich, sondern vielmehr gefährlich wäre es, wenn Facebook bei stagnierenden Werbeeinnahmen[73] einerseits und gestiegenem Gewinnerzielungsdruck andererseits die Kosten senken und dies durch Vernachlässigung elementarer Pflichten beim Betrieb von großen IT-Systemen erreichen wollte.

---

72 *Habbel*, Chancen sozialer Netzwerke, S.7.
73 General Motors z.B. hat sein millionenschweres Werbe-Engagement im Mai 2012 bei Facebook gekündigt, Quelle: *Financial Times Deutschland* vom 21.5.2012.

Einsparungen in der technischen Infrastruktur (etwa Betrieb billiger Server, Vernachlässigung von Wartungspflichten, Abbau von Personal) zu Lasten von Datensicherheit und -schutz müssen ausgeschlossen werden. Hierzu wären gesetzliche Regelungen zu schaffen und Kontroll- und ggf. Sanktionsrechte staatlicher Stellen zu implementieren.

Ein letztes Wort zum Datenschutz: Es ist wichtig, dass Datenschützer auf die Gefahren des Netzwerkes hinweisen und vehement Veränderungen einfordern. Vor allem die im Umgang mit Datenschutz und -sicherheit unge(tr)übten Kinder und Jugendlichen müssen über die Risiken mehr aufgeklärt werden. Ein Schulfach „Internet" oder auch Medienscouts an Schulen können dafür erfolgversprechende Lösungsansätze sein. Initiativen, wie die des Landeszentrums Schleswig-Holstein, Webseitenbetreiber mit einem Bußgeld von bis zu 50.000 EUR zu bestrafen, sofern diese Funktionen von Facebook (Social Plug-Ins) bei Fanpages einbinden,[74] schießen hingegen deutlich über das Ziel hinaus und sind daher abzulehnen.

---

74 http://www.ndr.de/regional/Facebook489.html, (18.6.2012, 19:55 Uhr).

Literaturverzeichnis

Adamek, Sascha (2011): Die Facebook-Falle. Wie das soziale Netzwerk unser Leben verkauft. München.

Arndt, Claus (2012): Social Media – Nutzung der interaktiven Möglichkeiten des Web 2.0 in der Stadt Moers. In: Hill (Hg.): Informationelle Staatlichkeit. Baden-Baden, S. 107-124.

Boll-Grund, Irene /Pöttering, Maria (2012): Facebook-Auftritt für Braunschweig, in: Hill (Hg.): Informationelle Staatlichkeit. Baden-Baden, S. 131-132.

Bundesministerium für Inneres, http://www.bmi.bund.de.

Bundesverband Informationswirtschaft, Telekommunikation und neue Medien e.V.(BITKOM), Soziale Netzwerke (2011):. Eine repräsentative Untersuchung zur Nutzung sozialer Netzwerke im Internet, 2. Auflage 12/2011, www.bitkom.org/files/documents/SozialeNetzwerke.pdf.

Eisel, Stephan (2011): Internet und Demokratie. Freiburg.

Erd, Rainer (2011): Datenschutzrechtliche Probleme sozialer Netzwerke. In: NVwZ, 1/2011, S. 19-22.

europe-versus-facebook, http://europe-v-facebook.org.

Facebook, http://www.facebook.com.

Freie und Hansestadt Hamburg (2012): Social Media in der Hamburgischen Verwaltung – Hinweise, Rahmenbedingungen und Beispiele, Finanzbehörde, Abteilung für E-Government und IT-Steuerung, Referat E-Government- und IT-Strategie, Version 1.2 vom 6.3.2012, http://www.hamburg.de/contentblob/2882174/data/social-media-in-der-hamburgischen-verwaltung.pdf.

Habbel, Franz-Reinhard (2012): Chancen sozialer Netzwerke erkennen, Risiken vermeiden. In: eGovernment Computing, Ausgabe 07/2012, S.7-9.

Köhler, R. Thomas (2012):Die Internetfalle. Frankfurt a.M.

Kubicek, Herbert (2012): Open Government. Die Bremer Empfehlungen und ihre Umsetzung im eigenen Bundesland. In: Hill (Hg.): Informationelle Staatlichkeit. Baden-Baden, S. 51-89.

Landeskriminalamt Mecklenburg-Vorpommern (LKA), nicht-öffentlich: Evaluierungsbericht der Fanpage der Landespolizei M-V auf Facebook (Pilotprojekt), Betrachtungszeitraum 29.8.2011 – 30.3.2012, Pressestelle LKA (ohne Datum)

Mitterhuber Renate / Basten, Andre /Lange, Hanss-Christian (2012): Einsatz von Social Media in der öffentlichen Verwaltung: Wie es funktionieren kann. In: Hill (Hg.): Informationelle Staatlichkeit. Baden-Baden, S.91 – 106.

Mühlenbeck, Frank/Skibicki, Klemens (2008): Verbrauchermacht im Internet. Köln.

Pasutti, Manfred (2012): Open Government - Verlust politischer Kontrolle oder ein Gewinn für die Demokratie. In: Hill (Hg.): Informationelle Staatlichkeit. Baden-Baden, S. 41-49.

Reiter, Markus (2010): Dumm 3.0, Wie Twitter, Blogs und Networks unsere Kultur bedrohen. Gütersloh.

Skibicki, Klemens (2011): Internet 2020 – Wohin geht die Reise? In: Leible/Sosnitza (Hrsg.): Onlinerecht 2.0. Alte Fragen - neue Antworten? Stuttgart, Seite 9 - 19.

Steinschaden, Jakob (2010): Phänomen Facebook. Wie eine Website unser Leben auf den Kopf stellt. Wien.

Wahnhoff, Thomas (2011): Wa(h)re Freunde. Wie sich unsere Beziehungen in sozialen Online-Netzwerken verändern. Heidelberg.

Autorenverzeichnis

Susanne Dehmel, Datenschutzbeauftragte Bundesverband Informationswirtschaft, Telekommunikation und neue Medien e.V. BITKOM e.V.

Univ.-Prof. Dr. *Hermann Hill*, Lehrstuhl für Verwaltungswissenschaft und öffentliches Recht an der Deutschen Universität für Verwaltungswissenschaften Speyer.

Silvio Horn, Referent Polizeiabteilung des Innenministeriums Mecklenburg-Vorpommern.

Gabriele Lonz, Regierungsschuldirektorin Kultusministerium Rheinland-Pfalz.

Ulrike von der Lühe, Vorstand der Verbraucherzentrale Rheinland-Pfalz e.V., Mainz.

Univ.-Prof. Dr. *Mario Martini*, Lehrstuhl für Verwaltungswissenschaft, Staatsrecht, Verwaltungsrecht und Europarecht an der Deutschen Universität für Verwaltungswissenschaften Speyer

Erik S. Meyers, Leiter globale Online- und Mitarbeiterkommunikation, BASF-Gruppe.

Cornelia Rogall-Grothe, Staatssekretärin Bundesministerium des Innern, Beauftragte der Bundesregierung für Informationstechnik (Bundes CIO).

Dr. *Thilo Weichert*, Unabhängiges Landeszentrum für Datenschutz Schleswig-Holstein (ULD), Kiel.

Cornelia Weis, Leiterin der Zentralstelle für IT-Management, Multimedia, eGovernment und Verwaltungsmodernisierung im Ministerium des Innern, für Sport und Infrastruktur Rheinland-Pfalz, Mainz.

Edgar Wagner, Landesbeauftragter für den Datenschutz und die Informationsfreiheit Rheinland-Pfalz.

Prof. Dr. *Heinrich A. Wolff*, Lehrstuhl für Öffentliches Recht, insbesondere Staatsrecht und Verfassungsgeschichte an der Europa-Universität Viadrina Frankfurt (Oder).

Harald Zehe, stellv. Direktor Landeszentrale für Medien und Kommunikation Rheinland-Pfalz, Klicksafe.de.